# Libre comme l'eau

Hannah Stowe

# Libre comme l'eau

## Histoires de la mer et de ses créatures

*Traduit de l'anglais*
*par Gaëlle Cogan*

PLON
www.plon.fr

Titre original
*Move Like Water*
*A Story of the Sea and Its Creatures*

*Ouvrage édité par Dominique Bourgois*


ISBN édition originale : 978-1783788590

Édition française publiée par :

92, avenue de France
75013 Paris
Tél. : 01 45 87 50 01
www.plon.fr
www.lisez.com

Mise en pages : Nord Compo
Dépôt légal : avril 2025
ISBN : 978-2-259-32042-9

*À Jackie Morris, Nicola Davies*
*et Jessica Woollard.*
*Mes trois Grâces, mes trois Furies,*
*mes trois sorcières.*

1

# Corneille de feu

D'aussi loin que je me souvienne, j'ai toujours connu l'océan. Alors que je reposais dans mon berceau aux pieds de ma mère, jour après jour, le vent salé soufflait autour de la maison. Il se mêlait au chèvrefeuille parfumé qui enveloppait son studio dans le jardin, tachetant la pièce de lumière, tandis qu'elle évoquait au pinceau, sur le papier, des mondes pastel. Les petits chênes robustes que mon père avait plantés à ma naissance penchaient et se tordaient au vent, bordant mon univers. Un rugissement sourd, l'eau sur le sable et la pierre au fil des marées, à la fois rythme et rime. Au début, ce n'était qu'une berceuse.

Toute mon enfance, la météo n'était jamais loin. La nuit, je me pelotonnais dans mon lit, calfeutrée sous le toit dans le grenier de notre cottage, ou douillettement installée contre le manteau de la cheminée, réchauffée par le feu, un chat roux ronronnant à mes côtés, tandis que les tempêtes ébranlaient les ardoises. Les yeux ouverts, j'attendais que le faisceau de lumière, le fanal, du phare de Strumble Head, balaie la nuit, mon compagnon aux heures d'encre. Le matin, je grattais les embruns salés des fenêtres, glissant mon doigt à travers la matière collante, cendrée, qui laissait sur la langue un goût vif et âpre.

Ce cottage au bord de l'océan était une sorte de port, un lieu où je me suis toujours sentie en sécurité. Tout tombait en ruine : les murs enduits s'effritaient, la peinture s'écaillait, les meubles étaient griffés par les chats, les tapis mordillés par les chiens. Mi-embroussaillé, mi-utilitaire, le jardin était la résistance sauvage de ma mère aux pelouses proprettes de son enfance. Il y avait un jardin d'herbes aromatiques et un potager, qui n'étaient pas toujours entretenus. Les ronces et le maceron poussaient le long des haies, il fallait se méfier des orties. Un grand frêne aux feuilles fournies, verdoyantes, gardait l'entrée du chemin. La nuit, avec ma mère, je venais souvent observer le ciel sous cet arbre ; je repérais la constellation d'Orion, le chasseur légendaire avec son épée, son arc et sa ceinture, simplement parce que c'était elle qui avait en premier attiré mon regard. Je la fixais, fascinée par la lueur céleste. Un chemin en béton crayonné de marelles et de morpions serpentait jusqu'à la porte. Des fourmis le traversaient, industrieuses, déterminées, avant de retourner à leur nid en face du rosier.

Un jour, lors d'une de ses visites, mon grand-père, un homme plein de contradictions – naturaliste lorsqu'il se promenait dans le Cotswold vallonné où il vivait, nommant chaque oiseau passant à tire-d'aile, chaque arbre, qu'il reconnaissait aux feuilles ou à l'écorce, comme s'ils étaient de sa famille, et pourtant ennemi du chaos cyclique de la nature dans son propre jardin –, a menacé de verser de l'insecticide sur la fourmilière. Le jour de son départ, j'ai tendu une petite main pour attraper un paquet de sucre sur l'étagère de la cuisine, les grains blanchis étincelant au soleil quand, en rébellion, j'ai déversé un véritable festin.

Les poules picoraient dans la cour, les pois de senteur grimpaient sur leurs tuteurs, les rosiers sauvages fleurissaient. Une bouée de mouillage orange surplombait la porte d'entrée en chêne, le cadre des fenêtres était rongé par le sel, les volets claquaient. La girouette au sommet du toit était de travers, le « nord » pointant davantage au nord-ouest que vers le Pôle. Dans la maison, des montagnes de livres délimitaient des labyrinthes poussiéreux, la vaisselle s'accumulait par strates et mon chat roux dormait sur le manteau de la cheminée, telle une réplique du lièvre de Dürer. Pour se faire une place sur le canapé, il fallait négocier habilement avec un colley ou un lurcher. La seule source de chaleur était le feu dans l'âtre, qui brûlait toute l'année. Je m'asseyais devant les flammes, protégée du carrelage glacé par un tapis en peau de mouton ; dans les mains, des stylos, des pinceaux, du papier, grâce auxquels mes sautes d'humeur fréquentes se transformaient en peinture et en encre. Même alors, je m'exprimais plus facilement sur la page, par les mots et les couleurs, qu'à voix haute.

Il y avait en moi un courant. Parfois, son trajet était rectiligne, calme en surface, mais d'un débit rapide, résolu. D'autres fois, les vents de la vie se retournaient contre la marée ; en quelques secondes des remous abrupts se soulevaient et, comme la tempête, je faisais rage. Il arrivait aussi que l'eau reflue vers un lieu plus profond. Un lieu d'où j'apercevais encore la lumière rayonnant à travers la surface, mais où je ne pouvais m'empêcher de rester en silence, dans l'obscurité. C'était, c'est encore, ma nature.

Avec les jours, les années, mes bras, mes jambes ont grandi, mes muscles ont pris des forces, et le chant du sel s'est amplifié. La nuit, quand le faisceau du phare pivotait, éclairant à la fois terre et mer, j'ai commencé à me demander jusqu'où la lumière s'étendait, ce qu'il y avait là-bas, aux confins de cette obscurité. Je me suis mise à grimper aux arbres, chaque fois plus haut, jusqu'à atteindre les branches fines et souples qui fléchissaient sous mon poids. Plus haut encore, repoussant verticalement les frontières de mon jardin, de mon territoire, me balançant dans les airs comme sur le gréement d'un bateau, jusqu'à ce qu'enfin toute la canopée ait été explorée. Depuis les branches au sommet, je pouvais voir par-dessus le toit du cottage, jusqu'à la mer. Peu de temps après, j'ai commencé à escalader les ardoises depuis les fenêtres de ma chambre au grenier, espérant une meilleure vue. Après avoir exploré le cottage et ses alentours de fond en comble, je me suis aventurée plus loin, dépassant les haies frangées de l'écume des fleurs de prunellier qui délimitaient ma maison.

Milan rouge
Bleu ciel
Jaune ajonc

Les couleurs primaires de mon paysage.

Deux chemins menaient vers la mer. L'un courait à la limite de pâturages domptés par des brebis de louage au lainage hirsute, dont des touffes se prenaient dans les fils barbelés. L'autre était d'une nature plus sauvage : un sentier bordé d'un muret de pierre, où le gris contrastait avec le vert sombre et luxuriant des fougères, des nombrils-de-Vénus, cédant plus loin à l'aubépine, dont les minuscules lanternes rouges, en mûrissant, éclairaient tout l'hiver le paysage d'un espoir ardent. En haut du sentier, après le portail, la vue s'ouvrait sur les ajoncs et les ronces, prêts à érafler la peau. Les poneys sauvages erraient librement, fougueux, intrépides s'il fallait se lancer à la poursuite d'un intrus. Les oiseaux de proie tournoyaient en surplomb. Les vents du sud-ouest soufflaient dru, et toute la mer d'Irlande s'offrait au regard, vaste et miroitante, lumineuse, sombre, orageuse, calme. De là, on pouvait descendre encore, jusqu'à ce que le chemin se change en piste de renard ou en trace de blaireau, serpentant dans les fougères, se muant en pierre quand on approchait du bord de la falaise pour dévaler la pente jusqu'à la mer.

Adolescente, j'avais l'habitude de rester en haut de la colline, les yeux fermés, les pieds fermement enracinés, pour m'ancrer. J'absorbais le paysage, les vieilles pierres, la houle, inspirant jusqu'à ce que ma poitrine me fasse mal, pleine à éclater. Avec un cri de joie, j'ouvrais les yeux, et je m'élançais à toute allure, prenant de la vitesse à chaque foulée en fonçant vers la falaise. Il me semblait toujours qu'avec un peu de courage, je me lancerais par-dessus le bord, séparation ténue mais concrète entre les éléments, où la terre laissait place à l'air, à l'eau, pour prendre mon envol et rejoindre les fulmars. Chaque fois, la force de la gravité terrestre m'arrêtait, me gardait au sol. Ce chemin correspondait à la force sauvage qui me submergeait parfois à l'époque. Cependant, lors de mes premières explorations, je choisissais l'itinéraire le plus direct, le plus sûr.

Ce sentier-là me menait par-dessus les échaliers, au-delà des chaumes dorés où la paille avait été coupée et bottelée. Les champs se muaient en chemin, le chemin en un escalier régulier. Un pont de pierre traversait un ruisseau d'eau fraîche qui courait vers la mer. J'ai appris à connaître cette côte par toutes ses humeurs, mais elle avait ses constantes. La longue étendue du cap de St David's, qui s'étirait vers l'ouest, avec autour de la pointe les remous d'un courant de marée. À l'horizon, les récifs et îlots connus sous le nom de Bishops and Clerks : North Bishop couché dans l'océan comme un géant endormi, South Bishop avec son phare et la maisonnette adjacente du gardien. L'île de Ramsey était plus proche, à quelques kilomètres à peine, orientée vers le sud-ouest. Par temps clair, on pouvait voir jusqu'au phare des Smalls, qui dessinait une petite aiguille sur l'horizon.

Dans les rides du sable, il y avait une énigme baignée d'embruns ; la journée était belle, l'eau scintillait, fraîche, accueillante. Je trébuchais sur le sable, mes jambes fatiguées de cette odyssée précoce vers la mer, mes pas mal assurés se changeant en course à l'approche du rivage. Mes orteils touchaient l'eau en premier et des gouttelettes volaient devant moi, comme des joyaux suspendus dans les airs. Le froid mordait ma peau, mais je ne m'arrêtais pas, pas avant que l'eau n'ait dépassé mes genoux, entouré ma taille, m'avançant de plus en plus loin, jusqu'au moment de grâce où elle me soulevait, soutenant mon poids. La surface formait une pellicule si brillante que j'étais certaine de pouvoir la décoller. Pourtant, ma main la traversait sans résistance, un instant en l'air, le suivant dans l'eau. Malgré le soleil qui réchauffait mes épaules, les grelottements s'installaient. Respirant calmement, je plongeais tête la première dans les vagues, grisée par cet élan soudain. Sous l'eau, je gardais les paupières ouvertes ; le monde, d'un bleu subtil, devenait flou et imprécis. Le sel me piquait les yeux. Des rayons de lumière filtraient à travers la surface, les laminaires jaunes ondoyaient, s'emmêlant dans mes cheveux. Des couleurs terre dans l'océan. J'étais assez jeune pour ne pas penser, seulement comprendre – comprendre l'eau. Plus tard, la mer deviendrait pour moi une source de réconfort, d'harmonie, mais à l'époque, elle m'était aussi naturelle, aussi fondamentale que ma respiration.

J'avais appris à nager en même temps qu'à marcher, dans la piscine du quartier et dans la mer, mes coups de pied de grenouille soutenus par des brassards élimés. C'était la même chose pour tous les enfants, dans cette région côtière que la mer cernait de trois côtés. On nous enseignait les courants d'arrachement, quoi faire si l'on était entraîné vers le large. On nous apprenait à lire les marées au même âge que l'heure, sinon plus tôt. Être piégé par la mer montante portait davantage à conséquence que de ne pas savoir qu'il était quatre heures et quart. J'avais dix-sept ans quand j'ai rencontré pour la première fois quelqu'un de mon âge qui ne savait pas nager.

Le printemps parsemait le chemin côtier de jacinthes sauvages, dont les fleurs envahies d'œillets marins et de squilles transperçaient le sol avec l'énergie du renouveau. Quand les journées s'allongeaient et que la lumière du soleil s'étirait jusqu'au soir, mon frère et moi dévalions les pentes jusqu'au rivage rocailleux pour pêcher à la ligne les maquereaux qui atteignaient la côte au moment où l'eau perdait sa froideur hivernale. La frontière entre la terre et l'océan semblait disparaître lorsque nous lancions nos hameçons, qui volaient dans les airs jusqu'à l'eau. Nous récoltions de l'oseille, de la salicorne, au goût à la fois sucré, salé, cireux et frais, puis enveloppions notre butin de pêche dans de l'aluminium avec du beurre et du citron avant de le cuire sur le feu. Au printemps, quand le soleil n'était pas encore assez fort pour diffuser sa chaleur, les baignades étaient saisissantes et glacées.

Je marchais souvent sur l'estran avec ma mère, grelottant, enveloppée dans des couches de laine, mes orteils gelés protégés par de chaudes bottes. Nous cherchions du verre poli, des couteaux, des bourses de sirènes, ces capsules d'œufs abandonnées des élasmobranches. Un jour, j'ai trouvé une pierre de sorcière, un caillou creusé en son centre d'un cercle parfait. Ma mère m'a dit qu'en regardant par le trou, je découvrirais la vérité du monde. Le rivage accidenté était une mine de trésors quand, une fois tirée, la couverture de la mer révélait les cuvettes de marée. L'oreille contre la pierre, j'écoutais le *pop* sifflant des balanes qui refermaient leurs coquilles, scellant à l'intérieur une mer minuscule pour ne pas se dessécher au soleil en attendant que la marée remonte.

Les cuvettes, elles, étaient jonchées d'anémones comme des joyaux, rouges et luisantes, grasses au point d'éclater ou formées de tentacules qui ondulaient dans l'eau. J'étendais un doigt jusqu'à sentir une très légère succion, lorsque l'anémone tentait sans succès de le prendre dans sa bouche, tout en projetant contre ma peau des cellules urticantes, les nématocystes – un monstre marin minuscule s'efforçant de me dévorer tout entière. Mon doigt était trop puissant, ma peau trop épaisse ; je me libérais de ses griffes. Je découvrais des cuvettes comme des paysages nocturnes, dont les constellations étaient composées d'échinodermes et d'étoiles-coussin. D'autres étaient habitées de blennies couleur sable qui fuyaient mon ombre quand j'arrivais, mais s'enhardissaient si je restais assez longtemps immobile à les observer. Les escargots de mer congloméraient, les patelles se cramponnaient, les crabes verts se carapataient, chaque cuvette était un monde en soi, une île à l'envers, jusqu'à ce que la marée les relie toutes de nouveau.

Au début de l'été, les matins s'éclaircissaient ; aux premières heures de l'aube, le soleil l'emportait sur le faisceau du phare et transperçait la vitre salée de ma fenêtre. Chaque matin, je prenais mon vélo jusqu'à la plage, m'arrêtant en chemin à un stand de ferme pour acheter des pâtisseries que je savourais au soleil après avoir nagé. La mer était encore fraîche, mais je n'avais plus le souffle coupé en entrant dans l'eau.

La trêve hivernale était suivie d'une abondante floraison saisonnière de plancton, les organismes marins vagabonds formant des amas de nuages mouchetés, semblables à la poussière toujours présente dans notre cottage. Puis venaient les méduses, qui se nourrissent de plancton. Il y avait les méduses lune, *Aurelia aurita*, transparentes, aux ombrelles marquées de quatre anneaux roses. Si leur piqûre est inoffensive, il fallait se méfier davantage de la méduse à crinière de lion, *Cyanea capillata*. Son ombrelle somptueuse au ventre texturé, couleur orange brûlé, se dilate dans l'eau, et sa traîne de tentacules blancs qui s'étendent sur des mètres, plus longs qu'une baleine bleue dans les eaux froides de l'Arctique, cause par sa piqûre une brûlure vive qui a laissé sur ma peau de fines cicatrices. Il y avait les cténophores luisants, teintés de rose, en forme de groseille, qui émettent par leurs cils bleus, rouges, verts et jaunes des phosphorescences éthérées. Des araignées de mer s'agglutinaient dans les anfractuosités et les zones abritées afin de s'extraire de leurs carapaces, exposées à la prédation tandis qu'elles quittaient leurs armures pour grandir. Équipée d'un masque et d'un tuba, je nageais vers les masses grouillantes formées par l'enchevêtrement de leurs pattes. Avec les carapaces abandonnées, composées de chitine, de carbonate de calcium et de protéines, leur nombre semblait doubler mais, en y regardant de plus près, on distinguait parmi les exosquelettes orange à piquants lesquels étaient habités, lesquels étaient vides, trahis par leur immobilité.

Bientôt, les oiseaux de mer revenaient vers nos côtes : les puffins des Anglais aux ailes élégantes longeaient vers le nord la côte atlantique de l'Amérique du Sud, planant dans le sillage du Gulf Stream, pour s'installer au terme de leur périple dans des nids terriers sur les îles de Skomer, de Ramsey et de Skokholm. D'autres espèces de puffins bâtissaient aussi des abris souterrains à Skomer et à North Bishop, tandis que des dizaines de milliers de fous de Bassan blanchissaient de leurs ailes l'île de Grassholm, une cacophonie caquetante d'oiseaux dont le guano remplissait l'air d'une âcre odeur d'ammoniac. Les guillemots, les pingouins torda, avec leurs corps menus et leurs battements d'ailes *staccato*, trouvaient refuge sur les perchoirs les plus précaires, se posant au bord des corniches tortueuses qui s'échelonnaient sur les falaises, trop étroites pour que les goélands marins y atterrissent. Les mouettes tridactyles bâtissaient leurs petits nids à l'entrée des grottes. Les fulmars boréaux, vrais oiseaux de mer, planeurs aux ailes tendues, conçues pour voyager sans effort à travers l'océan, choisissaient pour nicher une paroi exposée. C'était le seul moment où ils se rendaient à terre, grâce au courant ascendant créé par la collision entre l'air marin et la falaise, repartant en vol dès que les oisillons avaient atteint leur maturité.

Les phoques arrivaient par centaines, replets, prêts à mettre bas sur les plages de l'île et dans les baies isolées du littoral. On les appelle phoques gris, mais leur fourrure dense, mouchetée et imperméable contient en réalité des nuances allant de l'argent chatoyant ou du brun terreux au noir le plus profond. Dans la baie de St Brides, les nageoires dorsales des dauphins communs à bec court fendaient la surface ; les flancs ornés de motifs en forme de sablier, ils paraissaient fougueux, insouciants. Ils mettraient bas ici également. Parfois, si nous avions de la chance, nous apercevions les delphineaux quelques jours à peine après leur naissance, encore minuscules, la peau marquée de plis fœtaux à la suite de leur passage *in utero*.

De temps en temps, on repérait le grand aileron des dauphins de Risso, qui portent les récits de leur écologie gravés en cicatrices blanches sur leur peau grise, vestiges des face-à-face avec les becs des calamars océaniques dont ils se nourrissent. Nous admirions un genre ancien de *Mola mola*, au corps comme un disque aplati sur les côtés, dont la nageoire tombante godille comme pour saluer le ciel d'où il tire ses noms : « poisson-soleil » en anglais, « poisson-lune » en italien et en français. Un jour, depuis le sentier côtier du cap de St David's, j'ai aperçu la gueule béante, striée et cartilagineuse d'un requin-pèlerin. Des marsouins communs revenaient en surface en soufflant bruyamment, occupés à chasser dans la marée montante.

L'opulence de l'été était partout, contagieuse. Les tranquilles villages côtiers s'éveillaient de leur sommeil printanier ; soudain la population doublait, triplait, quadruplait. On allumait des barbecues dans les jardins des cottages dont les cheminées n'avaient pas vu un feu de l'hiver. De nouvelles voix s'élevaient dans l'air, moins chantantes, avec des *a* qui s'étiraient en *argh*. Les voitures étaient plus lustrées, moins rouillées par la brise salée, les files dans les magasins s'allongeaient.

Les plages qui, tout l'hiver, avaient été mes paisibles royaumes se repeuplaient ; les parcs pour caravanes se changeaient en villes, avec des banlieues de tentes multicolores.

Il y avait toujours dans l'atmosphère estivale sinon guillerette une tension palpable, un « eux » et « nous ». Enfant, je ne le remarquais pas, peut-être parce que mon frère et moi étions les premiers de la famille à être nés ici, de parents anglais ; les branches ascendantes de notre arbre généalogique n'étaient pas originaires du Pembrokeshire. Malgré tout, j'avais le sentiment d'avoir absorbé les contours de ce territoire, l'océan, jusque dans mes os ; ce lieu m'avait donné un socle, mais il n'appartenait pas qu'à moi et je ne pouvais l'accaparer. J'aimais partager le paysage marin, observer le ravissement des autres quand ils s'immergeaient dans ce qui était mon quotidien.

C'est beaucoup plus tard que j'ai compris avec quel privilège j'avais grandi. Mes parents avaient un statut d'indépendants, ils travaillaient à leur propre compte : je ne saisissais pas encore le stress des commerçants saisonniers, pour lesquels les opportunités imprévisibles de l'été s'étanchaient l'automne venu. Nous étions propriétaires de notre petit cottage : je ne savais rien de la difficulté à trouver un bail à l'année. La location de maisons de vacances était bien plus profitable. Les gens du coin s'en plaignaient, lorsqu'ils regardaient par les fenêtres de maisons et de résidences secondaires vides, mais dont les prix étaient inaccessibles pour un salaire local. Plus tard, j'ai commencé à mieux comprendre leur frustration mais, enfant, ce que j'observais, ce qui me plaisait, c'était d'être entourée d'un peu plus de couleur, avec parfois d'autres langues, d'autres visages.

Si je voulais échapper à la foule, trouver un peu de solitude, j'allais me baigner à l'aube, ou je choisissais des plages difficiles d'accès à moins de les connaître. Une de mes préférées figurait sur la carte sous le nom d'Aber Llong, mais nous l'appelions Tug Beach. Le chemin n'est pas vraiment tracé, il passe sur la falaise d'une manière qui déroute les nouveaux venus. Puis une descente dans les éboulis promettant une remontée ardue pour les jambes, jusqu'à une vaste langue de pierre en pente douce, noir foncé et marron, ridée par le contact de la mer. Les rochers à cet endroit sont massifs ; nous passions dessus, dessous, rampant dans les interstices, explorant ce monde de tunnels qui nous appartenait. Ils s'échauffent au soleil, brûlent la plante des pieds, mais sont parfaits pour se hisser après la baignade, bronzer et laisser le sel cristalliser sur la peau.

Dix ans avant ma naissance, trois remorqueurs[1] venus de Liverpool se sont échoués et ont fait naufrage, avant d'être rejetés sur cette belle étendue côtière aux reliefs déchiquetés. En fait, il n'en reste pas grand-chose à part les blocs-moteurs, chaque année un peu plus rongés par la rouille, un rappel de la brutalité des côtes du Pembrokeshire, où tant de bateaux ont sombré. Pour moi, c'étaient des monstres moribonds de cylindres et de pistons ; les rouages de leurs vies antérieures demeuraient un mystère. Une amie se souvient que son père

1. Appelés *tug boats* en anglais. (Note de la traductrice.)

l'avait appelée sur le rivage pour qu'elle vienne récupérer les conserves échouées. La mer avait volé les étiquettes et, pendant des semaines, c'était la loterie au dîner – du ragoût ou des pêches, des petits pois ou de la crème anglaise.

On sentait dans l'air que l'été s'en allait quand les fleurs des mûriers se changeaient en fruits dans les haies, et l'obscurité gagnait plus vite les soirées. On repliait les tentes, les foules se clairsemaient, certaines maisons fermaient leurs portes pour rester volets clos le restant de l'année. Les gens étaient de passage. Les emplois souvent saisonniers, le travail en hiver rare, à temps partiel et mal payé. Les moniteurs de surf hâlés se dirigeaient vers l'hémisphère Sud en quête d'un été sans fin, d'une houle fiable ; les grimpeurs qui varappaient sur les falaises en bord de mer partaient pour les sommets enneigés ; les serveurs des bars et des restaurants retournaient à leurs villes universitaires ou en Europe continentale.

La plupart des oiseaux de mer avaient déjà migré. Chaque soir pendant l'été, après une journée au large, les puffins des Anglais rentraient en un flot monochrome, dos noirs, ventres blancs, planant au-dessus de l'eau avec une grâce innée vers leurs poussins affamés dans les terriers. À la fin août, ce spectacle ornithologique quotidien s'interrompait. Les oisillons, mus par la faim ou la témérité, émergeaient en pleine lumière pour la première fois et, par un atavisme secret, ils prenaient leur envol pour l'Amérique du Sud où ils hiverneraient.

Nous observions également le départ improvisé des petits guillemots. Ni leurs supra-coracoïdiens ni leurs grands pectoraux, les muscles principaux du vol, n'étaient encore pleinement développés et leurs ailes étaient trop petites pour les propulser dans les airs ; ils s'élançaient donc avant de pouvoir voler, petits acrobates qui sautaient des corniches, se mettant à l'eau pour la première fois. De là, ils nageaient vers le large où ils flottaient, nourris par leurs pères, qui chassaient le sprat et l'anguille des sables jusqu'à ce que les petits puissent plonger seuls. Les pingouins torda et les puffins aussi partaient en mer ; on les distinguait plus difficilement quand ils perdaient leur plumage de printemps et le brillant de leurs becs. Les poussins du fou de Bassan, qu'on différenciait par leurs plumes noires des adultes au plumage blanc, trop gros pour voler, commençaient leur migration dans l'eau, loin de la colonie, nageant avant de pouvoir prendre leur envol. Les jeunes mouettes tridactyles retrouvaient le nid défait, un signe peu subtil de leurs parents qu'il était temps de gagner le large.

De la fin de l'été jusqu'à l'automne, les phoques mettaient bas. Les femelles en gestation se hissaient sur les plages, au-dessus de la laisse de haute mer. Des heures durant, prudents et silencieux sur nos perchoirs au sommet des falaises, nous observions à l'aide de jumelles les blanchons venir au monde en se tortillant, leur pelage blanc taché par le jaune du liquide amniotique. Il faudrait des semaines avant que les petits, nés à terre, ne puissent se mettre à l'eau sans danger. Ils s'accrochaient aux mamelles de leurs mères, et les goélands, éternels effrontés, fouillaient de leur bec le placenta riche en nutriments. Pendant que les femelles mettaient bas et allaitaient, un unique mâle patrouillait, s'appropriant une crique, une grotte ou un carré de plage. Des semaines durant, il ne laisserait aucun autre mâle s'approcher, gardant son territoire sans même faire une pause pour se nourrir. En échange de sa protection, il exigerait de ces femelles qu'elles s'accouplent avec lui de retour en mer.

La mise bas, le sevrage et l'accouplement constituent un exploit d'endurance physique pour les femelles. Après la naissance, elles passent des semaines entières presque sans quitter leur petit. Pendant environ seize jours, la mère jeûne, perdant drastiquement de ses forces, tandis que le blanchon se gave d'un lait nourrissant constitué à soixante pour cent de graisse. Dans les rares cas où la mère donne naissance à des jumeaux, elle n'en nourrit souvent qu'un des deux, plutôt que de laisser ses deux petits mourir lentement de faim au fur et à mesure que sa réserve de lait s'amenuise.

Le mâle, au-delà de protéger la zone où ses femelles pouponnent, ne se mêle en rien de leur apprentissage ; son unique objectif est de féconder de nouveau les femelles, une interaction qui entraînera une diapause embryonnaire, quand l'ovocyte est fécondé, mais une implantation dans l'utérus retardée. Cela laisse aux femelles le temps de récupérer de la naissance, de reprendre leurs forces pour la grossesse suivante, et garantit que les petits naissent à la saison la plus favorable. La durée de la diapause est de trois mois, celle de la gestation de neuf mois ; si tout va bien, les femelles reviennent exactement à la même plage l'année suivante, pour mettre bas, jeûner, nourrir un petit et s'accoupler de nouveau.

C'est un cycle implacable : du fait de l'œstrus post-partum, les femelles sont fertiles juste après la mise bas. En réfléchissant aux raisons de ce stress physique extrême, sans repos, je me suis demandé si cet œstrus n'était pas en grande partie rendu nécessaire par les modes de déplacement de ces mammifères marins. Bien qu'ils ne migrent pas à proprement parler, les phoques gris se dispersent le long de la côte britannique et à travers l'Atlantique durant les mois d'hiver, leurs trajectoires dictées par la recherche de nourriture. Ils suivent les poissons. Les mois d'été, quand la colonie se rassemble pour la mise bas, échouée en groupes soudés, sont particulièrement propices à l'accouplement. Les femelles cherchent un partenaire compétitif, un mâle qui a conquis et défendu avec succès son harem ; les mâles, eux, tentent d'accéder au plus grand nombre de femelles sexuellement matures. Ensuite, les phoques adultes, mâles et femelles, s'en vont, et les jeunes, à peine sevrés, couverts de leur nouveau pelage argenté, se retrouvent seuls face à la houle automnale pour apprendre à pêcher. Les bonnes années, la météo reste clémente tout au long du mois de septembre, jusqu'à octobre. Les mauvaises, les tempêtes commencent tôt et le taux de mortalité des jeunes est élevé. En l'absence de grands prédateurs sur nos côtes, c'est la mer qui décide du sort des phoques.

La nature était ce qu'elle était, harmonieuse dans sa disharmonie. Les goélands tentaient d'arracher les alques à leurs corniches, ou de les noyer, les maintenant sous la surface de l'eau jusqu'à ce qu'ils cessent de se débattre. Les corbeaux, voleurs malins, dérobaient les œufs des nids sur les saillies rocheuses et s'éloignaient à tire-d'aile en les tenant dans leurs becs – éclats vifs de coquilles turquoise prises aux guillemots, ou crème moucheté de brun aux pingouins torda. Tous ces œufs ne pouvaient être mangés en une fois, et certains étaient enterrés puis exhumés plus tard, pour servir de subsistance pendant l'hiver. Les couples d'alques, pour la plupart, ne pondaient qu'un seul œuf par saison de reproduction ; s'il disparaissait, les parents n'avaient pas d'autre occasion, cette année-là, de transmettre leurs gènes et d'élever un poussin. Les faucons pèlerins et les buses saisissaient les oiseaux plus petits en vol, attrapant leurs proies entre des serres acérées, après des piqués abrupts. Un jour, j'ai vu un faucon pèlerin perché dans un nid de mouettes tridactyles ; le rapace aux ailes en faucille était comme une lame de couteau parmi les oisillons duveteux.

Les poussins du fulmar faisaient figure d'exception à ce destin de mortalité précoce. Une fois l'œuf incubé et éclos, ce qui prenait environ cinquante jours, on apercevait souvent un poussin soyeux, seul dans le nid, alors que ses deux parents passaient la journée à pêcher en mer. Les petits fulmars, face à un intrus ou une menace, avaient une réaction délicieusement viscérale, secret de leur survie. Ils vomissaient sur l'indésirable une huile visqueuse, nauséabonde, qui adhérait aux plumes et les faisait pourrir. Les oiseaux prédateurs savaient qu'il fallait éviter les perchoirs des fulmars, au sommet des falaises.

Cependant, il y avait une autre force en jeu. En grandissant, j'ai peu à peu pris conscience de l'influence des humains sur le paysage marin, la faune, la flore et même les saisons. Le bouleversement des cycles météorologiques naturels, l'altération de l'équilibre entre proie et prédateur, les conséquences sur la compétition inter- et intra-espèces – tout cela, je l'observais treize kilomètres à peine au large des côtes du Pembrokeshire.

L'île de Grassholm est un bastion pour le *Morus bassanus*, le fou de Bassan. À chaque saison de reproduction, plus de quatre-vingt mille oiseaux s'attroupent sur les parois rocheuses au sud-ouest de l'île, où les vents dominants les aident à décoller. Les fous de Bassan sont de grands oiseaux de mer, les plus grands de tout l'hémisphère Nord, avec une envergure allant jusqu'à deux mètres. Leur plumage est blanc, le bout de leurs ailes étroites et fuselées bordé de plumes noires. Seules leurs têtes, discrètement couronnées de jaune pâle, ont un peu de rondeur ; le reste de leur corps est anguleux et pointu. Leurs yeux sont d'un bleu perçant, glacial. L'observation des fous est grisante, quand ils décrivent des cercles, des spirales, le regard rivé sur la surface de l'eau. Soudain, l'oiseau majestueux plonge, fonçant tête la première vers la peau de l'océan. La lance aiguisée de son bec fend la surface ; ses ailes en un instant rétractées, l'oiseau-flèche file à toute vitesse à travers l'eau. S'il attrape un poisson, il l'avale entier, puis se repose un moment à la surface pour laisser sa proie glisser dans son gosier, avant de rejoindre le ciel. Blanc, noir, jaune, l'œil brillant d'un éclat de glace. Pourtant, ces couleurs ne sont plus les seules qu'on aperçoit sur l'île.

À présent, il y a l'orange, le turquoise de filets en plastique effrangés et du matériel de pêche. Les fous bâtissaient autrefois leurs nids avec des algues, mais aujourd'hui, lorsqu'ils récoltent des matériaux, le plastique omniprésent en fait partie. On estime la quantité de plastique sur cette île isolée à environ vingt tonnes. À l'éclosion, les poussins du fou ressemblent à de petites boules soyeuses ; la brise emporte leur duvet léger quand ils muent vers leur plumage juvénile, d'un brun-noir foncé. En grandissant, ils se prennent dans les filets, les ficelles. Ceux-ci s'enroulent autour de leurs becs, un piège qui les empêche de se nourrir et finit par les affamer ; ils s'emmêlent dans leurs pattes, fracturant leurs os minuscules, coupant leur circulation, les entravant au sol. Ces oisillons sont nourris sans relâche par leurs parents, mais ils ne prendront jamais leur envol, matériellement attachés à l'île par la négligence humaine. Tout ce qu'on jette dans la mer finit quelque part.

Les phoques aussi, parce qu'ils sont curieux et joueurs, peuvent s'emmêler dans les cordages isolés qui flottent sur les courants, le matériel fantôme abandonné par les pêcheurs. Certains ne reviennent jamais à la surface. J'ai vu de jeunes phoques dont le cou était pris dans la ficelle. Les phoques gris continuent à grandir longtemps après avoir atteint la maturité. Au fil de leur croissance, la ficelle cisaille de plus en plus profondément leur chair, provoquant des plaies rouges et la perte de leur fourrure à force de frottements ; s'ils ne réussissent pas à s'en débarrasser, ils meurent étranglés. Un autre phoque que j'ai aperçu avait le cou enserré par un vieux Frisbee, comme un halo grotesque.

Tout le plateau continental qui entoure la Grande-Bretagne est considéré comme un habitat potentiel du marsouin commun, *Phocoena phocoena*. Comme les phoques, les marsouins sont menacés par la prise accessoire – les poissons, oiseaux de mer et mammifères marins involontairement capturés lors de pêches commerciales et qui n'ont aucune valeur financière. Indésirables. Destinés au rebut. Les filets maillants, ces panneaux de fils disposés verticalement dans la colonne d'eau, sont les cauchemars en Nylon des cétacés et des pinnipèdes. Si un phoque, un marsouin, un dauphin ou une baleine s'y emmêle, il suffoquera, incapable d'atteindre la surface pour reprendre son souffle. D'après l'association britannique de la protection des baleines et des dauphins, la Whale and Dolphin Conservation (WDC), rien qu'en Grande-Bretagne, chaque année, au moins mille marsouins et deux cent cinquante dauphins communs à bec court sont victimes de ce phénomène. Mais il est probable que ce nombre soit en réalité beaucoup plus élevé, car les prises accessoires peuvent être rejetées à la mer, et c'est souvent le cas, sans être signalées ni documentées.

Avant mes vingt ans, j'ai constaté par moi-même le déclin des populations de mouettes tridactyles. À l'orée d'une grotte nommée Ogof Cantwr, sur l'île de Ramsey, ces petites mouettes au cri onomatopéique ont établi un site de nidification. La grotte est une cathédrale taillée dans la pierre, avec un haut plafond en forme de dôme. En contrebas, un courant de marée afflue depuis le Twll, un passage étroit entre les versants côtier et maritime de l'île. L'eau turquoise scintille, la lumière fait danser des motifs sur la pierre du dôme. Chaque année, quatre-vingts couples de mouettes tridactyles environ construisent leurs nids, élevant leurs petits en bordure des falaises et des grottes de l'île, avant de repartir au large.

Une année, les couples ont bâti leurs nids, mais ceux-ci sont restés vides, aucun œuf n'a été pondu. Les deux oiseaux passaient la journée en vol, ou à pêcher ; l'aller-retour habituel, où l'un apportait à manger à l'autre qui couvait, n'a pas eu lieu. En 2017, les mouettes tridactyles du Royaume-Uni ont été déclarées vulnérables sur la liste des espèces menacées de l'Union internationale pour la conservation de la nature (UICN). Leur population diminuait rapidement : l'archipel de Saint-Kilda à lui seul a perdu environ quatre-vingt-dix pour cent de ses couples nicheurs depuis 1970. Bien que le déclin de toute espèce soit complexe et multifactoriel – des modèles écologiques existent pour tenter d'expliquer les causes sous-jacentes et d'inverser la tendance –, dans le cas des mouettes tridactyles, il y a deux fautifs probables.

Le premier est l'industrie de la pêche. Comme les cétacés ou les phoques, les oiseaux peuvent se retrouver pris au piège en se nourrissant, et se noyer dans les filets. Cependant, il existe un autre danger. Dans le passé, les mouettes tridactyles devaient disputer les lançons qui constituent la base de leur alimentation à d'autres animaux marins. Aujourd'hui, elles doivent également rivaliser avec les chalutiers qui amassent dans leurs filets une grande partie de leur nourriture. Les lançons pêchés ne sont pas directement destinés à la consommation humaine. La majorité sert à nourrir les saumons et les merlus en pisciculture, ou les cochons.

Le second facteur dans le déclin des mouettes tridactyles est le changement climatique anthropogénique. Nos mers se réchauffent et, en conséquence, les courants océaniques, autrefois prévisibles selon les saisons, se modifient. Cela mène à des floraisons planctoniques dans des lieux et à des moments inhabituels. Ce léger changement en déclenche d'autres, massifs, dans la chaîne alimentaire. Lorsque les floraisons planctoniques se déplacent, si elles ont lieu plus tôt ou plus tard que prévu, les lançons se raréfient, et les mouettes tridactyles manquent de nourriture. Peut-être celles que j'avais rencontrées et observées sur l'île de Ramsey étaient-elles revenues si affamées à leur colonie qu'elles n'étaient tout simplement pas en mesure de produire leurs couvées d'œufs, cette année-là.

J'avais neuf ans quand j'ai vu ma première baleine. Elle était morte, échouée et difforme, soumise à une gravité qui n'avait rien de naturel, hors de son élément sur une plage exposée, au sud-ouest de la côte. Sous mes pieds, nauséabondes, pourrissantes, les algues crissaient puis émettaient un bruit de succion ; durcies par le soleil en surface, elles restaient humides en dessous. Les détritivores et les puces de mer bondissaient sur mon passage. La peau de la baleine était épaisse, sombre, d'une teinte entre l'ardoise et l'obsidienne. Sa tête dessinait une courbe généreuse, sa queue lacérée par les rochers était meurtrie de rouge. Autrement, elle semblait entière. Sa mort était récente : la nécrose s'installait à peine. C'était un globicéphale. J'ignore ce qui lui est arrivé. Peut-être sa fin avait-elle été naturelle, une étape du cycle de l'océan, peut-être pas. Mais à ses côtés, j'ai ressenti une révérence, un appel que je ne pouvais complètement expliquer.

Des gens portant des gants stériles sont venus recouvrir la baleine de bâches en plastique et l'emporter pour une autopsie. Alors qu'ils l'éloignaient de la mer pour toujours, j'ai été envahie d'une tristesse accablante. Les détritivores aussi, j'imagine : le plus somptueux des festins leur avait été présenté, et on débarrassait la table avant même qu'ils ne puissent manger. La baleine serait découpée, sa densité osseuse examinée pour détecter de potentielles défaillances ; des échantillons de graisse seraient prélevés, ses organes internes analysés.

Je voulais savoir comment elle était morte, mais surtout, j'étais curieuse de la manière dont elle avait vécu. Où elle était allée, ce qu'elle avait vu. Je voulais abandonner le rivage, m'aventurer dans un monde de mouvement dicté par les vents et les marées, le monde des baleines. Découvrir ce qu'il y avait au-delà de l'horizon. Je voulais aller où vont les baleines. C'est la première fois que je me rappelle avoir ressenti le désir de quitter la maison, de rejoindre la mer. Les années ont passé, ce désir a grandi. C'était une sorte de fébrilité. Quand les oiseaux de mer quittaient leurs perchoirs, et les phoques prenaient le large, quand les hirondelles abandonnaient nos ciels pour un continent plus chaud, j'avais l'impression qu'ils emportaient un peu de moi.

Septembre était synonyme d'école. Tout avait bien commencé. Dans mon école primaire, la classe était dispensée en gallois la majeure partie du temps ; l'alphabet se récitait *a*, *afal*, *b*, *beic*, *c*, *cathod*, *ch*, *chwilen*[1]. J'ai appris à jouer de la harpe celtique – un grand instrument à pédales, taille adulte, posé au bord d'une estrade tendue de rouge. Lors d'une récréation humide, venteuse, je m'étais faufilée vers cette harpe, retirant la housse pour révéler un vernis brillant, et j'avais commencé à en pincer les cordes jusqu'à ce que mes doigts soient couverts d'ampoules. L'école m'avait proposé de prendre des leçons. La musique de ce pays, avec ses douces envolées mélodiques, me fascinait.

À l'école secondaire, c'était différent. Les cours étaient plus spécifiques, plus stériles, et les moments passés à regarder par la fenêtre, vers la mer, se sont multipliés. Je me souviens de la semaine des métiers. Lors d'interminables après-midi, la marine nationale nous était présentée comme un terrain d'aventure, son inévitable violence gommée. Vocation : plombier ou électricien. Puis, un par un, on nous envoyait voir la conseillère d'orientation dans une petite pièce, aux murs peints d'un rose pêche maladif. C'était la première fois que je la rencontrais – elle ne travaillait évidemment pas à l'année dans notre petite école. Une fois assise, je me suis mise à croiser et à décroiser les jambes, mon inconfort mental se muant en un malaise physique.

– Alors, as-tu songé à ce que tu voudrais faire cet été, après la fin des cours ?

---

1. *Afel*, pomme ; *beic*, vélo ; *cathod*, chat ; *chwilen*, scarabée. (NdT.)

En réalité, j'y avais vraiment réfléchi. Le problème était d'organiser mes pensées. C'était une sorte de *hiraeth* – quelque chose que je désirais ardemment, une volonté qui grandissait en moi depuis des années. Je voulais partir à l'aventure – une naturaliste avec son calepin, pour prendre des mesures, documenter, dessiner –, et voir ce que le monde me révélerait, si j'avais l'espace de réfléchir. Comme Darwin à bord du *Beagle* : un voyage de découverte scientifique rempli d'iguanes et de pinsons. Je voulais me sentir intrépide, connaître le flot d'adrénaline qu'on éprouve en dépassant ses limites, comme Amelia Earhart pilotant par-dessus l'Atlantique, la première femme à avoir effectué cette traversée. Je voulais ma propre odyssée. Je voulais explorer, remplir les confins de mon esprit des confins du monde, revenir avec cent réponses et mille questions de plus. Je voulais me laisser porter par le vent, nager dans d'autres mers. Je voulais les épices, les couleurs, la chaleur, le froid, les longues journées, les nuits courtes, le corps fourbu et l'esprit en alerte. Mais à cet instant-là, j'étais juste une adolescente de dix-sept ans sur les côtes du Pembrokeshire, avec en poche un peu d'argent que j'avais gagné en tirant des pintes le soir au pub.

– Donc tu ne sais pas. Que penses-tu de...

Elle a feuilleté un dossier, avenirs possibles sous forme de cartes laminées.

– Art-thérapeute ?

J'ai essayé de lui expliquer le genre de vie que je voulais.

– Pas réaliste. Comment t'y prendrais-tu ? Ce n'est pas un métier.

Dehors, les tempêtes tièdes et pluvieuses de l'automne cédaient aux profondeurs glacées de l'hiver ; le vent avait balayé les feuilles mortes, laissant les branches nues. Dans cette pièce couleur vomi, je suffoquais, ployant sous les « Tu n'y arriveras pas ». Je me suis levée pour partir.

L'hiver. Des vents vifs battaient la côte. Bientôt, une houle puissante soulèverait les rochers encadrant les plages pour les projeter à travers le sable, dont les grains se réarrangeaient, tantôt pour recouvrir, tantôt pour dévoiler. En mer, les alques, flottant à la surface, laissaient le gros temps rouler sous eux jusqu'au littoral. Les harengs et les maquereaux s'en étaient allés. Les dauphins communs à bec court avaient disparu, partis pêcher très loin dans des eaux plus clémentes, probablement du côté du golfe de Gascogne, si ce n'était plus au sud. Quelques phoques barbotaient encore, surtout des jeunes qui ne s'étaient pas encore aventurés au large. Les marsouins continuaient à faire surface en soufflant et, si l'on savait où les chercher, on les trouvait toujours occupés à manger. Je parcourais obsessivement le sentier côtier. J'allais de moins en moins en cours, m'éclipsant dès que possible, à travers champs, le long de l'ancien chemin de pêcheur qui menait jusqu'à la mer. Me frayant un passage sur les empreintes lisses creusées dans la falaise par des générations de pas, je les considérais avec curiosité. Toutes nos actions laissent une trace, semble-t-il, d'une manière ou d'une autre.

Je me demandais quelle trace était la mienne. Quelle trace le paysage avait à son tour imprimée en moi.

Après les nuits passées au pub à faire le service, mes retours à la maison devenaient de plus en plus sinueux. Je finissais souvent à la plage, seule dans l'obscurité tranquille, assise devant le poste de secours vide, le regard plongé dans un océan glacé, d'un noir d'encre. L'éclair du phare de South Bishop, tel un métronome, rythmait mes pensées flottantes. Le monde était un nuancier de gris. La mer d'étain, les paquets cendrés d'embruns sur les plages sombres, l'écume arrachée par le vent, emportée en vortex ascendants – ce que nous avions de plus proche de la neige. La verrucaire noire sur les rochers, qui prolifère en milieu salé, marquait le niveau des plus hautes mers. Les fougères, la bruyère, les ronces, aux couleurs estompées, assourdies.

L'hiver, il pleuvait souvent. C'étaient de grands rideaux cinglants qui nous trempaient en un rien de temps, ou une bruine douce et pénétrante, à la tiédeur douceâtre. On restait à l'intérieur ; ceux qui se plaignaient des foules estivales étaient gagnés par la solitude de la morte-saison. La mer était un réconfort : elle m'accueillait toujours, quelle que fût ma frustration. Les eaux agitées rendaient la nage difficile. La houle me soulevait, et me précipitait vers la rive, la morve me coulant sur le visage, les cheveux en nœuds inextricables, revigorée. Ces plongeons glacés étaient aussi apaisants pour mon âme que le feu crépitant qui leur succédait était nécessaire à mon corps ; je me pelotonnais devant la cheminée avec un livre pour me perdre dans un monde d'aventure.

Ces dernières années d'école, j'étais habitée d'une énergie ardente, qui semblait vouloir déborder ma peau, mais sans aucune direction. Mon compas n'avait pas de nord. Pas de route tracée à suivre. J'avais vécu dans une simplicité enfantine, explorant jour après jour les grottes et les criques, étudiant les cuvettes laissées par la mer, sur le dos de la houle, suspendue aux sommets des falaises. À présent, je ne savais comment me fondre dans la vie d'adulte, et la pression des attentes ne faisait que s'accroître.

Un matin, tôt, j'ai quitté la maison, empruntant le sentier familier vers la mer. Chaque pas était lancinant. Ce n'était pas la sensation trébuchante de muscles nouveaux, vacillants et tenaces, que j'avais éprouvée lors de mes premières excursions en solitaire, mais une gravité, une nostalgie. En dépassant la plage de mes premières baignades, j'ai continué à vagabonder sans vraiment m'arrêter, choisissant l'itinéraire le plus long en direction du cap de St David's. Mon chemin était un pèlerinage, par-dessus la digue de pierres sèches, plus loin que les fondations circulaires tracées sur le sol, qui dataient d'une époque où l'on vivait plus proche de la mer, jusqu'au cap lui-même. Là, je pouvais sentir la brise sur mon visage, chaude et mouillée, l'air maritime tropical qui soufflait sur la mer depuis les îles atlantiques. Assise dos contre un rocher parsemé d'un lichen légèrement piquant, j'ai fermé les yeux. Je sentais, tout autour de moi, chaque centimètre de ce paysage terrestre et marin. La renverse, les échos de la houle qui grondait dans les grottes, les crevasses loin en dessous de moi. Les îles, les contours de la côte. Mon cottage. Mon port. Je les connaissais tous. Je les aimais tous, si fort que l'émotion résonnait dans ma poitrine, tangible. Une partie de moi appartenait à ce lieu, lui appartiendrait toujours. Mais une autre partie devait partir, voyager. La pierre contre mon dos, la mer devant moi. C'était un lieu de frontières. La frontière ouest de la Grande-Bretagne, et celle de mon monde.

De nos jours, on considère les gens d'ici, de chez moi, comme périphériques dans le contexte national. Ça n'a pas toujours été ainsi. Comme l'océan, nous, humains, ne sommes jamais complètement immobiles, et à raison. De chasseurs-cueilleurs nous sommes devenus sédentaires. Nous sommes passés, irréversiblement, d'une existence intégrée à notre environnement, où nos comportements et nos vies étaient soumis aux variations des saisons, à une tentative de le contrôler. Il y a six mille ans, quand les premières populations se sont installées ici, l'eau était tout. La mer, les rivières étaient synonymes de lien. Au fil de son développement, cette région côtière a connu les échanges, l'immigration, l'émigration, les invasions. La laine, le beurre, le fromage, les textiles étaient troqués contre le vin, le fer, le miel et le sel, avec la ville de Bristol et le comté du Devon, mais aussi avec l'Irlande, la France, le Pays basque et jusqu'au Portugal. L'importance du Pembrokeshire s'étendait aussi loin que la Méditerranée, et était reconnue des Romains. Ce cap où j'étais assise, qu'ils nommaient *Octopitarum promontorium*, les avertissait des dangers posés par l'île de Ramsey aux bateaux, ainsi que des récifs et des îlots de Bishops and Clerks. Le cap était une aide importante à la navigation, un amer visible de loin à l'entrée ou à la sortie de la mer d'Irlande. Dans les toponymes, on devine la marque laissée par les pillards vikings. Skomer : *Skalm*, la paroi d'une crevasse. Ramsey : *île de Hfrans*. Le South Bishop était connu sous un nom moins clérical, *Emsger*, le rocher isolé. L'analyse des isotopes stables par les archéologues a montré que la population locale était extrêmement mobile. Les ossements retrouvés dans la terre du Pembrokeshire ont révélé des origines galloises, irlandaises, méditerranéennes, vikings, flamandes et normandes.

Au milieu du XVII^e siècle, les populations quakers, persécutées au pays de Galles, ont traversé l'Atlantique pour élire domicile sur les rives du Nouveau Monde. En 1888, ils sont revenus de l'île de Nantucket, enrichis par les profits de l'huile de baleine, qu'on vendait comme combustible pour les lampes à huile. Ils ont apporté l'éclairage, et bâti le port de Milford Haven, espérant établir une présence baleinière sur le littoral du Pembrokeshire. Ici même, sur cette côte, des navires ont été construits – des sloops et des bateaux de pêche, des goélettes et des bricks. J'aurais aimé voir ça : le sciage du bois, le passage de la terre à la mer, les arbres transformés en planches, les planches en coques, les voiles hissées au vent tandis que les navires prenaient, une fois sur l'eau, une identité propre. Le port de Tenby était rempli de petits trois-mâts qui pêchaient le hareng en quantité, avant que, au milieu du XIX^e, les prix ne s'effondrent. On draguait les huîtres dans le fleuve Cleddau, jusqu'à ce que, à la fin du siècle, le rendement des huîtrières lui aussi décline fortement. Je me demande si l'on considérait alors la mer comme une source infinie à laquelle on pouvait puiser sans compter. Comment interprétait-on que les prises s'amenuisent jour après jour, filet après filet ?

Le commerce des voiles dans le Pembrokeshire a pris fin avec l'essor et le vacarme des camions, des semi-remorques, autour des années 1930. La pêche s'est poursuivie encore un peu, troquant les voiles contre la vapeur. Il existe toujours une pêche commerciale dans la région, principalement sous la forme de pêche au casier – pour le crabe et le homard – mais à une échelle bien plus réduite. Aujourd'hui, la majorité des chalutiers mesurent moins de dix mètres, et restent surtout proches des côtes. Parallèlement à la pêche, il y avait le pétrole. Milford Haven est connu pour être le plus grand port en eaux profondes naturel de Grande-Bretagne. Les raffineries qui barrent l'horizon avec une sorte de beauté dystopique ont été construites en 1957, lorsque la contenance des pétroliers est passée à cent mille tonnes. Plus tard, ce serait deux cent mille. Puis trois cent mille. Aujourd'hui, un projet vise d'ici à 2040 la construction d'un réacteur nucléaire expérimental à fusion en bordure de l'estuaire.

Les populations des berges du fleuve Cleddau et des zones côtières étaient autrefois considérées comme les mieux connectées, lorsque le lien s'établissait *via* la mer, et non par l'intensité d'un signal Wi-Fi ou la proximité géographique à Londres. Aujourd'hui, elles se situent aux marges, dans les zones dortoirs, la périphérie, au lieu d'être estimées à leur juste valeur. Avec le temps, elles vieillissent. Les jeunes migrent à la recherche d'opportunités autres que le tourisme qui dicte l'industrie ici, avec son travail saisonnier et ses salaires de misère, alors que les prix de l'immobilier sont complètement hors de portée. Certains de mes amis ont décidé de rester et ont trouvé un moyen de gagner leur vie, mais beaucoup d'autres sont partis. Peut-être est-ce une expérience que partagent de nombreuses populations côtières ?

Un jour d'hiver, en marchant sur la plage, j'ai trouvé une bouteille à la mer. Elle venait de Guernesey, jetée par un groupe de trois adolescents qui partaient à une fête, à la fin de l'été, avant de s'en aller pour l'université. Ils avaient bu le vin rouge qu'elle contenait, et avec l'esprit joyeux de trois jeunes insulaires dont c'était l'un des derniers soirs entre amis, ils avaient décidé d'écrire un message, exprimant au monde quelque chose d'eux-mêmes à cet instant-là. Une fois la bouteille cachetée à la cire, ils l'avaient lancée depuis la jetée. Je l'ai reçue des mois plus tard. Qui sait quel avait été son parcours avant qu'elle n'arrive jusqu'à moi ? Le Gulf Stream nous relie. Ce courant, qui protège nos côtes des fortes gelées et adoucit le climat en frôlant la péninsule Ibérique, gagne aussi les rives du golfe du Mexique, un lien physique qui s'étend sur des milliers de kilomètres. Je nageais dans une eau qu'avaient traversée les baleines – franches ou à bosse – lors de leurs migrations vers le nord et le sud, de l'autre côté de l'Atlantique. De plus en plus, cet appel à la migration, je le ressentais aussi.

Un cri rauque, comme une ancre qui me raccrochait au présent, m'a tirée de mes méditations sur l'appartenance et le territoire à travers les époques. Mes yeux se sont ouverts d'un coup. Là, juste devant moi.

Ailes noires,
Noir de nuit. Éclat de plumes.
Digitations qui s'étendent,
Écorcent l'air même.
Rouge.
Rouge vif.
Au bec et aux pattes.
Brille. S'embrase.
Brûle l'âme.
Corneille de feu.
S'élève.
De plus en plus haut,
Air raréfié, courants ascendants.
Ailes repliées, dégringole,
Tourbillonne, à pic,
De plus en plus vite,
Jusqu'à ce que,
Soudain,
Un élan, un frisson,
Et *clac*.
Ailes déployécs,
Pour s'élever encore.

*Pyrrhocorax pyrrhocorax*. Le crave des Cornouailles, crave corallin, ou crave à bec rouge. *Palores*[1], celui qui creuse. Mouette des mers, corneille loquace, corneille des mers. Ses noms sont nombreux ; moi, je l'appelle

1. Nom cornique du crave à bec rouge.

corneille de feu. Au début, il n'y avait qu'un seul oiseau devant moi, le corvidé qui avait attiré mon attention, mais bientôt, le reste de la bande est apparu. Ils dansaient dans le vent, huit oiseaux au total, quatre couples probablement. Ils semblaient s'émerveiller autant que moi de leur propre envol, de leurs acrobaties, s'élevant sur des courants d'air chaud qui m'étaient invisibles, avant de replier leurs ailes tout contre leur corps, et de dégringoler avec la gravité vers le sommet de la falaise. Au dernier moment, ils déployaient leurs ailes, trompe-la-mort, de justesse, puis viraient avec élégance et s'élevaient de nouveau. Leurs plumes étaient obscures comme l'océan. Leurs becs et leurs pattes étaient rouges comme des flammèches, un feu sur fond de ciel d'hiver.

La corneille est devenue un oiseau de légende. On raconte qu'à sa mort, le roi Arthur s'est métamorphosé en crave, le rouge du bec, des pattes, une trace de son sang, et que le roi survit dans l'oiseau ; tant qu'il y aura des craves en vol, il restera vivant. Les corneilles entouraient Circé, la première sorcière, planant au-dessus d'elle quand elle traversait l'île d'Ééa, un lion sur ses talons. L'oiseau était considéré comme un brandon, capable en un rien de temps de mettre le feu aux récoltes et aux maisons. On n'aperçoit plus la corneille de feu dans l'arrière-pays, même si c'était sans doute encore possible autrefois. Non, c'est un oiseau de la limite, de la marge, qui ne vit que sur les côtes ouest du Royaume-Uni et de l'Irlande, dans les régions celtiques. Les corneilles de feu, nombreuses dans le Pembrokeshire, habitent à la fois les îles et le littoral.

À elle seule, l'île de Ramsey compte neuf couples nicheurs environ.

Comme le suggère l'un de leurs noms, elles étaient autrefois une espèce commune également dans les Cornouailles. Au cours du siècle dernier, leur population a décliné. À une époque, il n'est resté qu'un seul couple nicheur sur le cap Lizard, cette saillie de terre qui avance dans la mer, à l'extrémité sud du pays. Après un dernier accouplement réussi en 1947, le crave a disparu des Cornouailles pendant plus de cinquante ans, où il ne survivait que sur le blason du comté qui le figurait, droit comme un *i*, flanqué d'un pêcheur et d'un mineur.

Pour le crave, le problème était l'utilisation des terres. Sur la côte, les modes de vie ont changé. Les corneilles de feu aiment les territoires salins, battus par les vents. Elles creusent la terre pauvre des pâturages sur les franges côtières, à la recherche de larves. Quand les cultures ont été déplacées vers l'intérieur des terres, à distance du sel, quand la bruyère et les broussailles ont été abandonnées au profit de l'élevage intensif, qui permettait de mieux contrôler le déplacement des bêtes, les broussailles ont pris trop d'ampleur ; la corneille de feu, incapable de creuser, ne parvenait plus à se nourrir. Au fur et à mesure que les oiseaux se faisaient plus rares, leurs œufs, de plus en plus prisés auprès des collectionneurs, ont été dérobés des quelques nids qui restaient. Dans les Cornouailles, à la manière prévisible des humains, la perte du crave a été bien plus déplorée que sa présence n'avait été protégée, chérie seulement après sa disparition.

Aujourd'hui, il est en voie de réintroduction. Au cours de la décennie passée, ces oiseaux se sont naturellement réinstallés dans les Cornouailles, avec succès : en 2001, un couple est revenu nicher et se reproduire au cap Lizard. À présent, une gestion attentive du littoral vise à y maintenir leur habitat, autant dans les Cornouailles que dans le Pembrokeshire. Ici même, sur le cap de St David's, on fait paître les poneys pour que les broussailles restent rases. Des moutons sont conduits par bateau à travers la baie jusqu'à l'île de Ramsey afin que les corneilles de feu puissent se nourrir. Monogames par nature, les craves bâtissent leurs nids sur les falaises, à l'abri des grottes ou dans les corniches des bâtiments abandonnés de la côte. Leurs nids sont garnis de laine, de poils et de duvet de chardon. Une fois par an, la ponte a lieu ; les oisillons sont nourris de larves régurgitées, avant de prendre leur envol pour établir leurs propres colonies ailleurs. Ils passent leur vie sur la mer, ou à proximité, sans y appartenir. Ils restent sur cette frontière ténue, où la matière bascule. Pour moi, ce jour-là, ils ont été un flambeau lumineux, brûlant. Un signe embrasé dans le ciel d'hiver. Sur le chemin du retour, mes pas sonnaient d'une certitude qui me faisait défaut depuis des mois.

La nuit venue, couchée dans ma chambre au grenier, j'ai observé le fanal du phare qui balayait l'obscurité, au-delà de la côte et vers le large. Cette lumière. Elle n'était plus ma fidèle compagne nocturne, mais un leurre, un appel lancé à chacun de ses passages circulaires. La pluie qui tombait à verse, tambourinant sur les ardoises, m'invitait à me lever. Décollant mon dos du manteau de cheminée, j'ai abandonné la chaleur rassurante, déplacé l'inévitable pile de livres, délogé le chat qui semblait toujours retrouver le chemin de mon lit. Pieds nus sur les lattes mal dégrossies du plancher, à pas légers, j'ai tenté en vain d'éviter les grincements du bois en me dirigeant vers la fenêtre.

De l'eau à l'intérieur, mon haleine qui roulait en gouttelettes, condensant sur la surface fraîche de la vitre où je pressais mon front. De l'eau à l'extérieur, la pluie qui tombait à torrents. Je la regardais former des flaques ; la terre meuble, une fois saturée, commençait à ruisseler dans le chemin jusqu'à la route. Je discernais tout juste le grand frêne qui se balançait dans le vent d'hiver, ses branches nues s'agitant furieusement. C'était une nuit sans étoiles, et la lune était invisible, voilée par des nuages épais. Toute ma vie, j'étais restée à l'abri, au chaud et en sécurité, pendant que le gros temps passait, à observer, à écouter, à attendre. Mais c'en était fini de l'attente. Le moment était enfin venu. Aujourd'hui, je ferais face à la nuit. Je me risquerais dehors ; je découvrirais qu'entendre les orages passer sur les toits n'a rien à voir avec éprouver le fouet du vent et de la météo dans l'obscurité. Qu'être dehors, dans les éléments, ouvre un espace inexploré dans notre esprit.

2

# Grand cachalot

On peinait à distinguer la mer du ciel ; l'eau était partout, battue en écume dans les vagues qui déferlaient sur nous, le flot d'embruns salés, glaciaux, contrastant avec la pluie si violente qu'elle brûlait. Sous le capuchon de mon ciré, on voyait à peine mon visage et mes yeux plissés ; mes mains nues étaient rougies et marbrées à force de serrer la barre. La peau de mes doigts, ridée, fripée de toute cette eau, formait de minuscules vallées, dans lesquelles coulaient de petites rigoles. Je n'avais plus la moindre idée de l'endroit où étaient mes gants, qui de toute façon n'auraient été d'aucune utilité dans un tel déluge. Le vent, la pluie, les vagues successives se fracassaient contre la coque du bateau en un grondement confus, inondant le pont au-delà de la capote qui résistait vaillamment.

Tout l'équipage était réveillé, bien sûr, c'est impossible de dormir dans ces moments-là, on est ballotté d'un côté de la couchette à l'autre, en chute libre quand le bateau retombe après avoir été soulevé sur la crête des vagues. Bien emmitouflés pour se protéger du temps, nous jouions à « Tu préfères... ? » pour que l'atmosphère reste détendue, inventant les blagues les plus idiotes possible. Depuis la cuisine, nous distribuions des thés, qui aussitôt sur le pont débordaient de pluie. Il fallait tenir sa tasse très fermement ; la poser était toujours risqué, mais on se tenait prêt à la passer à un équipier si la barre se faisait trop ardente. Même trempée, exposée au vent féroce, sauvage, j'étais heureuse d'être sur le pont. La cuisine était pour moi la zone de danger ultime dans des moments comme celui-ci.

En bas, l'odeur de l'essence suffisait à me renvoyer à toute vitesse sur le pont où je vomissais spectaculairement par-dessus le bastingage. Cuisiner quoi que ce soit constituait un numéro d'équilibrisme précaire. Il fallait s'attacher à la cuisinière, qui se balançait furieusement sur son cardan, le support pivotant qui lui permet de s'ajuster aux mouvements du bateau et de rester relativement horizontale. En théorie, même si la cuisinière tangue, les casseroles restent bien sur la plaque. Sortir un plat était toujours risqué : pendant une minute environ, on se détachait pour ouvrir le four, retirer le plat, trouver si possible un endroit stable où le poser, tout en restant d'aplomb et en composant avec la danse du vent et des vagues qui secouaient le bateau. Sans cardan, aucune surface n'était vraiment fiable ; la stabilité qu'offrait le frottement des tapis en caoutchouc avait ses limites. Il fallait rester concentré.

Un soir, par un vent à trente-cinq nœuds, je préparais le dîner. Un moment d'incertitude a suffi pour que je sois projetée à travers la cuisine, presque en chute libre, avant de me retrouver soudain perchée sur la table à cartes, un plat de courges butternut à l'ail doré au four encore miraculeusement entre les mains, horizontal, plutôt qu'aplati, brûlant, sur mon visage. L'objectif était un risotto, et je n'en ai jamais mangé depuis sans rire en repensant à ce moment.

Ouvrir les placards était un sport, car les casseroles, les poêles et les tasses en étaient projetées avec une vigueur incontrôlable. Les passages aux toilettes étaient rapides et il fallait prendre appui, une jambe ou un bras contre le mur, pour maintenir sa position. D'inévitables bleus obscurcissaient le haut de mes cuisses, du même violet marbré que les mûres qui tachaient mes mains tous les automnes, autrefois. Dans le Pembrokeshire, quand je vagabondais sur la côte, c'était moi qui me déplaçais dans le paysage. À présent, les éléments eux-mêmes se soulevaient, retombaient, ballottaient, rugissaient, déferlaient autour de moi, leur chaos diabolique dictant mes mouvements.

Une petite silhouette noire, la base de sa queue tachetée de blanc, voletait à travers les vagues, la grâce de ses ailes véloces contrastant grandement avec notre avancée laborieuse. Le pétrel tempête ou océanite tempête, volant au ras des vagues. Depuis toujours, je savais que l'oiseau était présage de mauvais temps, annonciateur de tempêtes, le dernier à rentrer avant la tourmente. Danse encore, petit oiseau. Je l'ai désigné du doigt, qui virevoltait sur la mer.

– Hannah, comment tu arrives à y voir encore quelque chose ? a plaisanté un équipier, en référence à la pluie qui s'abattait sur nous.

Nous nous connaissions depuis une semaine à peine, mais les liens en mer se tissent vite. C'est sa vie qu'on place dans les mains des autres.

– Ne t'inquiète pas, je n'y vois rien non plus, ai-je crié en riant.

C'était à moitié vrai. Même à travers la pluie battante, cinglante, et le chaos de la mer, je parvenais à distinguer le premier brise-lames, où je passerais le relais au skipper qui nous mènerait à quai, à l'abri d'un port de Bonavista, dans la province de Terre-Neuve.

Nous étions en mer depuis une semaine seulement, sur les trois prévues, mais à l'approche de la tempête, nous avions arrisé les voiles, que nous avions repliées sur la bôme afin d'en réduire la surface, établissant de nouveaux points d'amure et d'écoute pour faire face à l'intensité du vent. À l'approche de la côte, une forte brise s'était levée, qui deviendrait une violente tempête ou un ouragan avant la fin de la journée, chargé de toute la force de l'Atlantique Nord. Le quai était glissant, trempé et recouvert de grêlons lorsque nous sommes arrivés moins d'une heure après, poussés par les vents tempétueux ; les mains engourdies par le froid, nous avons frappé des aussières pour nous amarrer solidement, dans le vent qui continuait à souffler.

Le port était plein de bateaux de pêche vivement colorés ; seuls une poignée de yachts bravaient les rigueurs de ce littoral atlantique. Pendant cinq cents ans, ce port de la côte nord-américaine avait été extrêmement fréquenté. En 1497, un homme connu sous le nom de John Cabot, un marin italien au service de Henri VII, avait appareillé depuis Bristol à la recherche de nouveaux territoires ; en dépit de la présence manifeste du peuple béothuk, il avait déclaré Bonavista terre européenne. Les Béothuks se livraient à une chasse de subsistance. Trappeurs dans les terres, capturant phoques, oiseaux de mer et poissons sur la côte, ils évitaient les périodes de frai afin de préserver les ressources, tout en assurant leur propre survie. Cependant, la morue était si abondante que les avant-postes européens, auparavant saisonniers, s'étaient transformés en colonies pérennes. Tant que les comptoirs étaient temporaires, les Béothuks avaient trouvé un moyen de coexister avec les Européens en évitant le contact, se retirant dans les terres quand ceux-ci étaient à leurs postes de pêche. Lorsque les colons se sont installés à l'année, la population béothuke s'est amenuisée jusqu'à disparaître, victime des persécutions, des maladies introduites par les nouveaux venus et de la famine : l'interférence européenne avait en effet modifié les itinéraires migratoires du caribou. La dernière représentante du peuple béothuk s'est éteinte à Saint-Jean de Terre-Neuve en 1829.

La morue a continué à proliférer ; filet après filet, prise après prise ont été retirés à la mer. À l'issue de la Première Guerre mondiale, le progrès a rendu possibles de plus longues expéditions vers ces territoires d'une abondance extraordinaire qu'étaient les Grands Bancs. La capacité inédite à traiter les prises en mer minimisait le temps passé à terre tout en maximisant le temps de pêche. Il est difficile d'affirmer avec certitude quel impact ces nouvelles pratiques ont eu sur la taille des populations de morue atlantique, car on ne dispose d'aucune mesure de départ pour cette espèce. Des estimations existent, mais seules sont fiables les données de pêche, qui en 1968 ont culminé à huit cent dix mille tonnes de morue. En 1992, le pourcentage de poissons matures capables de frayer, ou biomasse reproductrice, était estimé par les halieutes à un pour cent de la population pic, soit extrêmement bas. Les pêcheurs ont continué à poser leurs filets, mais leurs rendements diminuaient de plus en plus. Cet effondrement dramatique a entraîné un moratoire sur la pêche à la morue et le licenciement le plus massif de toute l'histoire canadienne. Rien qu'à Terre-Neuve, environ trente mille personnes dont la subsistance dépendait entièrement de la mer se sont retrouvées sans emploi.

La pluie s'était changée en grêle, les pontons glissaient ; il fallait regarder où l'on mettait les pieds en frappant les gardes et les pointes à quai. Le bureau du port se dressait devant nous, peint en bleu vif, bien entretenu. Tous les bâtiments avaient des contours rectilignes et les couleurs hardies d'une boîte de crayons gras ; rainurés-bouvetés ou couverts de bardeaux, ils ne laissaient rien transparaître du passé tragique de la ville, marqué par le colonialisme, la cupidité, la mauvaise gestion. Vaguement nauséeux à cause du mal de terre, la tête encore en mer, nous nous sommes bientôt dispersés pour découvrir l'île, avides d'un peu de solitude après avoir vécu confinés.

Je me suis retrouvée dans un café accueillant, alors que dehors la pluie continuait à tambouriner ; une fois attablée devant une boisson bien chaude et des crêpes, j'ai retiré mes vêtements mouillés. Le propriétaire m'a demandé d'où je venais, et le lien a été immédiat lorsqu'il m'a révélé que son épouse était également originaire des falaises du Pembrokeshire, où ils s'étaient rencontrés, il y avait des années de cela, avant qu'elle ne le rejoigne au Canada. Réchauffée par l'amitié, le café et ce moment au diapason de mes pensées loin de la routine rodée des quarts, j'ai repris le chemin du bateau. Plus tôt, j'avais marché vers les terres en suivant un sentier aménagé au bord d'un lac. Cette fois, j'ai choisi la plage.

Le sol était jonché de capelans dont les corps argentés et luisants contrastaient avec le sable. C'était la première fois que je voyais ces poissons : j'étais fascinée. Au début, j'ai pensé qu'ils s'étaient échoués, à cause peut-être d'un polluant dans l'eau. Je n'avais pas compris que ce phénomène faisait en réalité partie de leur écologie. Pour frayer, le capelan adulte se projette hors de l'eau et sur les plages ; des murs entiers de poissons sont rejetés par la houle. Les femelles déposent leurs œufs dans le sable pour qu'ils soient fertilisés par les mâles, avant que la majorité des adultes ne meure échouée, incapable de regagner la mer. Le frai reste enterré sous le sable et les cailloux, comme c'était le cas à présent, quelque part sous mes pieds, jusqu'à son éclosion entre deux semaines et un mois plus tard. Ensuite, il s'attarde un temps dans le sable, puis c'est un exode en masse vers la mer. Dans l'eau, les capelans commencent à se nourrir de plancton, faisant circuler les nutriments dans le réseau trophique. Ils forment à leur tour une partie cruciale du régime alimentaire des baleines, des phoques, des oiseaux de mer, des calamars et de la morue atlantique. Ces minuscules poissons argentés, si petits, si fragiles, sont pourtant une pièce du puzzle qui assure l'équilibre de l'écosystème marin.

J'ai regardé, plus loin que la plage, par-dessus les rochers, le port et le bateau à bord duquel je m'étais embarquée, ma maison pour le reste du mois. En fibre de verre bleu marine, trapu, à bouts pointus, avec un arrière norvégien. Un Valiant 40, un de ces voiliers de série qu'on retrouve dans les marinas du monde entier, sans rien de particulièrement exceptionnel, mais pour lesquels j'ai gardé un faible. Non, ce n'était pas sa silhouette qui distinguait ce bateau des autres et lui donnait un statut particulier en mer, mais sa vocation. Le *Balaena* appartenait au professeur Hal Whitehead, un éminent et prolifique biologiste qui avait lancé la cétologie de terrain dans les années 1970. Lui et ses étudiants avaient fait une bonne moitié de tour du monde à bord de ce bateau pour collecter des données sur les baleines et les mers.

Lors de ce voyage en particulier, Laura Feyrer, doctorante au laboratoire Whitehead (elle a depuis obtenu le titre de docteure), récoltait des données pour sa thèse sur les hypéroodons arctiques (*Hyperoodon ampullatus*). C'était la première des quatre saisons qu'elle passerait à bord du *Balaena*. Nous réalisions des relevés acoustiques, naviguant selon un cap prédéfini en déployant un hydrophone, un éventail de micros submersibles. Sur le pont, un observateur était chargé de repérer les baleines et de consigner les données environnementales. La docteure Feyrer s'intéresse à la structure de ces populations et à leur distribution géographique. Les résultats de son travail ont grandement contribué, et contribuent encore, à garantir que toute stratégie visant à préserver les hypéroodons arctiques se fonde sur leur localisation effective, leur manière d'utiliser leur habitat et l'impact des menaces à différentes étapes de leur vie. En plus d'être une chercheuse brillante, la docteure Feyrer est aussi mère d'une petite fille ; elle a su trouver un équilibre entre les exigences du terrain et la maternité. Naviguer avec elle me donnait l'impression d'avoir réussi. J'avais trouvé mon nord, le domaine de ma vie dans lequel je voulais déverser ma passion.

Le chemin pour y arriver n'avait pas toujours été facile. À dix-huit ans, après avoir fini l'école, j'ai trouvé du travail sur un bateau qui proposait des sorties nature autour des îles du Pembrokeshire. Très vite, j'ai énormément appris, y compris sur ce que je ne voulais pas faire. J'ai évolué depuis dans des environnements pour la plupart très masculins, mais celui-là était le plus extrême. En tant que jeune femme, on travaille deux fois plus mais les opportunités sont rares. Il faut sans cesse faire ses preuves. Physiquement, on doit assumer les mêmes tâches que ses collègues masculins, même si l'on n'a pas le même corps. On n'a le droit ni de se tromper ni de se plaindre. Pour chaque avancée, chaque opportunité, on doit être reconnaissante, en sachant qu'elle pourrait nous être retirée à tout instant. Rien n'est verbalisé. Il n'y a qu'à s'améliorer. S'améliorer encore. Et encore. Jusqu'à l'épuisement.

À force de travailler dehors, exposée toute la journée au sel et au soleil, sans véritables pauses, j'ai contracté une infection rénale du fait de la déshydratation ; malgré le diagnostic médical, on m'a ordonné de continuer à venir travailler sous peine d'être licenciée. Au plus fort de l'été, je travaillais soixante-douze heures par semaine – coup de feu à la haute saison, calme plat en hiver quand les touristes disparaissaient. J'avais un statut de free-lance, sans indemnités maladie ni sécurité de l'emploi ; pourtant lorsque j'ai essayé de m'engager sur d'autres bateaux, on m'a fait savoir que c'était inacceptable. Je me rappelle qu'en rentrant à vélo je hurlais, visage basculé vers le ciel, tant la situation était injuste.

Historiquement, en Grande-Bretagne, on considérait que les femmes portaient malheur à bord ; leur présence suffirait, pensait-on, à déchaîner les mers. C'était, en partie, une marque de la nature superstitieuse des marins. Ne pas siffler en mer. Ne pas appareiller le vendredi. Les femmes portent malheur. Cependant, c'était aussi une affaire de misogynie. Si le biais patriarcal gouverne tout dans notre société, en mer, il est si extrême que l'exclusion des femmes y est presque totale. Il existe des récits d'épouses de capitaine qui, pour éviter des années de séparation, prenaient la mer aux côtés de leur mari, à bord de baleiniers ou de bateaux marchands. Elles se retrouvaient alors confinées dans les quartiers de celui-ci, une portion du pont arrière leur étant réservée pour la promenade. Les femmes qui embarquaient sur des navires effectuant la traversée entre la Grande-Bretagne et l'Inde, à l'époque de l'Empire, recevaient des consignes très strictes concernant leurs vêtements, leur conduite à bord, de peur qu'elles ne suscitent une vague de tentation et ne perturbent le bon fonctionnement du bateau. On les maintenait toujours à l'écart de l'équipage, ce qui devait être une expérience aussi étrange qu'aliénante.

Quelques femmes ont vécu à contre-courant, s'embarquant non pas comme épouses mais comme marins, travesties en homme pour rejoindre les équipages. Nombre d'entre elles ont connu des carrières florissantes ; cependant, si leur identité était découverte, elles étaient forcées de partir. Parmi toutes ces étonnantes contradictions, la plus étrange est peut-être la manière dont on genre les navires en anglais – au féminin. Le pronom rappelle les courbures de la coque ; le bateau, comme un ventre, porte son équipage et le mène sain et sauf jusqu'à destination, bien que dans ce cas l'eau soit maintenue à l'extérieur plutôt qu'à l'intérieur. Épouses, marins, passagers clandestins – en réalité, qui est à la barre ne change rien aux tempêtes, qui s'élèvent puis se calment, tant qu'on a la force et l'habileté nécessaire pour les traverser.

Cette attitude envers les femmes est en déclin, mais elle a la vie dure. Toutes les navigatrices auxquelles j'ai parlé ont évoqué des expériences du même ordre, préjugés ou franche misogynie ; dans cette culture, chacune a dû faire sa place à sa façon. Je ne sais pas vraiment quelle voie est la meilleure. Sur le moment, il est souvent difficile de savoir comment répondre aux comportements inadaptés. J'ai travaillé sur un chantier naval sans toilettes femmes, où l'on m'a dit que je ne pouvais pas utiliser celles des hommes. Certains commentaires sont prévisibles. On me prend de haut lorsque je commande ou récupère des pièces de rechange. Encore aujourd'hui, on me regarde avec insistance chaque fois que j'accoste un ponton ou que j'entre dans un chantier naval. Je quitte des conversations en ressassant ce que j'aurais aimé dire, déchirée entre mon instinct de conservation et l'envie de me battre pour l'égalité.

Aujourd'hui, je vise un équilibre, essayant de ne plus travailler jusqu'à l'épuisement – ces vieilles et rudes habitudes sont tenaces. Pourtant, même à l'époque, j'adorais mes journées, à regarder les marées renverser au fil des heures, à partager mon amour de la biodiversité marine, à m'exercer au maniement d'un bateau dans certains des courants les plus piégeux de Grande-Bretagne. À la fin d'une journée particulièrement interminable, un père venu avec ses filles m'a glissé deux bouts de papier en quittant le bateau. L'un était un message, exprimant l'importance de voir une femme travailler dans un tel environnement et sa reconnaissance que ses filles en aient été témoin. L'autre disait la même chose, sous la forme d'un billet de cinquante livres. Au cours de ces premières années, d'autres personnes m'ont soutenue. L'une d'elles était Ffion Rees, qui m'a embauchée comme guide touristique, partageant avec moi sa sagesse et son expérience. Avoir un travail salarié m'a permis d'économiser un peu d'argent, de financer mes premières formations. Ffion m'a offert un tremplin ; à présent, elle dirige sa propre entreprise, qui emploie principalement des femmes et met l'accent sur la collaboration et la sauvegarde écologique.

J'ai également commencé à travailler comme bénévole dans une école de voile, afin de me familiariser avec un peu plus qu'un semi-rigide. Avec l'aide de la famille qui dirigeait l'école, j'ai postulé à des bourses pour accroître mes qualifications, étoffer mon curriculum vitae. Les formations de voile sont onéreuses, les dépenses s'accumulent très vite. Le plus dur est souvent de commencer, mais j'étais résolue : à force de questions, de rencontres, de liens tissés, je traçais mon chemin. J'étais aussi privilégiée – une femme blanche, cisgenre, éduquée, avec une famille qui m'a toujours soutenue. Souvent, ces opportunités n'étaient pas rémunérées. Je me débrouillais en travaillant à côté, dès que j'étais à la maison, comme vendeuse ou comme serveuse dans les restaurants, les bars. Je vendais ce que je peignais. Je sais combien il est cher de maintenir un bateau à flot : j'étais heureuse d'acquérir de l'expérience, d'en apprendre davantage, avant d'être assez qualifiée pour qu'on me paie. J'arrivais tout juste à joindre les deux bouts : pour beaucoup de gens, ce système de travail non payé est excluant et limite la diversité.

Après ma première année en tant que guide touristique, je me suis inscrite à l'Université libre pour des cours de sciences, afin d'augmenter mes connaissances sur la mer. En même temps, j'étais bénévole à l'école de voile. Les nuits où je faisais la navette entre les deux, je m'arrêtais pour dormir dans des stations-service. L'année suivante, on m'a invitée à traverser les orages de la mer du Nord, du Royaume-Uni jusqu'en Norvège aller-retour, à bord d'un bateau en bois âgé de quatre-vingt-quinze ans, cent tonnes de madriers filant treize nœuds par forte brise. Mon compagnon, que j'avais rencontré alors que nous étions tous les deux guides dans le Pembrokeshire, travaillait sur ce yacht classique. Le bateau était souvent affrété, et servait également à faire découvrir la mer à des jeunes en situation difficile. À la dernière minute, comme un équipier manquait, mon compagnon m'a proposé de les rejoindre ; en échange, j'assumerais le gros de la cuisine. Je n'avais jamais navigué au large. La mer du Nord n'est pas particulièrement vaste, mais nous n'avons pas fait escale pendant cinq jours ; c'était la première fois que je passais la nuit en mer, que je prenais des quarts, que je voyageais à la voile.

La première nuit, quand on m'a passé la barre, j'avais tellement peur que mes mains tremblaient. Le roulis en mer du Nord, singulier, me semblait complètement étranger aux rives celtiques où j'avais grandi. Même si tenir la barre d'un si grand bateau m'angoissait, je me suis forcée à me concentrer, à accepter l'inconfort, espérant qu'il disparaîtrait un jour. Il avait fallu virer pour laisser à tribord l'un des nombreux parcs éoliens de cette région, avec leurs pales qui tournoient. À l'époque, je n'avais pas l'habitude d'évaluer les distances en mer, particulièrement la nuit. Nous étions à des kilomètres des turbines, mais elles me semblaient trop proches, oppressantes dans l'obscurité. D'autre part, il y avait devant nous une plate-forme pétrolière, l'une des cent quatre-vingt-quatre qui émaillent la mer du Nord. On apercevait sa torchère, une colonne de flammes orange qui s'élevait dans la nuit. D'énormes tankers nous dépassaient à vitesse accélérée, mais je maintenais notre cap. La nuit semblait étrangement dystopique ; la plate-forme en flammes, comme une sorte de créature à la H. G. Wells, enjambait la mer sur ses pattes-pilotis, tandis que les tankers acheminaient carburant et nourriture à leurs destinations. Ces machines, souvent dissimulées aux regards, en haute mer, alimentent la réalité de nos vies modernes. Quand je suis enfin revenue à ma bannette, je me suis aperçue que les vagues qui submergeaient le pont s'étaient infiltrées à travers les lattes. Tout ce que je voulais, c'était fermer les yeux et me reposer, mais mon matelas baignait dans une flaque d'eau de mer.

Même si le vent a forci pendant la traversée, j'ai gagné en assurance au fur et à mesure que nous naviguions vers le nord-est, en direction de la Norvège. Le matin de notre arrivée, à l'approche du port, j'ai fait pour la première fois l'expérience de capter les odeurs de la terre après tant de temps passé dans le sel. En atteignant la rive, nous avons été accueillis par une fragrance délicieusement fraîche, végétale, portée par le vent du nord qui soufflait à travers les pins. Tout au long de la traversée, je n'avais aperçu qu'un petit rorqual et quelques marsouins, mais je soupçonne à présent qu'il y ait eu d'autres animaux sauvages dans les environs ; seulement, j'avais été si occupée à trouver mon rythme sur le bateau, à gérer la cuisine et à tenter de me rendre utile sur le pont que je ne m'étais pas vraiment concentrée sur les baleines. Je suis restée à bord à peine moins d'un mois. Une fois en Norvège, nous avons visité des archipels d'une beauté saisissante, nous mesurant à d'autres voiliers classiques dans des régates improvisées. L'eau était claire, glacée, rafraîchissante. Depuis la Norvège, nous avons mis le cap sur l'Allemagne puis les Pays-Bas, avant de retraverser la mer du Nord en direction du Royaume-Uni. C'est alors que l'occasion que j'espérais s'est présentée.

Le voyage de recherche à bord du *Balaena* concrétisait un rêve d'enfance, né après ma rencontre avec le globicéphale qui s'était échoué sur les rivages du Pembrokeshire. Je voulais connaître et rencontrer chaque espèce de baleine. Je voulais me familiariser avec leur habitat, leur mode de vie, leur nombre. J'avais appris que les études d'abondance et de répartition pouvaient m'apporter des réponses. Ces indicateurs, bien qu'ils semblent élémentaires, fournissent des savoirs fondamentaux. Le principe au cœur de l'écologie est de déterminer quelles espèces vivent où, et pourquoi. Ces informations permettent de déterminer si une espèce est menacée ou non, de mettre en place une stratégie de préservation efficace. Bien sûr, j'avais envie de naviguer, de voyager, de partir à l'aventure, mais je voulais aussi aider, prendre part à la protection des océans par le biais de mes explorations. C'est ainsi qu'à l'âge de vingt ans j'ai vidé mon compte en banque pour acheter un billet d'avion vers le Canada, afin de rejoindre l'équipage du *Balaena*. Je me retrouvais donc de l'autre côté de l'Atlantique, engagée dans une expédition de recherche scientifique.

Je passais mes journées à grimper aux mâts pour repérer les baleines. C'était comme mon exploration enfantine de la cime des arbres, en plus beau encore, les feuillages verts changés en mer bleue, l'eau s'étendant à perte de vue sous moi. À cette hauteur, les mouvements les plus imperceptibles de la mer étaient amplifiés, mais je me mettais au défi de poursuivre mon ascension, ignorant le tremblement léger de mes mains qui trahissait ma réticence intérieure, jusqu'à me hisser dans le nid-de-pie. Je ne m'encordais pas, je ne portais pas de baudrier, alors qu'une chute sur le pont aurait été catastrophique. J'étais invincible sous l'armure de la jeunesse, portée par la confiance que me donnait ma vie nouvelle. Perchée en haut du mât, les pieds pendouillant dans le vide tandis que le bateau glissait au vent, j'avais la sensation de pouvoir absorber le mouvement du monde, d'en faire partie. Je crois ne jamais avoir entendu de plus beau son que le jet puissant et vertical d'un rorqual commun remontant à la surface. Sur l'océan tranquille, une colonne de souffle sonore s'est étirée vers le ciel. Je rencontrais enfin, au large, le monde des baleines.

Mon premier grand cachalot, je l'ai senti avant de le voir. Il faisait nuit noire. Un brouillard épais nous isolait ; il s'enroulait autour du bateau, autour de moi, ses volutes s'insinuant dans mon col, le long de la descente, jusqu'au carré. Il masquait les étoiles, la lune – j'apercevais à peine ma propre main juste devant mon nez. Il faisait froid. Un froid qui glaçait les os, qui sapait la force, escamotant le courage autant que la chaleur. J'étais encore confuse de mes quelques heures de sommeil sous le pont. J'avais pris l'habitude de dormir vêtue de l'ensemble de mes vêtements, thermiques, cirés et chapeau, enveloppée dans mon duvet sur ma bannette. Toutes les couches, mais ça ne suffisait pas. Les bons jours, je quittais mes bottes. Les mauvais jours, je les gardais. Le radiateur ne marchait plus depuis longtemps.

L'air salé imprégnait tout d'une vague humidité ; je rêvais d'une vraie chaleur. Près de mon oreiller se balançait un filet de fruits. Avant de nous embarquer, nous l'avions rempli de pommes, fermes, roses, croquantes et sucrées. J'avais regardé les pommes s'abîmer, se rider, mollir dans le filet, jusqu'à ce que des losanges entaillent la chair blette. À ce stade, je ne devais pas avoir meilleure mine, les mains ridées par le brouillard aqueux, les cheveux rassemblés en une tresse terne et emmêlée. Gelée, nauséeuse, les yeux cernés par le manque de sommeil et de nourriture. C'est dur, de manger régulièrement quand on a un emploi du temps si décousu, avec des réveils toutes les deux, quatre ou six heures, selon le bateau.

À présent, je commençais mon quart sur le pont, blottie, tremblante, sous la capote. J'avais de plus en plus mal au cœur. En remontant du carré, j'avais saisi une pomme spongieuse dans le filet, et je me forçais à l'avaler, sachant pertinemment que je la vomirais sans doute bientôt. C'est toujours mieux d'avoir quelque chose à vomir. Malheureuse, nauséeuse, gelée, pleine de doutes, j'avais le mal du pays et la chaleur de la cheminée contre mon dos me manquait. Je naviguais à des centaines de kilomètres des côtes, à l'est du Canada, dans un brouillard glacial. Mon amour de l'océan, de l'exploration, de l'inconnu valait-il vraiment un tel inconfort ? D'ailleurs, je ne naviguais même plus, je dérivais, à la cape pour la nuit, guettant les icebergs. Le bateau était presque statique, le foc bordé à contre nous tirant dans une direction et la grand-voile dans l'autre : le *Balaena* ne serait jamais aussi proche de l'immobilité en mer. Il n'y avait rien d'autre à faire que de rester éveillée, à fixer l'écran du radar et l'obscurité, au cas où des silhouettes de glace surgiraient dans le brouillard. Sentant les bouts de pomme remonter, je me suis levée, me penchant sur rambarde pour vomir dans l'eau.

Quelque chose avait changé. Je me suis figée, immédiatement certaine de ne plus être seule. À côté du bateau, il y avait une forme sombre, comme si la terre surgissait des eaux. Mais plutôt que de percevoir l'odeur de la terre, j'ai senti la présence profonde d'une créature marine dans la nuit. J'ai mieux regardé. Quelque chose de grumeleux, le doux chatoiement de l'eau sur une forme quasi gélatineuse. Comme s'il s'offensait de ma curiosité ou presque, l'animal a projeté le nuage humide de son souffle en gouttelettes sur mon visage.

*Physeter macrocephalus,*
Grand cachalot,
Strié des crêtes à la caudale,
Une petite dorsale bossue,
Une île dans l'océan.

Une vue aérienne ne donne aucune idée de l'échelle de l'animal, des proportions qu'évoque le nom latin. *Macrocephalus*, à grosse tête. Leur peau se plisse et se creuse en vallées, en un paysage à explorer. Tout au sommet se trouve le cratère de l'évent, légèrement à gauche sur la tête. Le corps de l'animal, sa nageoire caudale puissante, sa mâchoire, ses dents étaient dissimulés sous la surface. J'ignore depuis combien de temps il était là. Il était peu probable qu'il soit remonté au terme d'une plongée : peut-être était-il occupé à dormir, à voyager ou à billoter. Je ne sais pas combien de temps il est resté après notre rencontre, s'il a replongé à faible profondeur, aussi surpris que moi, mais je ne l'ai pas revu. Je n'aurais peut-être même pas pu distinguer sa caudale dans l'obscurité. En épongeant les gouttelettes sur mon visage, j'ai commencé à rire, instantanément réchauffée de l'intérieur. Voilà pourquoi je n'étais pas à des kilomètres de là, blottie sous ma couette, avec seulement mes rêves de baleine. Rire dans l'obscurité glacée, essuyer le nuage mouillé du souffle d'une baleine avant qu'il ne gèle sur mon visage. Tout ce qui rendait l'expérience douloureuse lui donnait aussi sa beauté. Cela valait les vomis de pomme, le brouillard opaque, les bleus, les brûlures. Depuis le début de ma fascination pour les cétacés, le grand cachalot avait occupé une place centrale dans mon imagination. Cependant, il y a un fossé entre aimer une idée fondée sur des documentaires, des photos dans des guides de terrain, et la rencontrer par une nuit froide et brumeuse, seul à seule – une créature en chair et en os.

Les cachalots macrocéphales sont les plus grands des odontocètes. Ce sont eux, les cétacés à dents qui figurent dans tous les dessins animés, l'emblème des géants de l'océan. On ne peut pas comprendre la forme des grands cachalots sans les regarder sous l'eau. Leurs corps, bosselés de grumeaux étranges en surface, prennent une allure gracieuse lorsqu'ils glissent à travers l'océan. Ils doivent être considérés dans leur contexte.

Les grands cachalots sont des mammifères, comme nous. Nos espèces sont toutes deux dérivées du poisson, les nageoires lobées se transformant petit à petit en membres inférieurs quand les tétrapodes se sont éloignés de l'eau. L'évolution des mammifères marins les a ensuite ramenés vers la mer, mais nous partageons un trait physiologique majeur : nous avons besoin d'air pour respirer. En apnée, les humains n'ont jamais atteint plus de deux cent quatorze mètres de profondeur. Les grands cachalots plongent régulièrement à plus de deux mille mètres sous la surface. Pour eux, ce n'est pas un exploit d'endurance mais une part de leur recherche quotidienne de nourriture ; il ne s'agit pas de maîtriser leur esprit et leur corps face à la narcose qui enserre la perception et le système nerveux. Les deux espèces partagent ce qu'on connaît sous le nom de « réflexe d'immersion ». Lorsque nous retenons notre souffle dans l'eau et commençons à plonger, notre rythme cardiaque se ralentit, c'est la bradycardie. Dans nos extrémités, les capillaires se resserrent, notre sang est dirigé vers les organes vitaux. Chez les grands cachalots, c'est la même chose, mais leur résistance aux effets de la plongée est supérieure.

Adolescente, lorsque la vie me contrariait, j'allais vers l'océan retrouver une crique abritée où les murs de roc forment une grotte sous-marine. Ce n'est pas une plage, mais plutôt un large amas de rochers au pied d'une falaise. À mon arrivée, je choisissais attentivement une grosse pierre sur le rivage. Ronde, massive, mais que je puisse tenir contre moi. Je m'avançais dans l'océan. Au début, le froid mordait mes chevilles ;

en m'avançant, de plus en plus profond, je sentais ma peau glisser contre celle de l'océan. Je respirais vite et superficiellement en surface avant de m'immerger, de plonger vers le fond. D'un côté de la grotte, une forêt de varech se balançait, brune et dorée, m'attirant vers son enchevêtrement complexe. Je restais assise là, sur le fond de la mer. Ce n'était pas très profond, deux mètres au plus. Je regardais vers le haut pour contempler la lumière qui chatoyait à la surface et filtrait jusqu'à moi en rayons mouchetés, parfaits. Tout autour de moi était mouvant, tout ondulait doucement au gré de la marée. J'observais, hypnotisée, les particules de plancton flotter à travers les faisceaux lumineux en une danse singulière. La pierre fermement serrée contre mon buste, j'essayais de tout absorber.

Là, il me semblait pouvoir sentir la vaste étendue d'eau qui recouvre la planète. Aujourd'hui, on ne parle plus des « sept mers ». On nomme en général cinq océans : l'Arctique, l'Atlantique Nord et Sud, le Pacifique Nord et Sud, l'océan Indien et l'océan Austral. Les mers, nombreuses, sont délimitées différemment selon les cultures et les langues. Certains lieux ont une salinité plus haute ou plus basse, un climat distinct. Les grains soudains et tièdes des Caraïbes. La durée prodigieuse des tempêtes atlantiques. Le clapot désespéré de la mer du Nord, qui ne m'a jamais convenu. Le calme saumâtre de la Baltique. Les différentes nuances de bleu, de l'azur jusqu'au lapis, du diapré à l'obscur. Et pourtant, toutes ces eaux sont reliées. Assise dans ma petite crique sur la côte du Pembrokeshire, j'avais envie de les voir toutes, de les ressentir toutes. Avec mon imagination, j'essayais d'en atteindre les bords les plus éloignés. Cependant, au fur et à mesure que mon esprit divaguait, mon corps commençait à protester. Mon rythme cardiaque se faisait plus lent, plus fort. Un appel. De l'air. De l'air. Je sentais mon pouls battre entre mes tempes. Mes oreilles sifflaient, le besoin de respirer augmentait. Mes poumons se mettaient à crier. À hurler. Prêts à se gonfler, à éclater. Je restais assise aussi longtemps que possible, jusqu'à ce que tous mes instincts me forcent à lâcher la pierre et à glisser vers le haut. Ma tête fendait la surface ; dégoulinant d'eau, j'avalais à grandes goulées un air aussi doux que de l'hydromel.

Je me demande si les grands cachalots ressentent la même chose, à leur première respiration lorsqu'ils font surface. Eux n'ont pas besoin de pierres, bien sûr ; leur corps est parfaitement adapté aux profondeurs. En fait, les grands cachalots expirent lorsqu'ils plongent. Leurs poumons, une fois vidés, sont conçus pour pouvoir s'affaisser, une adaptation à l'immense pression qui s'exerce sous une colonne de deux mille mètres d'eau. Je n'arrive pas à me l'imaginer. Le poids de l'océan sur leurs têtes globulaires, Atlas portant le monde aquatique. Ils stockent l'oxygène dans leurs muscles squelettiques et leurs organes primaires. C'est la myoglobine qui en est le vaisseau principal, et non l'hémoglobine comme dans le sang humain, ce qui leur permet de disposer d'assez d'oxygène pour avancer malgré les exigences physiques de leurs plongées.

Les grands cachalots sont capables de voir sous l'eau, mais les sons constituent le moyen principal à travers lequel ils éprouvent leur environnement. Lorsqu'un grand cachalot s'éloigne de la surface, lors des deux cents premiers mètres de sa plongée, il traverse une zone nommée euphotique ou épipélagique. Là, les rayons lumineux filtrent à travers l'eau, la photosynthèse est possible, les animaux marins peuvent se fier à leur vue. Quand le cétacé descend plus en profondeur, il entre dans la zone dysphotique ou crépusculaire. À cet endroit, la lumière se fait rare, l'eau s'assombrit. Lorsqu'il plonge au-delà de mille mètres, il entre dans la zone aphotique ou zone abyssale. Le cétacé évolue alors dans un monde baigné d'obscurité. Les grands cachalots sont enveloppés d'un noir d'encre quand ils chassent les céphalopodes, les calamars qui constituent l'essentiel de leur régime alimentaire à l'âge adulte. En général, ils commencent à vocaliser quand la lumière s'amenuise, à la limite inférieure de la zone crépusculaire. Si on les écoute par le biais d'un hydrophone, ces vocalisations ressemblent à des séries de *clic* : réguliers, métronomiques. Le cachalot est à lui seul l'animal le plus bruyant de l'océan, ou il l'était, avant les interférences humaines. *Clic. Clic. Clic.* Je me suis endormie en écoutant cette berceuse régulière et apaisante à travers la coque du bateau. Ce son. C'était celui qui hantait le héros de Melville dans *Moby Dick. Clic. Clic.* Sonore, infaillible, retentissant.

Nous sommes capables d'entendre ces *clic*, de les enregistrer, mais nous ne connaissons pas encore l'ampleur des informations qu'ils transmettent. On accepte communément que les grands cachalots utilisent ces *clic* rythmés pour déterminer à quelle distance du fond de l'océan ils se trouvent. Ils plongent à une telle vitesse qu'ils risqueraient la collision s'ils ne maîtrisaient pas cette distance. On pense que grâce à l'écholocalisation, ils créent une carte auditive en trois dimensions du monde qui les entoure, facilitant le mouvement, et que les *clic* sont une méthode pour détecter leurs proies. On sait également que ces *clic* sont employés pour communiquer avec d'autres grands cachalots, que leur nature varie d'un clan à l'autre. Cependant, on ne connaît pas encore leurs autres fonctions.

Un projet ambitieux est en cours, qui pourrait se révéler crucial pour notre compréhension des vocalisations et nos modes d'interaction avec le monde des baleines. Project Ceti combine l'intelligence artificielle, l'ingénierie, le travail de terrain et l'analyse linguistique afin non seulement de traduire le langage des baleines mais aussi, pour la première fois dans l'histoire, de pouvoir leur répondre. Les cachalots ne souhaiteront peut-être pas communiquer avec nous, mais c'est un autre sujet.

Dans le passé, nous avons rendu la vie des grands cachalots très difficile. On ignore le lieu et l'époque exacts où la pêche à la baleine a commencé ; c'était une forme ancienne de chasse de subsistance qui est née simultanément au sein de différentes populations côtières à travers le monde. Des traces de pêche commerciale ont été retrouvées dans le Pays basque où, dès le VII^e^ et le VIII^e^ siècle, des tours étaient érigées sur les collines surplombant la baie de Biscaye, permettant à des vigies de repérer les *Eubalaena glacialis*, les baleines franches de l'Atlantique Nord. Avec la révolution industrielle, la pêche à la baleine s'est répandue, connaissant un essor fulgurant. Les cétacés étaient envisagés comme une ressource, un bien à retirer à la mer et à exploiter pour le profit. Cette pêche est devenue un facteur important de la prospérité mondiale. En 1847, la ville baleinière de New Bedford, dans le Massachusetts, était considérée comme la plus riche des États-Unis. On chassait toutes les espèces, mais les baleines franches étaient particulièrement prisées, parce qu'elles étaient faciles à localiser – elles ont tendance à refaire surface à proximité du lieu où elles ont plongé – et à récupérer : une fois tuées, elles flottent à la surface et ne coulent pas.

L'huile de baleine était une marchandise précieuse, produite à partir de la graisse. Elle était utilisée pour la lubrification des machines, ainsi que dans la fabrication de peintures, de vernis, de savons et de cuirs. Les os étaient extraits des carcasses pour renforcer les crinolines et les corsets, dont les silhouettes étaient bien loin de la grâce des majestueuses créatures marines. Les grands cachalots attiraient eux aussi les chasseurs. Le spermaceti, cette substance cireuse localisée dans les cavités crâniennes du grand cachalot, servait à produire des bougies prisées pour leur flamme vive et claire. L'ambre gris, une sécrétion biliaire de l'intestin du grand cachalot, était très recherché par les parfumeurs. Il se vend toujours très cher aujourd'hui, jusqu'à quarante mille dollars le kilo. On le trouve soit dans les viscères du cachalot, soit, à l'occasion, échoué sur les plages.

Enfant, je sillonnais les rives du Pembrokeshire avec passion, à la recherche de ce trésor venu du grand cachalot. Je me souviens que je fouillais parfois la plage d'Aber Mawr, sur la côte nord, au cas où de l'ambre gris s'y serait échoué. Cette plage devait ses galets et son relief particulier à une tempête. Pour l'atteindre, je marchais à travers des forêts qui exhalaient une odeur piquante d'ail sauvage, sur un tapis de jacinthes des bois. Quand les arbres se clairsemaient pour révéler la baie, mes yeux s'ajustaient de la lumière verte diffusée par la voûte des feuillages au bleu de la mer, à l'étendue du ciel. Je glissais sur les galets, les pierres dévalaient la pente à ma suite en s'entrechoquant. La descente était toujours facile. La remontée après la fouille l'était bien moins, car le talus pierreux sapait la force de mes jambes aussi facilement qu'il arrêtait les brisants, avalant les lames dans un chuchotement.

À cet endroit, le sable était plus sombre, laissant parfois affleurer les squelettes de la forêt engloutie, les souches molles et obscures des arbres pétrifiés. La terre redevenait eau. Je choisissais un passage à travers les sables, balayant le sol d'un regard attentif – un premier entraînement, peut-être, aux recensements pendant lesquels je scruterais la surface de l'eau pour repérer les baleines. Là ! Un jour, je me suis précipitée vers une masse dure et cireuse, le cœur battant. De couleur ocre et ambrée, le bloc avait de toute évidence traversé les mers, si l'on en croyait ses bords irréguliers. Ravie d'avoir enfin trouvé mon trésor, mon morceau de vomi de baleine, je l'ai ramassé et j'ai couru le montrer à ma mère. Nous avons épluché les livres et les sites Internet à la recherche de techniques pour déterminer s'il s'agissait bien d'ambre gris. Au contact d'une aiguille chauffée à blanc, de petites bulles se sont formées avec un chuintement léger ; nous avons vu s'élever une volute blanche de fumée odorante. Tous les signes étaient là. Avec soin, j'ai prélevé un copeau dans la masse. Impatiente, enthousiaste, je l'ai empaqueté et envoyé pour des tests scientifiques à l'université de Bangor. Les semaines qui ont suivi, en vaquant aux tâches du quotidien, je ne cessais de penser à mon trésor de baleine. Le bloc précieux était fièrement posé sur le rebord de ma fenêtre, un morceau de ce monde sauvage que je désirais tant découvrir, explorer, rejoindre. Quand j'ai reçu une lettre en retour, j'ai déchiré l'enveloppe. « Malheureusement, l'échantillon que vous nous avez envoyé n'est pas composé d'ambre gris, mais d'une substance cireuse inconnue. » Ma substance cireuse, je l'ai gardée, profondément enfouie dans le labyrinthe de livres qui constitue la charpente du cottage maternel, un souvenir de ma chasse au trésor d'enfant. J'espère encore déposer un jour, à côté, un authentique morceau d'ambre gris.

La pêche commerciale à la baleine s'est poursuivie, les méthodes et les bateaux baleiniers se sont développés. Les pêcheurs pensaient davantage au profit qu'à l'avenir. Plus. Plus vite. Mieux. La pêche à la baleine était une ruée vers l'or, sans limites ni réglementations. Dans la culture occidentale, nous avons considéré les océans comme une ressource infinie. Ce n'est qu'au cours des cent dernières années que nous avons commencé à constater les effets de siècles d'exploitation, et pris des mesures de régulation. La première tentative a eu lieu en 1924 mais, en raison d'une collaboration internationale difficile, du fait de différences culturelles, politiques et économiques, aucun accord n'a été atteint. En 1946, la Commission baleinière internationale, ou CBI, a été fondée, avec pour objectif de réguler la pêche à la baleine. L'organisation internationale de protection de l'environnement Les Amis de la Terre est extrêmement critique à son égard, affirmant qu'elle a agi en faveur des intérêts des baleiniers plutôt que des baleines.

Au départ, la CBI examinait les données relatives aux captures fournies annuellement par les baleiniers, déterminant ensuite si une restriction serait nécessaire pour l'année suivante. Pour la première fois, une limite et une saison de chasse antarctique ont été fixées. La limite était à seize mille unités de baleine bleue par an. Une unité de baleine bleue, ou UBB, était considérée comme équivalente à une baleine bleue, deux rorquals communs, deux baleines à bosse ou six rorquals boréaux. La quantification de cette unité était fondée sur la quantité d'huile pouvant être tirée de chacune de ces espèces. À l'origine, les baleines grises, les baleines à bosse et les baleines franches devaient être exclues de la chasse, afin de garantir leur durabilité en tant que ressource. La CBI, dépourvue de moyens pour faire appliquer ces régulations, en a délégué la responsabilité à chaque nation. En 1949, à l'ouverture de la pêche, le quota était fixé à mille deux cent cinquante baleines. Cette année-là, deux mille cent dix-sept spécimens ont été capturés.

En 1965, le plus grand animal marin, la baleine bleue, avait presque entièrement disparu de l'Antarctique. En 1970, de nouvelles politiques ont été approuvées, donnant une chance à la survie de nos baleines. Aux États-Unis, la pêche à la baleine avait perdu le soutien de l'opinion publique et le mouvement écologiste prenait de l'ampleur. Toutes les baleines concernées par la chasse commerciale ont été ajoutées à la liste américaine des espèces menacées et, en 1972, la loi pour la protection des mammifères marins a été adoptée. Cette loi a rendu illégale la prise des mammifères marins – définie comme leur chasse, leur exécution, leur capture ou leur harcèlement –, et interdit l'importation et l'exportation de tout produit dérivé de ces animaux. Cela a marqué un tournant non seulement pour les États-Unis, mais également pour la CBI. L'appel à protéger les baleines gagnait encore en soutien et un moratoire a été proposé. Bien qu'il ait été rejeté, n'ayant pu rassembler la majorité à la CBI, les quotas pour les grands cachalots et les petits rorquals ont été revus à la baisse. Les États-Unis ont continué à sanctionner la pêche à la baleine sur leur propre territoire, tout en interdisant les importations de pêche issues de pays dont les agissements semblaient contrevenir aux principes internationaux de conservation de l'environnement.

Le rôle des groupes écologistes est devenu particulièrement significatif lorsqu'un total de cinq millions de membres, issus de vingt et une associations, ont initié un boycott de tous les produits en provenance du Japon et de l'Union soviétique, en raison des pratiques de pêche qui avaient cours dans ces deux pays. L'impact du cumul de ces actions individuelles a été énorme. Même si en 1974 une demande de moratoire a été écartée, les quotas mis en place ont commencé à prendre en compte les conséquences écologiques du prélèvement de chacun de ces mammifères, en fonction de son espèce, de sa taille et de son sexe. Enfin, en 1982, trente-six ans après sa création, la CBI a déclaré l'interdiction au niveau international de la pêche à la baleine, à l'exception de la chasse de subsistance des populations aborigènes. À l'origine, le moratoire devait durer trois ans mais, grâce à des prolongations répétées, il est encore en place aujourd'hui. Jusqu'en 2019, le Japon a continué à pratiquer la pêche sous couvert de recherche, avec l'autorisation de la CBI. Par la suite, il s'est retiré de la commission, transformant ses bateaux d'étude en baleiniers. La Russie continue à se rendre délibérément coupable de captures illégales, tout en falsifiant ses registres et en minimisant la poursuite de ses activités baleinières ; malgré cela, elle est toujours membre de la CBI. La pêche à la baleine se poursuit encore à d'autres endroits, dans les îles Féroé, en Norvège, en Islande, au Groenland et en Corée du Sud notamment. Même si la pêche commerciale a largement diminué, les dommages qu'elle a causés sont irréparables. Plusieurs espèces ont été chassées presque jusqu'à leur extinction.

Quand je naviguais sur les côtes de la Biscaye, j'ai vu et entendu les bruyantes colonnes de souffle projetées vers le ciel par les rorquals communs, *Balaenoptera physalus*. Depuis Mouille Point au Cap, j'ai observé le retour en surface tranquille de *Eubalaena australis*, la baleine franche australe. Cependant, je n'ai jamais croisé et ne croiserai sans doute jamais *Eubalaena glacialis*, la baleine franche de l'Atlantique Nord. Cette espèce, commune lorsque les premiers baleiniers basques ont commencé à la chasser, a été déclarée en 2018 en danger critique d'extinction par l'Union internationale pour la conservation de la nature, l'UICN. Cette année-là, moins de deux cent cinquante adultes ont été dénombrés, tous rassemblés en une population extrêmement isolée. Quand je naviguais sur les eaux froides du Canada à bord du *Balaena*, j'espérais toujours que nous les rencontrerions.

Alors même que les géants de l'océan peinent à se remettre, nous continuons à empiéter sur leur habitat sous-marin par des pollutions nouvelles, entre autres environnementales ou sonores. Parmi toutes les espèces de cétacés évaluées par l'UICN, vingt-deux, comprenant trente-huit sous-espèces ou populations, sont considérées en danger critique, en danger ou vulnérables. Il est probable que ce chiffre soit sous-évalué car, pour neuf espèces et deux sous-espèces sur cette liste, les données manquent, faute d'études. Bien qu'on ne réduise plus la valeur d'une baleine à une unité de baleine bleue, nous courons toujours le risque de les estimer pour ce qu'elles font plutôt que ce qu'elles sont. Même au sein du mouvement écologiste, les discussions sur les baleines sont encore souvent formulées en termes financiers. La valeur économique que les baleines ajoutent à la société a été calculée. Aujourd'hui, ce n'est plus aux profits tirés de la fabrication de crinolines, de corsets et de bougies de luxe que l'on estime les baleines, mais à leur valeur en tant que pièges à carbone. Au cours de leur vie, les plus grandes baleines peuvent accumuler dans leur corps jusqu'à trente-trois tonnes de dioxyde de carbone. Lorsque les baleines meurent, elles sombrent selon toute probabilité dans les abysses, emprisonnant ce carbone dans leurs os. Les baleines vivantes aident également à absorber le carbone, par le biais de leurs déjections. En surface, leurs matières fécales jouent le rôle de fertilisant, aidant à la floraison du phytoplancton, qui produit plus de la moitié de l'oxygène terrestre et l'échange contre du dioxyde de carbone. On estime que deux millions de tonnes de carbone sont demeurées dans l'atmosphère en conséquence du seul nombre de grands cachalots tués dans le cadre de la pêche commerciale. Cependant, pour moi, la véritable valeur des baleines dépasse les considérations économiques, la science et même les mots. Qui voudrait vivre dans un monde sans ces majestueux géants des mers ?

La première fois que j'ai aperçu un marsouin commun – c'était le premier cétacé que je voyais, avant même de savoir ce qu'était un cétacé –, mon esprit s'est apaisé, mes pensées se sont effacées, laissant place à une méditation tranquille. Le monde ne s'est pas arrêté. Il fallait encore faire la vaisselle, plier le linge, aller où j'étais attendue. Mais, à ce moment-là, je ne pouvais pas partir ; je suis restée assise, hypnotisée, à regarder ces créatures vivre et se mouvoir. Le grand cachalot dans la nuit glacée, sur le travers du bateau, a confirmé que ma place était en mer. À un niveau fondamental, à la fois plus simple et plus complexe, je sais que le temps passé avec les cétacés, à respirer juste un instant le même air, est un privilège. Leur présence inspire à la fois la sidération et l'émerveillement, le respect et la révérence. Ce moment de lien, où nous partageons le même espace, deux créatures par de nombreux aspects si différentes, par d'autres si semblables, jusqu'à ce que la baleine plonge, sa nageoire caudale s'incurvant vers le ciel. La beauté n'a pas toujours d'explication. Elle est simplement là, sans qu'on sache pourquoi, et le monde en est augmenté.

Les sociétés de grands cachalots sont matrilinéaires. Cela signifie qu'elles sont fondées sur le lien de filiation à la mère. Les femelles restent proches de leur lieu de naissance, tandis que les mâles passent leur vie à sillonner l'océan, se dirigeant en général vers les eaux froides, où ils trouveront des proies de plus grande taille, leur permettant de gagner en volume et d'entrer en rivalité pour des partenaires. Les femelles atteignent la maturité sexuelle autour de l'âge de neuf ou dix ans. La période de gestation dure entre quatorze et seize mois. Quand elles ont mis bas, le baleineau est allaité et nourri principalement de lait durant deux ans et demi en moyenne, mais il a été observé que certaines femelles allaitaient leur petit jusqu'à l'âge de treize ans. On pense que cette période d'allaitement prolongée sert à la mère autant qu'au baleineau, car elle lui donne le temps de se remettre de la grossesse et de la mise bas avant d'être de nouveau prête à la reproduction. Autour des quarante ans, la fertilité des femelles se réduit considérablement mais, par la suite, elles continuent à être des membres importants de leur groupe, qui vivront jusqu'à l'âge de soixante-dix ans et plus. Elles ne deviennent pas invisibles aux yeux des autres ; au contraire, elles font partie d'un cercle de femelles contribuant à élever les jeunes du groupe.

Les grands cachalots se reproduisent peu. Chaque individu n'a que quelques descendants et investit beaucoup dans la parentalité. Cette stratégie est nommée « histoire de vie », signifiant que le grand cachalot appartient aux espèces à « sélection K » plutôt qu'à « sélection R », comme les rongeurs, qui ont une forte fécondité mais ne s'occupent pas très longtemps de leurs petits. Élever un grand cachalot est un effort qui concerne tout le groupe, car la mère ne peut s'occuper seule de son petit tout en subvenant à ses propres besoins. Bien que les baleineaux du grand cachalot naissent déjà très développés, prêts à répondre à l'environnement complexe dans lequel ils se trouvent, ils sont incapables de plonger en profondeur comme les adultes. Selon certaines études, même si les baleineaux pourraient physiologiquement plonger à partir de l'âge d'un an, ils continuent à téter. Cela suggère que la période d'allaitement prolongée leur permet de maîtriser d'autres compétences nécessaires à une plongée réussie, comme l'aptitude à reconnaître et à attraper efficacement les proies, ainsi qu'à communiquer avec d'autres cachalots durant la chasse.

Laissés seuls à la surface quand la mère plonge à la recherche de nourriture, les baleineaux sont vulnérables, de potentielles proies pour les orques, les requins, les fausses orques et les globicéphales. Les autres femelles de la communauté assument donc le rôle parental de protection pendant que la mère se trouve en profondeur. Les mères allaitantes nourrissent des petits qui ne sont pas les leurs. Si le groupe est menacé ou s'il perçoit un danger, il se positionne dans la formation dite « de la marguerite ». Les petits sont au milieu, protégés par les adultes qui les encerclent, la tête au centre, leurs puissantes caudales vers l'extérieur pour décourager à grands coups de queue l'approche d'éventuels prédateurs. Les baleines savent que leur sécurité individuelle sera mieux préservée si elles travaillent ensemble.

Un été, perchée dans le nid-de-pie à bord d'un voilier dans les Açores, je regardais les îles volcaniques en contrebas, la peau réchauffée par le soleil. Les mères tout juste revenues en surface reprenaient leur souffle et leurs baleineaux fonçaient sur elles, semblant tout heureux de les retrouver. En août, les petits sont nombreux dans les eaux açoréennes. En regardant les baleines, on est tenté de projeter sur elles des sentiments humains. La joie de revoir ceux qu'on aime après une séparation. À ce moment-là, je n'avais pas vu ma mère depuis des mois et nous ne serions pas réunies avant longtemps : elle reste le plus souvent sur les côtes du Pembrokeshire. C'était difficile, de passer du temps avec les grands cachalots sans réfléchir à mon propre héritage matrilinéaire, à ce qui avait changé avec les années, aux souvenirs qu'on m'avait légués en partage.

Ma grand-mère maternelle m'a récemment offert un médaillon à porter autour du cou : il est rond, tout en or, égratigné et bosselé. L'avant est gravé de symboles en arabesques et le métal au revers semble avoir été martelé, mais j'en connais la véritable histoire. Ce médaillon était un cadeau de mon grand-père à ma grand-mère. À l'intérieur, il y a des photos d'eux souriants dans leur jardin, sous le vieux pommier. Le médaillon a été cabossé quand ma grand-mère s'est assise dessus par accident, imprimant quelque chose d'elle dans le métal. Elle me l'a donné peu de temps après la mort de mon grand-père. Partie naviguer à des kilomètres de là, je n'ai pas pu le revoir avant que la vie ne le quitte. J'étais loin de ma famille ; comme beaucoup d'autres au moment de la pandémie, ils n'ont pas pu se réconforter par les gestes habituels à l'enterrement, qui a eu lieu en petit comité. Je chéris ce médaillon, où mes deux grands-parents sont réunis, comme s'ils étaient ensemble, pour la dernière fois. Ma grand-mère m'a suggéré de faire aplanir les bosses, mais je ne veux pas. Il me semble qu'elles font partie de leur histoirc, un moment saisi dans le métal.

Ma grand-mère maternelle est née dans le Black Country, au sein d'une famille ouvrièrc. Elle a grandi dans une rue aux maisons mitoyennes recouvertes de poussière de charbon, à respirer les vapeurs de la fonderie. On dit que les journées étaient noires de poussière, les nuits rougies par les hauts fourneaux. Ma grand-mère m'a raconté les cochons au fond du jardin, les légumes que sa famille cultivait partout, dans chaque recoin, pour avoir assez à manger. Elle a quitté l'école jeune, il fallait qu'elle travaille, sa famille avait besoin d'argent. Elle voulait être institutrice. Par nécessité, elle est devenue secrétaire. Elle a épousé un policier au début de la vingtaine, à l'âge où je parcourais l'Atlantique Nord à la recherche d'hypéroodons arctiques, aspergée dans la nuit par le souffle des grands cachalots. Soixante-cinq ans plus tard, ils se tenaient encore la main en marchant dans la rue ; avant la mort de mon grand-père, ils n'avaient jamais passé une nuit séparés. Ma grand-mère ne sait pas conduire. Elle ne possède pas de passeport et n'a jamais quitté le Royaume-Uni. Ce microcosme qui s'arrête aux côtes des îles Britanniques a été son monde.

Un temps, il m'était difficile de lui écrire. Elle avait arrêté de répondre à mes lettres, inutilement gênée par son orthographe, puisque la mienne a toujours été épouvantable. J'étais souvent à l'étranger et nous n'avions donc pas beaucoup l'occasion de nous téléphoner. J'avais l'impression que nos vies et nos expériences étaient trop éloignées. Je m'engageais dans des aventures qu'elle n'aurait jamais pu imaginer – étudier les cétacés, pourchasser l'horizon. Les étoiles qui éclairaient mes nuits émaillaient le plus noir des ciels, et je passais mes journées à naviguer sur des eaux turquoise, traçant ma route autour d'archipels scandinaves ou louvoyant entre des récifs de corail, de l'autre côté de l'Atlantique. Pendant mes voyages, j'étais pleinement immergée dans le présent ; j'avais du mal à expliquer mes motivations ou mes projets d'avenir, car je me projetais rarement plus loin que l'instant suivant.

Lors d'une visite chez elle, par une chaude journée d'été, les choses ont changé. Sous mon tee-shirt, j'avais les bras nus. Cela faisait des années que je collectionnais les tatouages, les souvenirs de voyage et les emblèmes, mais c'était probablement la première fois que ma grand-mère les voyait. Je m'attendais à une réprimande ; au lieu de cela, elle a souri. Elle s'est mise à me parler de son frère, qui s'était embarqué lui aussi, dans la marine marchande. Elle m'a raconté qu'il repartait toujours en mer avec un nombre impair de tatouages, une promesse qu'il reviendrait au port pour le suivant. Je n'en savais rien. En un instant, le gouffre que j'imaginais entre nous, qui n'était que ma propre création, a été comblé. Plutôt qu'une femme qui ne comprendrait pas, aujourd'hui je vois une femme qui n'a pas eu les mêmes chances que moi. Une femme de la classe ouvrière, qui connaît la valeur de la stabilité et a fait des sacrifices pour l'atteindre. Une femme qui aime profondément sa famille. Une femme qui accueille les compliments qu'on lui donne avec un hochement de la tête et un merci, dans un monde où nous sommes si nombreuses à les balayer d'un revers de la main. Une femme qui gagne toujours lorsqu'elle joue aux dominos, un sourire malicieux aux lèvres. Elle n'a peut-être pas parcouru le monde, mais elle a vécu une vie de tranquillité heureuse et pleine. Où que j'aille dorénavant, j'emporte toujours une partie d'elle, dans un petit médaillon en or.

Ma mère s'est envolée un peu plus loin du nid. Passionnée de nature dès son plus jeune âge, elle observait attentivement le vol des oiseaux, reproduisant leurs formes au crayon, à l'encre et au pinceau. Elle a été la première de sa famille à s'inscrire à l'université. Pour comprendre la nature, sa curiosité l'a menée vers l'art plutôt que les microscopes et les catalogues de taxonomie. Elle s'est lancée dans une carrière artistique avec une passion et une ténacité aiguillonnées par son amour de la création et la conscience que, en cas d'échec, elle n'aurait pas de filet de secours. Sa famille, qui avait peur pour elle, n'a pas compris ses choix. Elle est partie étudier dans une ville aux pierres couleur de miel, jusqu'à ce qu'ensuite la vie la porte vers l'ouest. Immédiatement, elle est tombée amoureuse des côtes sauvages du Pembrokeshire : quelque chose dans ces terres, cette mer l'attirait. Avec l'argent qu'elle avait économisé en travaillant comme illustratrice, elle a acheté notre cottage de contes de fées, une maisonnette nichée sur la crête de collines qui s'interrompent en falaises verticales, avant d'y emménager la semaine suivante. Cette maison, elle l'avait payée grâce à ses tableaux. Les murs et la cheminée étaient pleins d'histoires. Grâce à son imagination, ma mère a élargi son monde et m'a transmis les outils pour que le mien soit sans limites.

Parmi mes premiers souvenirs d'enfance, l'un des plus marquants est une baignade dans l'océan avec ma mère. Près de la maison, il y a une plage où l'eau sauvage rencontre les rochers, les tempêtes se lèvent, la pierre ancienne est érodée en sable par le temps et les marées. Le sable est sombre. Granit. Le soleil brillait, réchauffant ma peau. Déjà, j'essayais d'en retenir la sensation, pour me préparer aux froids de l'hiver.

– Viens.

Ma mère m'a prise par la main. Nous avons marché vers l'eau.

– Il faut que tu sentes le sel sur ta peau.

Ensemble, nous avons trempé nos pieds. Les vagues clapotaient à nos chevilles, nous invitaient à aller plus profond. Encore plus profond. Assez pour perdre pied. Ma mère m'a hissée sur son dos, s'éloignant de la rive à la nage, plus loin que je n'avais été lors de mes premières baignades. Pourtant, je n'avais pas peur. Je m'accrochais à son corps tiède et les traces de sa chaleur me protégeaient des frissons. La mer ondoyait autour de moi, à travers moi. J'en sentais les reliefs, les subtilités. Je ne savais pas alors que cet amour de l'océan donnerait forme à mes études, mes tableaux, mes mots. Que l'eau me ferait à la fois quitter et retrouver des êtres chers. Cependant, cette sensation d'ondoyer au fil de l'eau, comme l'eau, s'est imprimée en moi, jusqu'à aujourd'hui. J'ai rejoint le rivage à califourchon sur les épaules de ma mère, et nous nous sommes assises sur la plage pour manger des nectarines mûries au soleil, un quartier après l'autre – la saveur des terres.

Ma mère m'a mis des crayons dans les mains, un océan dans le cœur. Je l'ai vue traverser un chagrin d'amour. Elle parcourait des kilomètres à pied sur le sentier côtier ; sur le papier, elle appliquait une à une des touches de couleurs. Elle m'emmenait voir les marsouins chasser à la renverse, m'enchantait avec ses histoires sur les poissons-lunes et leurs tentacules mouvants. Elle me lisait de la poésie. À présent, alors que souvent des milliers de kilomètres nous séparent, nous nous écrivons des poèmes. Elle m'a dit qu'il n'y a pas de temps perdu si l'on est heureux. Elle m'a enseigné que le bonheur n'est pas un acquis, mais une pratique à cultiver chaque jour. Elle m'a appris à toujours écouter ma propre voix, à suivre mon intuition. Elle m'a montré qu'on pouvait gagner sa vie, et la construire, avec ses passions. Elle ne m'a jamais poussée, simplement encouragée avec douceur, en espérant que je trouverais mon chemin.

Cependant, de la même manière que les baleineaux sont élevés non seulement par leur propre mère mais par toute une communauté de baleines femelles, d'autres femmes ont été essentielles dans mon parcours et mon apprentissage. Rachel Carson et la docteure Sylvia Earle sont deux d'entre elles.

Rachel Carson était une biologiste marine et halieute américaine. On la connaît surtout pour son livre *Printemps silencieux*, publié en 1962, qui a dénoncé les dommages environnementaux catastrophiques causés par les pesticides, entraînant finalement la suppression progressive du DDT[1] aux États-Unis. Deux décennies plus tôt, en 1941, elle avait publié son premier livre, *La Vie de l'océan.* Malgré son succès critique, le livre n'a gagné un public plus large que dix ans plus tard, lorsqu'il a été réédité après le succès de *La Mer autour de nous*, qui lui faisait suite. À travers une prose minutieuse, Carson donnait vie dans ses livres à un océan tout entier, décrivant à la fois chaque espèce et les interactions complexes qui les relient, non seulement pour ses contemporains, mais pour des générations de lecteurs

1. Le DDT, ou dichlorodiphényltrichloroéthane, est un puissant insecticide, qui fut abondamment utilisé comme pesticide à partir de 1945. En raison de son impact sanitaire et environnemental élevé, son usage agricole fut interdit dans les années 1970 et 1980, mais il est toujours employé dans la lutte contre le paludisme et le typhus notamment.

futurs. Son écriture est une flamme qui aujourd'hui encore a embrasé la vocation de nombreux jeunes biologistes marins. Carson avait la capacité de transporter le lecteur resté à terre, de la rivière, du rivage jusqu'à la mer. Peut-être l'écriture ouvrait-elle la possibilité du voyage non seulement au lecteur, mais aussi à l'autrice. Carson, une femme de son époque, a passé en réalité très peu de temps en mer. Ses observations provenaient de sa fréquentation des prés-salés, des rivages rocheux et des docks. Elle s'émerveillait devant la phosphorescence des bords de mer, écrivant dans ses lettres que les brisants semblaient parsemés de diamants, de rubis et de pierres précieuses.

Sans beaucoup d'occasions d'observer elle-même les phénomènes océaniques, elle échangeait des lettres avec des marins comme Thor Heyerdahl, et elle avait lu le récit du périple de Darwin à bord du HMS *Beagle*. Lorsqu'elle décrit ces voyages « enviables », on devine son désir d'y participer, d'être au large, devant un vaste horizon, sans aucune terre en vue. Heyerdahl lui avait raconté l'éclat de la lune en haute mer, les poissons volants qui s'échouaient sur le pont, les photophores enchanteurs des calamars qui éclairaient les abysses lors de son voyage vers la Polynésie à bord du radeau *Kon-Tiki*. Dans *La Mer autour de nous*, la profondeur est donnée en brasses plutôt qu'en mètres, les découvertes sont celles de l'homme, non de l'humanité : le monde de l'époque était fortement genré, ses normes dictées par un patriarcat plus pesant qu'aujourd'hui. Carson évoque le cachalot géant, décrit comme une énorme créature à dents dont elle estime la profondeur de plongée à cinq cent quarante brasses (neuf cent quatre-vingt-sept mètres virgule six), s'appuyant sur la découverte en 1932 du cadavre d'un grand cachalot emmêlé dans le câble d'un sous-marin remonté en surface, au large des côtes colombiennes. Elle rappelle que la mer était autrefois un paysage silencieux pour l'oreille humaine, et mentionne les découvertes pionnières liées au déploiement d'hydrophones militaires : nos eaux sont en réalité des océans sonores. Selon *La Mer autour de nous*, les poissons, les crevettes et les marsouins participent tous à la symphonie de l'océan, et de nombreux sons doivent encore être identifiés. Quelle joie Carson aurait-elle ressentie, si elle avait pu entendre le *clic*, *clic*, *clic*, le son animal le plus puissant de tout l'océan, le rythme du grand cachalot dans les abysses ?

Carson retrace la destruction de la biodiversité insulaire, causée par l'exploration, l'exploitation et la colonisation humaines. Elle décrit la disparition de certaines espèces endémiques d'oiseaux, en conséquence de l'introduction de prédateurs par les bateaux, les rats qui mangent les œufs, les oisillons et détruisent les nids. Elle parle de l'élévation du niveau de la mer, avançant que les vagues viendront se briser au pied des Appalaches, tant l'inondation sera conséquente. Elle écrit avec une rage sourde, mêlée d'excitation à l'idée de repousser les limites de la science et de l'exploration qui corsetaient son époque. Elle pressentait les découvertes que rendraient possibles les avancées technologiques et les nouveaux moyens de s'aventurer en milieu marin, aussi bien à la surface qu'en profondeur.

Un élément manque à son discours, qui figure inévitablement dans un livre sur la mer publié aujourd'hui : la dévastation causée par le changement climatique anthropogénique. Que penserait-elle du monde contemporain ? Notre connaissance empirique de la mer n'a jamais été aussi vaste, cela ne fait aucun doute. Cependant, l'étendue des dégâts provoqués et sans cesse intensifiés par notre espèce est tout aussi évidente. Je ne peux m'empêcher d'imaginer qu'elle prendrait la plume, une voix inébranlable donnant l'alerte face au danger imminent.

La docteure Earle, également américaine, est une océanographe, exploratrice, plongeuse et militante des océans, parfois surnommée « *Her Deepness* », « Sa Majesté des profondeurs », en référence à ses expéditions sous-marines. Fondatrice de l'organisation Mission Blue, elle est titulaire d'un doctorat en phycologie, auquel se sont ajoutés au cours de sa carrière vingt-deux diplômes honorifiques, en récompense de ses contributions tant à l'exploration qu'à la sauvegarde des océans. La docteure Earle a été la première « exploratrice à demeure » de *National Geographic*, la première « héroïne pour la planète » nommée par *Time Magazine*, la première femme à occuper un poste de direction scientifique au sein de l'Agence américaine d'observation océanique et atmosphérique. Elle s'exprime avec une conviction passionnée au sujet de l'océan et des dommages causés par l'espèce humaine ; pour beaucoup, ses mots ont servi de cri de ralliement, un appel à l'action aux niveaux individuel, collectif et international.

Ce qui m'a toujours attirée dans son travail, c'est l'invariable réitération que la santé des océans à l'échelle mondiale représente notre santé à tous : la nature n'existe pas dans le vide, et les dommages qui lui sont infligés finissent par dégrader la trame sur laquelle nous tissons nos vies, l'étoffe de la biodiversité. Le chemin de la docteure Earle a commencé à Florida Keys, où elle passait des heures, enfant, dans les herbiers marins à observer la vie qu'elle y trouvait, avant de voir ces prairies retirées à la mer pour être asséchées et transformées en parkings. Quand on lui a demandé, lors d'un entretien au Musée d'histoire naturelle de Londres, comment protéger les océans, Earle a répondu qu'il fallait examiner ses points forts et ses talents. Elle a ajouté que les actions de conservation environnementale pouvaient être menées par le biais de la science, de l'exploration, de la gouvernance, de la politique, mais aussi à travers l'art, la littérature et la poésie. Que chacun devait identifier le domaine dans lequel son apport serait le plus utile, avant de se mettre au travail. Favorable à des solutions ancrées dans le monde naturel, elle souligne que nous pouvons aider à sauvegarder les océans même en vivant dans les lieux qui en sont le plus éloignés, en respectant, en protégeant et en restaurant la nature autour de nous, afin de soutenir la biodiversité à plus grande échelle. Elle évoque le pouvoir et l'influence que nous avons tous sur le monde qui nous entoure, pour le meilleur ou pour le pire.

Earle est une pionnière, une scientifique qui a considéré, avec raison, être en droit de prendre part à une conversation dominée par les hommes. En me plongeant dans des documentaires, j'ai entendu certaines des questions qui lui étaient posées en interview : pourquoi une jeune femme de dix-huit ans dans les années 1950 poursuivait-elle des études en biologie marine, au lieu de chercher à rencontrer quelqu'un et à se marier ? Alors qu'elle travaillait à son doctorat, on l'a invitée à participer à une expédition dans l'océan Indien, afin de récolter des données sur les formes de vie marine qui pourraient s'y trouver ; à cette occasion, le *Mombasa Times* avait titré : « Sylvia embarque avec soixante-dix hommes, mais s'attend à un voyage sans accroc. » Après avoir appris par une annonce à Harvard qu'on recherchait des plongeurs pour passer deux semaines dans un laboratoire sous-marin aux îles Vierges américaines, dans le cadre du programme Tektite, elle avait immédiatement postulé, sans même songer que les organisateurs ne s'attendaient pas à ce que des femmes se présentent. Bien que sa candidature ait été refusée pour Tektite I, lorsque le projet a été renouvelé, Earle a été choisie pour en faire partie, aux côtés de quatre autres femmes.

Dans le documentaire *Mission Blue*, qui décrit une partie de la vie et du travail de la docteure Earle, on aperçoit à l'écran une manchette parue dans les journaux de l'époque : « Cinq copines plongent avec un seul sèche-cheveux ! » Même si, dans le domaine scientifique, les femmes font face à bien plus d'obstacles que leurs homologues masculins, même si leur représentation dans la presse ou sur les réseaux sociaux est parfois encore absurde, si ce n'est pire, bien des choses ont changé depuis les débuts d'Earle. Elle-même a énormément fait évoluer la perception des femmes dans les sciences. Lors des interviews, Earle détournait les questions frivoles qu'on lui posait et redirigeait avec maestria la conversation vers les problématiques marines. Ses centres d'intérêt et l'étendue de ses connaissances sont considérables, englobant chaque espèce individuelle tout autant que des processus océanographiques de grande ampleur. En plus de l'impact qu'elle a eu sur les sciences de la mer, sa présence dans ce domaine a incité de nombreuses femmes à suivre dans son sillage.

Les nuits calmes à bord du *Balaena*, quand les voiles étaient gonflées par un vent régulier, je repensais parfois aux expéditions en mer de la docteure Earle, chaque fois émerveillée de l'immédiateté, de l'indépendance avec lesquelles j'avais la chance de vivre cette expérience hauturière. Earle menait ses recherches à bord de larges bateaux à moteur, sans jamais prendre part à la navigation ni vraiment aux travaux quotidiens. Sur le *Balaena*, notre petit voilier transformé en laboratoire flottant, la configuration était entièrement différente. Nous nous relayions à la barre, pour régler les voiles et tenir le livre de bord. Pendant que l'ensemble des données acoustiques de l'hydrophone étaient sauvegardées sur des disques durs afin d'être analysées ultérieurement, nous devions surveiller avec beaucoup d'attention les réserves d'électricité. Lorsque nous naviguions, elles se rechargeaient, et l'équipement du bateau était alimenté ; nous ne disposions ni d'un générateur de secours ni de panneaux solaires. Les données observationnelles, les relevés environnementaux concernant l'état de la mer et la température de surface étaient tous consignés à la main sur du papier étanche, soigneusement fixé à des porte-blocs pour éviter que le vent ne l'arrache. Nous cuisinions, nous naviguions, nous hissions et affalions les voiles, les arrisant quand c'était nécessaire, sans cesser de mener nos observations. Chaque nuit, nous étions sur le pont. Si quelque chose cassait, nous cinq sur le bateau étions les seuls à pouvoir le réparer. Cette implication à tous les niveaux était gratifiante, même si elle demandait du travail. Aucune des deux manières de conduire ses recherches n'est supérieure à l'autre, ce sont simplement des expériences différentes.

Le périple tirait à sa fin et j'éprouvais des émotions mêlées. Je rêvais de prendre une longue douche chaude, de retirer enfin les couches de vêtements techniques qui, à ce stade-là, me semblaient plus fermement attachées à moi que ma propre peau. Je me réjouissais d'une bonne nuit de sommeil, tout en sachant que l'équipage – avec la proximité et les habitudes qui s'étaient installées pendant le voyage – allait me manquer. J'aurais la nostalgie des baleines que nous entendions dans les profondeurs, engagées dans des conversations qui restent pour nous mystérieuses. Je voulais humer les ajoncs, la bruyère, planter mes doigts dans le sol, absorber l'odeur de la terre, mais je savais que me manqueraient les heures soyeuses à naviguer sous la lune, quand le monde semble n'appartenir qu'à soi, et l'océan murmure ses histoires.

L'été se terminait, avec l'automne viendraient des changements. Pour la première fois, j'allais m'inscrire pour des études à plein temps. Qu'allais-je ressentir, assise dans un auditorium rempli d'étudiants de dix-sept, dix-huit ans, sans doute désorientés d'être loin de chez eux pour la première fois ? Cela me plairait-il, d'apprendre sur les baleines – au lieu de partager un espace avec elles, en mer ? Aurais-je encore le temps de regarder chaque lever de soleil, chaque crépuscule ? Je savais qu'un cursus plus structuré me serait utile, mais j'avais peur de ne plus me sentir à ma place sur la terre ferme. Au fur et à mesure de notre itinéraire, je me surprenais à désirer que les kilomètres s'allongent, les heures ralentissent. En outre, notre mission me paraissait inachevée.

Lors de cette expédition, nous avions suivi une courbe de niveau à mille mètres de profondeur, c'est-à-dire que le fond marin se situait à un kilomètre en dessous de nous. Nous nous trouvions à environ trois cents milles nautiques de la côte de Terre-Neuve. Toute la région était considérée comme un habitat plausible pour les hypéroodons arctiques, membres de la famille des baleines à bec, mais leur présence n'y avait jamais été enregistrée. Nous naviguions depuis des semaines avec l'hydrophone à la traîne, écoutant nuit et jour à intervalles de quinze minutes dans l'espoir de détecter leurs vocalisations. La docteure Feyrer m'a transmis que, d'après l'analyse des données au laboratoire, nous avions effectivement croisé des hypéroodons ; soit nous avions échoué à reconnaître leurs appels, soit ceux-ci n'avaient pas coïncidé avec nos phases d'écoute. Une chose était sûre, nous ne les avions pas aperçus en surface.

Il ne nous restait plus que quelques jours et nous avons mis le cap sur le Gully, un canyon sous-marin au large de la côte de la Nouvelle-Écosse. Des recherches précédentes avaient identifié à cet endroit une population d'hypéroodons arctiques, qui revenaient avec une grande fidélité depuis les années 1980, époque à laquelle ils y avaient été étudiés pour la première fois. Après un été passé sur les traces de ces créatures insaisissables, je désirais ardemment les rencontrer. En naviguant vers le sud, les jours se réchauffaient ; de plus en plus consciente de l'odeur distinctement humaine que selon toute probabilité je dégageais, je répugnais à enlever des couches de vêtements. À la fin du voyage, les couchers de soleil étaient si spectaculaires que les couleurs se sont fixées dans ma mémoire : à la tombée du jour, par touches lumineuses, l'eau se teintait de rose et d'or. Nous dînions les yeux rivés sur l'horizon, guettant la légendaire lumière verte, cette brève explosion de couleur qui a parfois lieu au crépuscule. Chaque repas était un nouvel assemblage de la maigre quantité de produits frais qui résistait encore ; le céleri, glissé subrepticement, se marie avec un nombre étonnant de concoctions.

Il était autour de midi quand quelqu'un à bord a crié :

– Des baleines à bec !

Je ne me rappelle pas qui les a aperçues en premier, seulement mon incroyable enthousiasme. Il est extrêmement rare de croiser des baleines à bec ; elles appartiennent aux *Ziphiidae*, la famille de baleines qu'on connaît le moins. On sait qu'elles plongent à des profondeurs inouïes, s'aventurant plus loin dans les abysses que les grands cachalots. En général, elles sont difficiles à observer dans leur habitat, au large ; elles se montrent extrêmement fuyantes et inaccessibles en surface, plongeant souvent avant même qu'on ne les remarque. La plupart de mes rencontres avec des baleines à bec ont été complètement inattendues : les jours où la mer était si agitée que les relevés visuels semblaient presque inutiles, elles ont jailli hors de l'eau avec une vigueur joyeuse pour disparaître de nouveau dans une cacophonie tourbillonnante de vent et de remous. Les hyperoodons arctiques sont une exception : parfois sociables, ils sont connus pour s'approcher des bateaux. Cela les rend un peu plus faciles à étudier, mais aussi plus vulnérables à la chasse.

J'ai grimpé à toute vitesse jusqu'en haut du mât pour mieux les voir. Au départ, j'ai aperçu une ombre gris clair se mouvoir sous la surface, d'une longueur supérieure à la moitié du bateau. Penchée sur le garde-corps du nid-de-pie, je sentais vaciller mon champ de vision sous l'effet de l'excitation et du balancement de la plateforme. J'ai regardé la baleine faire surface, me tenant à une drisse pour ne pas perdre l'équilibre. Sa tête a fendu l'eau en premier ; la peau de son corps gris clair scintillait au soleil. Elle avait un rostre fin, allongé, analogue à celui d'un dauphin, et une tête bulbeuse comme un melon, la saillie du front formant presque un angle droit avec le bec. Elle a soufflé, tranquillement, un jet léger, laissant entrevoir la courbure élégante de son dos jusqu'à la nageoire caudale. Avec aisance, elle a continué à nager près de l'étrave, gardant sa caudale en forme de faucille immergée. Devant nous, trois autres baleines ont convergé, revenant dans notre direction après un bref conciliabule. Nous les regardions et elles nous regardaient en retour, un moment de reconnaissance mammifère.

Puis le travail a commencé. Le reste de la journée est passé en un éclair. Nous avons aidé la docteure Feyrer à rassembler autant de données que possible : des photos d'identité des animaux et des échantillons pour les analyses génétiques, à placer immédiatement dans du nitrogène liquide pour leur transport jusqu'au laboratoire. L'équilibre entre la collecte des données et le niveau de nuisance est toujours délicat : pour aider à minimiser ce dernier, la docteure Feyrer filmait l'ensemble de nos interactions avec les baleines et nous surveillions constamment leurs comportements, à la recherche de signes manifestant le mécontentement, comme un battement de queue.

Ma dernière nuit à bord du *Balaena*, allongée sur ma couchette, tout en sachant la quantité de travail qui m'attendait, le temps qu'il me faudrait passer en mer pour développer l'aisance décontractée que j'admirais chez les marins plus expérimentés, je sentais que j'avais trouvé mon cap. Il était temps de revenir à terre, pour découvrir les océans sous une nouvelle lumière. Si mon temps sur le *Balaena* touchait à sa fin, pour la docteure Feyrer, c'était juste le début : au cours de quatre étés passés en mer dans les eaux au nord-est de Terre-Neuve, elle localiserait et étudierait enfin la population des hypéroodons arctiques signalée par les pêcheurs, qui nous avait évités. L'année suivante, pour son travail de terrain, elle est revenue à l'endroit où une détection acoustique avait été enregistrée. Cette fois-là, elle a pu observer les baleines et récolter des échantillons. En 2017, elle y est retournée pour concentrer son recensement sur la zone, concluant qu'il s'agissait d'un habitat majeur pour les hypéroodons arctiques. Son travail contribue à la protection future de l'espèce dans cette région.

J'ai récemment échangé avec elle : nous nous sommes remémoré les expériences partagées à bord du *Balaena*, avant d'évoquer son travail de doctorat et ses publications. Elle a mentionné le fait qu'elle avait dédié sa thèse à sa fille Ione ; le partage des responsabilités et le soutien familial lui avaient permis, m'a-t-elle confié, de mener ses travaux de terrain tout en élevant son enfant. J'ai repensé aux clans de grands cachalots femelles, à l'effort de groupe nécessaire à l'éducation des baleineaux, au soutien que ma propre famille m'avait apporté, à la ligne qui nous unissait, ma grand-mère, ma mère et moi, à l'inspiration que j'avais trouvée chez les femmes scientifiques qui m'avaient précédée. Au-delà des réussites académiques de la docteure Feyrer, ce qui m'a marquée au cours de notre conversation et continue à faire écho en moi, c'est sa description des moments passés avec les baleines. Son ravissement face à l'inconnu, dont on fait si rarement l'expérience au XXI$^{e}$ siècle. Lorsqu'on embarque pour étudier des animaux sauvages, en particulier des mammifères marins dans leur habitat naturel, on ne sait jamais vraiment sur quoi on va tomber, quelles interactions on va vivre. Elle a évoqué la bouffée d'endorphines que nous, les humains, ressentons en présence des grands mammifères, le rire profond, la joie authentique qui accompagnent le temps passé en compagnie des baleines. C'est un privilège d'être, pour un court instant, dans leur élément.

## 3

# Humaine

La lumière du soleil se déversait à travers le pare-brise du van, des particules de poussière dansaient dans les rayons. J'entendais le rythme calme des lames régulières, annonçant un ciel bleu pour la journée. Il y avait dans l'air une tiédeur, un rien de soleil printanier qui rompait avec les profondeurs retentissantes de l'hiver. Cette lumière portait en elle une célébration. Un renouveau. Mon colley s'est étiré en soupirant et je me suis glissée hors du lit. Ce matin-là, il n'y avait pas besoin d'allumer un feu dans le poêle minuscule ; j'ai donc commencé à préparer la pâte à pancakes. Du café chaud, des myrtilles, dont la peau éclatait pour révéler un cœur tendre, du sirop d'érable sur le tout ; les saveurs sucrées reflétaient la lumière du soleil. Poussant la porte coulissante d'un petit coup de pied exercé, à l'endroit où elle se coinçait toujours sur le rail, je me suis assise sur la marche, la chienne à mes côtés.

Le van donnait sur la plage. Afin de limiter le mouvement des sédiments et la dérive littorale, le sable était divisé en sections par des épis de bois en décomposition. Ils dépassaient du sable, puis de l'eau, jusqu'à ce que peu à peu ils soient avalés par la mer du Nord. À l'horizon, le bleu du ciel se fondait dans la mer ; deux tankers orange, immobiles, apportaient une touche de couleur. Nous étions dos aux lotissements inesthétiques qui constituent les nouveaux quartiers du front de mer à Aberdeen : des immeubles, un drive, des magasins à prix unique, un supermarché. En regardant du côté de la mer, on pouvait presque oublier leur existence. Nous vivions là, ma chienne et moi, dans un van en bordure de plage, au nord-est de l'Écosse. J'étudiais à l'université, entourée de vieilles pierres, de vitraux, de lierre grimpant ; j'apprenais la mer à travers les nombres, les statistiques et l'anatomie des créatures qui me fascinaient.

Au terme de mon voyage à bord du *Balaena*, j'avais peiné à m'adapter à ce nouvel environnement : habituée à ce que la météo dicte mes journées et mes nuits, j'étais passée à un emploi du temps fixe de cours magistraux, de travaux pratiques. Dans la foule, je me sentais souvent fatiguée, bousculée. Ma vie était pleine à craquer – j'essayais de trouver ma place à l'université tout en finançant mes études. Parfois, le soir, après avoir disséqué des poissons, je courais jusqu'au cours de yoga que je donnais, espérant que ni les écailles ni l'odeur ne m'avaient suivie hors du laboratoire. Cependant, c'était aussi un soulagement de m'ancrer dans un lieu, d'être concentrée sur un objectif. En vivant à la périphérie de la ville, j'avais mon espace, je choisissais mes occupations avec une certaine liberté. Petit à petit, je trouvais mon chemin.

Les matins commençaient au bord de l'océan ou dans les vagues : parfois je nageais, parfois je surfais, avant de pédaler jusqu'à l'université pour étudier. Les vendredis, je partais avec ma chienne explorer les Cairngorms ou les îles écossaises, découvrant un paysage à la fois nouveau et merveilleusement familier. Le week-end précédent, nous étions allées à Skye. C'est au bord de l'eau, face à la balafre de Cuillin Ridge, dont les crêtes pointent vers le ciel comme les dents noires de la terre, que j'ai découvert par hasard un petit rorqual, mort et échoué sur le rivage. Il avait atteint un stade de décomposition bien plus avancé que celui du globicéphale dans mon enfance. Des lambeaux de chair filandreux et serpentins s'accrochaient encore à ses vertèbres géantes, suspendus aux processus épineux. La majeure portion de sa gorge avait disparu, son abdomen avait été éventré. La brise fraîche chassait la pestilence ; j'ai donc réussi à m'approcher pour mieux voir cette créature majestueuse. Au cours des mois à venir, le reste de la chair se séparerait des os, picoré par les oiseaux et les détritivores jusqu'à ce qu'il ne reste plus que le squelette, une sculpture blanche sur cette plage isolée. Peut-être celui-ci serait-il emporté par les vagues, pour reposer de nouveau dans un monde aquatique. Peut-être retournerais-je, moi aussi, à la mer – mais le moment n'était pas encore venu. Le souvenir du temps passé avec les baleines dans l'Atlantique Nord me portait encore : le souffle du grand cachalot en gouttelettes dans la nuit ; les ailerons sombres et souverains des orques fendant les flots ; les petites dorsales arrondies des baleines à bec d'oie à la surface d'une mer teintée de rose.

Chaque nuit, j'allumais le poêle minuscule dans le van ; une fois les portes fermées, je me blottissais contre ma chienne, dont les doux ronflements étaient aussi apaisants que le ressac. Le van a été mon premier chez-moi en dehors des murs du cottage : peut-être les emprunts à ma maison d'enfance – concrets autant qu'imaginaires – y étaient-ils pour quelque chose. Mon plan de travail et mes placards avaient été fabriqués à partir de l'antique buffet gallois qui meublait notre cuisine, ma table était le couvercle d'un vieux coffre en pin où nous avions l'habitude de ranger nos pulls d'hiver, dans l'entrée. À l'époque, toutes mes possessions terrestres tenaient dans cet espace restreint : les peintures dans un tiroir, une petite étagère de livres, mes planches de surf arrimées au toit. Même si je n'avais pas grand-chose, je n'avais pas besoin de plus. Mon poêle miniature ne pouvait contenir que des bûches sciées en trois, mais il nous tenait chaud tout au long de l'hiver écossais, calmait les frissons après les baignades matinales et tempérait nos nuits.

Ce matin-là, après le petit déjeuner, j'ai grimpé sur le toit du van, un pied sur le siège passager, me hissant d'un geste souple. Attentive à ne pas piétiner le panneau solaire qui fournissait mon électricité, j'ai détaché une planche de surf que j'ai abaissée jusqu'au sol. J'ai enfilé ma combinaison, qui était encore désagréablement humide et froide du jour précédent, avant de chausser mes bottillons en Néoprène. Pour la première fois de l'année, j'ai laissé de côté mes gants et ma cagoule, savourant la sensation du soleil sur mon visage, le bruit des vagues que rien n'étouffait. Je me suis dirigée vers le sud de la plage, où le crochet formé par North Pier délimitait l'entrée du port. Mon premier jour à Aberdeen, en me promenant là avec ma chienne, j'avais été ébahie de voir une baleine à bosse, ou plutôt sa caudale, tachetée de gris et de blanc ; elle avait établi résidence dans la baie, sans être apparemment dérangée par le trafic des bateaux. Il m'avait semblé que c'était un présage, un signe que j'étais au bon endroit. Cependant, le plus souvent, c'étaient des grands dauphins (*Tursiops truncatus*) que j'observais autour de l'entrée du port : parfois leurs dorsales, leurs dos fendaient les flots, parfois on apercevait juste de larges ombres filant sous la surface.

C'était étrange, cette proximité entre des animaux que j'associais à des eaux plus sauvages et les hauts bâtiments qui constituent le front de mer, la juxtaposition de la fluidité, de la clarté caractéristiques de cet élément aux lignes brutales du chrome poli, du verre, dont le miroitement était une pâle imitation des reflets sur l'océan. Le port d'Aberdeen lui-même est extrêmement fréquenté : il constitue la plus grande base européenne tant pour l'approvisionnement que pour le transport du gaz et du pétrole issus de la mer du Nord. Des pétroliers circulent sans cesse avec fracas dans le chenal maritime, croisant de plus petits bateaux qui transportent des équipes de relève ou acheminent des marchandises. Aberdeen possède également une flotte de pêche. Enfin, c'est l'un des points de départ pour les ferries du North-Link, qui relient les îles Orkney et Shetland au reste du

Royaume-Uni. Ici, les grands dauphins sont considérés comme une espèce résidente, l'une des trois populations côtières du Royaume-Uni et d'Irlande. Les autres se trouvent dans la baie de Cardigan, à peine plus au nord que ma ville d'origine dans le Pembrokeshire, ainsi que sur la côte ouest de l'Irlande. La population du nord-est de l'Écosse navigue entre la baie de Moray au nord et les estuaires de Tay et de Forth au sud d'Aberdeen. La baie de Moray a été déclarée zone spéciale de conservation à la suite d'un travail de photo-identification au long cours, offrant une certaine protection à l'habitat des grands dauphins face aux développements côtiers et marins en pleine expansion. Cependant, la présence de cette espèce à l'entrée du port d'Aberdeen suggère que la zone de conservation n'est sans doute pas assez étendue.

Sur les côtes, les grands dauphins vivent où ils trouvent leurs proies ; le port d'Aberdeen se situe à l'embouchure du fleuve Dee, connue pour être riche en saumons. Une étude sur les dauphins d'Aberdeen a révélé que la profondeur du chenal leur permettait de se déplacer dans le sillage des grands bateaux qui entraient au port, pour se nourrir des poissons brassés par les hélices. On pourrait croire que les dauphins se sont adaptés au trafic maritime mais, en réalité, leurs cycles respiratoires se modifient, causant parfois une ventilation sifflante. Certains ont appris à éviter les zones fréquentées aux heures d'affluence. Il est probable qu'une grande partie de ces animaux éprouve un stress chronique en raison de la présence des bateaux, de niveaux sonores accrus sous l'eau et de perturbations dans les moments de nourrissage ou de socialisation ; à long terme, leur taux de reproduction et la santé des delphineaux le confirmeront sans doute. Cependant, il est déjà assez difficile pour nous, humains, d'identifier le stress de nos propres vies, tant il est aisé de s'y engluer, de le considérer comme normal ; reconnaître et étudier le stress chez un cétacé dans son milieu naturel, sans utiliser de méthodes invasives qui l'augmenteraient, semble hors de portée.

J'ai marché vers la mer sous le soleil, jeté ma planche à l'eau et commencé à ramer. L'eau a la mémoire plus longue que l'air ; le froid cinglant a mordu mes mains nues. La surface était comme du verre, la houle faible. Quelques personnes étaient déjà dans l'eau ; vêtues de leurs épaisses combinaisons, elles ressemblaient à des phoques dansant sur les flots. Après un salut amical, nous avons gardé nos distances : ce jour-là, chacun était heureux d'avoir pour lui un coin de l'univers. Le reflet du ciel, emprisonné à la surface de la mer, était rendu féerique par le balancement léger de la houle. Jetant un coup d'œil par-dessus mon épaule, j'ai repéré un petit set de vagues qui s'avançait ; après avoir choisi la mienne, je me suis mise à ramer. J'ai pris de la vitesse sur l'eau qui déferlait à ma rencontre et, dans un moment d'exaltation, j'ai décollé, glissant avec aplomb sur la surface. J'ignore de quoi j'avais l'air, mais j'ai éprouvé une sensation de grâce, de fluidité. Je me sentais à ma place.

Devant moi, j'ai aperçu une ombre grise ; l'aileron d'un dauphin, un grand mâle, a fendu la surface. Il a chevauché la houle à mes côtés et, l'espace d'un instant, nous n'étions plus que deux mammifères, glissant ensemble sur la vague, roulant vers le rivage, sans autre raison que le plaisir simple, intact, d'être vivants. Ce matin-là, j'avais un examen de biologie cellulaire, qui comptait pour un cinquième de ma note finale, mais je n'ai pas pu m'arracher à la mer. J'en avais déjà fait assez pour valider mes crédits sans cette note. Même si ça n'avait pas été le cas, je serais restée, et j'aurais trouvé un moyen de me rattraper par la suite. Lorsque à l'approche du rivage le dauphin a fait demi-tour, j'ai abandonné moi aussi le dos de la vague pour ramer vers le large, beaucoup moins vite que mon insaisissable compagnon. J'ai surfé une vague après l'autre, jusqu'à avoir les bras en compote ; bien que j'aie été seule le reste du temps, j'ai roulé-boulé sur le rivage le sourire aux lèvres, reconnaissante, émue. Dans mon travail, je suis toujours consciente du danger d'anthropomorphiser le monde des cétacés où l'on fait intrusion. Cependant, la rencontre avec ce dauphin était un hasard vraiment heureux, comme s'il avait choisi de partager cet espace avec moi : je glissais à la surface, il la frôlait par-dessous.

La mer est capricieuse : dans l'instant qui sépare une respiration de la suivante, elle peut virer du tout au tout. La renverse de marée, une saute de vent, l'avancée implacable d'un front météorologique suffisent à ce que la journée la plus claire s'assombrisse. J'ignore si j'aimais la mer pour cela, parce que j'y reconnaissais quelque chose de moi-même, un reflet narcisséen dans sa surface fluctuante ; ou peut-être devais-je mon caractère aux eaux qui m'avaient éduquée. Un mois seulement après cette journée parfaite passée à manger des pancakes au soleil, à surfer avec les dauphins, rien n'était plus pareil. L'air était brûlant et lourd, la touffeur telle qu'on aurait pu y mordre, illusion douloureuse de nuages et de chaleur ; une tempête était sur le point d'éclater. Mon mal de tête empirait, et l'étau autour de mon front s'est encore resserré lorsque le baromètre a chuté brutalement. Quelque chose avait changé, dans l'air, dans l'eau ; une houle tourmentée s'est abattue sur le rivage. Même si je ne savais pas encore ce qui s'altérait en moi, je discernais la sensation d'un bouleversement imminent. Je l'avais appris très jeune : parfois, les fondations d'une vie s'écroulent et il ne reste que l'incertitude, le temps que quelque chose d'autre naisse.

Il y a un conte populaire celte qu'on me raconte depuis l'enfance. Ma mère, mon frère et moi partions souvent nous promener depuis le cottage, le long de l'allée bordée de pierres, remontant jusqu'au sommet de la colline. Je voulais toujours marcher plus vite qu'eux, être la première en haut, pour admirer l'étendue de la mer devant moi. Nous prenions un sentier à gauche ; devant nous, dans la lumière du soir, le plus haut relief de la région, Carn Llidi, s'étirait jusqu'à la mer. Le chemin serpentait à travers les ajoncs, il fallait négocier avec les poneys pour passer. Après les ajoncs, c'étaient les fougères et, à la fin du printemps, si l'on regardait attentivement, les minuscules spires violettes des orchis négligés. La descente nous menait à notre destination, un village en ruines, Maes y Mynydd, ce qui signifie « prairie de montagne » ou « lieu proche de la montagne ». Les habitations datent de 1829 ; elles étaient celles d'un village quaker, en bord de mer.

Ses occupants, comme de nombreux quakers du Pembrokeshire, avaient été chassés de ces terres et n'y étaient jamais revenus. Selon la rumeur, pour les obliger à partir, le propriétaire avait empoisonné le puits local – même l'eau leur était devenue hostile.

Le village, abandonné au temps, se délitait doucement : les pierres s'écroulaient, les linteaux étaient rongés par le sel. Je me souviens de l'effondrement de la dernière grande cheminée – *fawr* en gallois –, le cœur du foyer à l'époque, étrange point final dans un endroit vide depuis des siècles. Nous marchions prudemment entre les murs jusqu'à trouver un endroit à l'abri du vent. Ma mère nous racontait sa propre version de l'histoire des lieux, les idées qui l'avaient captivée lorsqu'elle avait découvert ces chemins – il ne s'agissait plus des quakers, mais d'un villageois et d'une *selkie*[1]. Elle n'avait pas inventé les *selkies*. Ce récit a toujours la même charpente, mais les détails varient selon les époques et les narrateurs. *Selkie*, épouse-phoque, femme de l'océan. Mariée volée ou talisman, parfois les deux. Ma mère avait son interprétation du conte, et j'ai la mienne.

C'est l'histoire d'un pêcheur et d'une *selkie*. Le pêcheur était un taiseux aux yeux profonds. Il vivait dans un village niché au bord du monde. Il menait une vie tranquille, simple. Il pêchait, cultivait son jardin, s'occupait de ses ruches et de ses chèvres, qui lui donnaient leur lait. Le soir, au coin du feu, il chantait pour

1. Créature imaginaire des mythologies écossaise et irlandaise, pouvant se métamorphoser et adopter l'apparence d'une jeune fille (plus rarement d'un jeune homme) ou d'un phoque.

son propre plaisir. Il avait une très belle voix, dont on racontait qu'elle charmait même les poissons.

Une nuit, le feu achevait de se consumer en braises, quand le vent et le clair de lune, murmurant aux fenêtres, sous la porte, l'ont entraîné dehors. Il a quitté son lit, son cottage ; à la lueur de la lune, il a suivi le chemin de crête abrupt jusqu'au rivage. Il s'est assis sur les galets au bord de l'eau et, dans la douceur nocturne, il s'est mis à chanter d'une voix nette.

Des yeux sombres au milieu des flots, une ondulation : une femelle phoque nageait vers les hauts-fonds. Glissant habilement, elle s'est hissée sur les galets jusqu'à la plage. Tout au long de sa transition maladroite de la mer à la terre, son pelage semblait se déformer, se tordre, s'étirer. La fourrure lissée par l'eau est enfin retombée, révélant une peau tendre. Les nageoires se sont changées en bras, dont elle s'est aidée un moment pour avancer. Sa queue, faite pour virevolter dans la mer, s'est recourbée, allongée, contorsionnée, jusqu'à ce que la *selkie* se retrouve sur deux jambes. Le pêcheur croyait rêver ; rendu téméraire par l'insouciante illusion du songe, il s'est approché d'elle, la voix de plus en plus forte. Il s'attendait à ce que cette femme, cette *selkie*, recule devant lui, se dérobe, effrayée, en comprenant qu'elle avait été convoquée à terre par son chant, comme un poisson dans ses filets...

Quand ses yeux gris ont rencontré ceux, couleur d'orage, de la *selkie*, elle a esquissé un sourire dangereux, et il a compris qu'il n'était pas le chasseur mais la proie. Elle a soutenu son regard, lui tendant une main sûre. Quand il l'a saisie en un souffle, ils se sont mis à danser. Leur danse était aussi familière que celle de la mer quand elle rencontre la terre. Ils ont dansé jusqu'à ce que les brumes du matin se dissipent et l'aube éclaire l'orient.

Le pêcheur était certain qu'au lever du jour le rêve s'évanouirait – la *selkie* disparaîtrait et il se réveillerait dans son lit. Mais il n'en a pas été ainsi. Dans sa confusion, il a trébuché ; la danse s'est interrompue. Près de lui reposait la fourrure de la *selkie*, tachetée, d'argent et d'encre. Il l'a prise dans ses mains et s'est retourné pour la lui rendre. Soyeuse, glissante, elle était bien différente de la laine rude qu'il était habitué à toucher. Clair de lune, velours, secret, océan.

– Tu pourrais la prendre, la garder en lieu sûr. Mais pour un temps seulement. Si tu veux.

Il connaissait les histoires, il savait ce que cela signifiait. Si un homme volait à une *selkie* le pelage qu'elle avait quitté lors de sa métamorphose, il pouvait la garder sur la terre ferme, un trésor dérobé à la mer. Il n'était pas voleur, n'avait aucun goût pour la capture. Mais voilà qu'elle lui offrait de rester. Une proposition, un pacte – même si c'était pour un temps seulement.

Ensemble ils ont regagné le village. Elle a rangé sa peau de phoque dans un coffre au pied du lit. Pendant un jour et une nuit, il a négligé ses filets, son jardin. Les murs du cottage circonscrivaient leur univers ; à quoi ils ont occupé leurs heures, eux seuls le savent. Au village, on parlait. Ceux qui se sont risqués aux environs du cottage ont entendu le pêcheur jouer du violon, chanter. Aux côtés de la musique familière qui s'envolait des cordes du violon, il y avait un timbre et un chant nouveaux. Même en tendant l'oreille, ils n'en ont pas reconnu la langue : cette voix profonde et forte, si belle, si complexe, était à la fois énigmatique et inoubliable. Malgré sa puissance, elle semblait solitaire, un écho lancinant doublé d'une berceuse caressante.

Le matin suivant, ensemble, ils se sont aventurés en plein jour. Les villageois chuchotaient, les observant dans l'ombre. Peut-être était-ce elle dont ils avaient entendu la voix. Au début, les ragots allaient bon train, mais ils se sont effacés. Elle s'est habituée à vivre aux côtés du pêcheur, acceptée de tous comme sa femme. Bientôt, personne ne se rappelait plus son arrivée ; pour eux, elle était là depuis toujours. Elle habitait avec le pêcheur et, ensemble, ils ont façonné leur vie.

Quand un enfant est arrivé, ils se sont demandé en riant si elle aurait des palmes ou des pieds. C'était une petite fille adorable, dotée de la beauté surnaturelle de sa mère et des yeux gris de son père. Sa voix avait quelque chose des deux, le bruit de la mer quand elle rencontre la terre. Dans l'eau, elle était agile et vive, mais elle avait aussi sa place à terre. Sa mère n'a jamais cherché à lui cacher qui elle était, d'où elle venait. Elle ouvrait le coffre pour lui montrer la peau de phoque. La petite, s'émerveillant devant le chatoiement des couleurs, en éprouvait le poids, la douceur. Les nuits où ses deux parents allaient pêcher, elle s'en enveloppait, s'imaginant qu'elle était sous les vagues. Lorsqu'elle quittait le village pour s'asseoir sur la rive, elle appelait tous les phoques qu'elle croisait, se demandant s'ils étaient de sa famille.

– Mère, vais-je devenir une *selkie* ? a-t-elle dit un soir au coin du feu.

Sa mère a levé les yeux de son ouvrage.

– Ta vie t'appartient, mon enfant. Tu es libre de choisir ton chemin mais, ensuite, il faudra le suivre. Je peux seulement te promettre que, le moment venu, tu connaîtras ta nature. Aller contre sa nature est chose ardue et dangereuse.

La tristesse pesait dans ces mots ; une larme s'est échappée de ses yeux.

– Mère, pourquoi pleures-tu ? a demandé la petite, craignant la réponse.

– La marée tourne, mon enfant. La musique ralentit. Peut-être la danse arrive-t-elle enfin à son terme.

– Cela veut dire que...

– Ne t'inquiète pas. Ne t'inquiète de rien. C'est mon temps sur la terre ferme qui s'achève. Mon temps avec toi, jamais.

Cette nuit-là, le pêcheur s'est réveillé. À son côté, la couche tiède était vide. Il s'est levé : le coffre au pied du lit était ouvert. Ouvert et vide lui aussi. Il a quitté la maison. Elle était là, sur la plage, la peau nue sous le ciel, le regard fixé sur l'eau. Lorsqu'il s'est approché, elle s'est retournée ; une fois encore, les yeux couleur d'orage et les yeux gris se sont rencontrés. Elle a tendu la main et ils se sont mis à danser. Les pas étaient différents, il n'y avait plus ni chasseur ni proie, mais quelque chose de plus intime, de familier, d'heureux, de triste, de perdu, de retrouvé. Il a voulu lui parler, lui dire de rester, lui demander que la nuit ne se termine jamais. Cependant, la fin était inévitable, il le savait bien. Aux premiers rayons de l'aube, ils se sont retrouvés sur le rivage, son pelage étendu sur les rochers.

– Mes jours ici se terminent. Mes os sont trop lourds, je sais dans ma chair qu'il faut que je parte. Je ne reviendrai plus à terre. Quand tu seras en mer, chante pour moi et je t'entendrai.

Il savait. Il avait toujours su. Quand on aime un être sauvage, on doit pouvoir le laisser partir.

– Oui. Je chanterai chaque nuit.

Ces derniers mots prononcés, elle s'est dirigée vers les hauts-fonds. Sa peau a ondulé, s'est étirée, élargie ; la *selkie* s'est enfoncée plus profondément, jusqu'à être complètement immergée. Lorsqu'elle a refait surface, c'était la tête soyeuse d'un phoque qui a fendu l'eau. Il l'a observée tandis qu'elle nageait vers le large. Il espérait qu'elle se retournerait, tout en sachant qu'elle ne le ferait pas. Elle était redevenue phoque, son épouse n'existait plus.

Une fois rentré au cottage, le pêcheur a pris sa fille dans ses bras. Conscient que son épouse *selkie* ne reviendrait jamais, il éprouvait le vide de son absence, mais il sentait que le destin s'était accompli : la promesse qu'elle lui avait faite, de ne rester qu'un temps, avait été tenue, une page avait été tournée. Dans son sillage, elle avait laissé ce qui lui était le plus précieux au monde, leur fille. Il n'a rien eu besoin de lui expliquer ; elle savait déjà. Il l'a gardée près de lui toute la journée et, le soir, c'est elle qui a chanté jusqu'à ce qu'il s'endorme auprès du feu.

Avec le temps, il est revenu à sa vie au village, aussi solide que les racines d'un arbre. Son épouse s'est effacée des mémoires ; les villageois l'auraient oubliée, si sa fille n'avait été là. Elle avait la peau et les cheveux sombres, des yeux de tempête, mais un rire clair comme un jour d'été. Ils se rappelaient qu'un jour, sa mère avait vécu à ses côtés, tout aussi belle.

Ce qu'il est advenu de l'enfant est une histoire pour un autre jour, mais le récit du pêcheur et de la *selkie* s'est en quelque sorte incorporé au mien. Avec moins d'enchantement, de légende, et plus de disputes, mes parents se sont séparés quand j'étais trop jeune pour comprendre – si jeune que je me rappelle à peine les avoir connus ensemble. Cependant, je me souviens de la tristesse, de la confusion qui ont suivi, des larmes et du stress des allers-retours entre les maisons, jusqu'à ce que la vie s'apaise. J'étais la première dans mon école à avoir des parents séparés ; leur divorce semblait assourdissant dans cette tranquille ville côtière. Les autres enfants étaient curieux de ma situation inhabituelle. Un jour, quand ma mère m'a déposée à l'école, un petit lui a demandé pourquoi elle ne portait pas son alliance.

— Ah, l'alliance, avait-elle répondu.

Elle l'avait jetée d'une falaise dans la mer d'Irlande.

— Elle est allée rejoindre les *selkies*.

Je longeais les falaises, détaillant les phoques, me disant qu'ils étaient peut-être des *selkies*. J'espérais qu'en rentrant à la maison j'apprendrais que ma réalité tumultueuse n'était en fait qu'une fiction. Plus tard dans ma vie, le conte de la *selkie* ferait écho à ma sensation d'être déchirée entre la terre et la mer mais, enfant, j'associais cette rupture entre les éléments à mes allers-retours forcés d'une maison à l'autre. Pendant les semaines passées loin du cottage, dans un appartement citadin, séparée de mes chats, de ma chambre au grenier, des tempêtes, du phare, je me sentais désorientée, à la dérive – le faisceau de lumière était remplacé par des lampadaires qui n'offraient aucun réconfort à mes pensées noctambules. À la place, j'écoutais la météo marine, laissant la prosodie monotone m'emporter vers le Doggerland, Fair Isle et Fastnet Rock. J'aimais mon père. Je voulais passer du temps avec lui. Mais je ne voulais pas quitter mon chez-moi, mon cottage sur la côte. Si la situation était insupportable, l'idée du changement l'était encore plus.

Toutes ces émotions anciennes, enfantines, sont remontées en moi lorsque j'ai senti la marée tourner dans ma relation avec mon compagnon. C'était mon meilleur ami. Nous avions grandi, travaillé, navigué ensemble. Nous avions vécu tous les deux dans un vieux camion de livraison de fruits et légumes transformé en van. Nous avions passé de longs moments séparés, lors de nos voyages en mer respectifs et pendant mes études, mais nous nous aimions comme on s'aime à la sortie de l'adolescence ; nous nous étions donné l'espace de grandir. Cette familiarité, ce compagnonnage était la fondation sur laquelle j'avais bâti ma vie. Et voilà qu'elle s'effondrait : j'étais terriblement en colère, avec toute la passion de mes vingt-deux ans. Contre lui, contre moi-même. Nous nous étions simplement laissé prendre au piège de nos attentes, jusqu'à ne plus réussir à voir la réalité en face. Ce chagrin de jeunesse aurait pu n'être que ça, une initiation à l'âge adulte, mais ce qui est arrivé ensuite, alors que je me sentais déjà un peu désamarrée, a achevé de me lancer à la dérive.

Comme toujours, j'ai cherché du réconfort dans la mer, me dirigeant vers les lames qui se brisaient dans la tempête. Les vagues étaient abruptes, implacables, mais je ne l'étais pas moins. Je ramais, les bras en feu, le cœur battant, la respiration hachée. Cependant, dès que j'ai réussi à traverser la ligne des brisants, mon adrénaline est retombée ; ma colère et ma frustration se sont changées en confusion. Des murs d'eau grise s'accumulaient autour de moi. J'ai tourné la tête d'un côté à l'autre, frénétiquement, pour essayer de lire les vagues. La surface ne laissait rien paraître, tous les sons n'étaient que des grondements. Ramant furieusement, effrayée, j'ai tenté de me redresser. L'espace d'un instant, j'ai glissé, emportée par la vague, mais soudain, involontairement, j'ai reculé. Je ne contrôlais plus mon corps. C'était trop tard, la vague m'a balayée de toute façon ; quand la crête s'est brisée, j'ai roulé-boulé.

J'ai refait surface en suffoquant, les yeux, le nez ruisselants, et j'ai attrapé ma planche pour réessayer. Encore. Encore. Je n'y arrivais pas. Je n'arrivais pas à me reprendre. Je n'étais jamais au bon endroit. Le haut et le bas étaient intervertis, les vagues me secouaient sans discontinuer. L'eau ne me soutenait plus, elle me malmenait, comme un chat jouant avec une souris. Je ne reconnaissais pas cette mer. Je ne me reconnaissais pas moi-même. Le pouls précipité, le souffle haletant, superficiel, affolé, j'avais l'impression qu'on enfonçait ma poitrine. Je savais qu'il fallait que je revienne au rivage. Je me suis mise à ramer. Une vague énorme m'a surprise par l'arrière. Je ne l'avais pas entendue arriver – mon agitation intérieure avait couvert celle de l'eau. Prendre la vague me paraissait inimaginable. En se fracassant, la lame m'a violemment projetée contre ma planche, sans que je puisse me dégager. Mes yeux brûlaient de larmes. Tout mon corps brûlait. Mes poumons. Mon dos. Ma cheville. J'ai été entraînée, roulée dans tous les sens, jusqu'au bord de l'eau, avant d'être recrachée sans cérémonie sur le rivage.

Étrangement, ma planche s'en est sortie en un morceau mais, quand j'ai essayé de me remettre debout pour quitter la plage, les oreilles sifflantes, j'ai eu la sensation nauséeuse que ma cheville ne tenait pas. Une fois rassise, ma première pensée a été de retirer au plus vite mon chausson : je venais d'en acheter une paire et je n'avais pas envie de la remplacer, si ma cheville gonflait et que je devais entailler le Néoprène. Il me semblait vital de ne pas sacrifier le chausson. Allez, enlève le chausson. Enlève le chausson. Enlève le chausson et tout ira bien. Centimètre par centimètre, dans la douleur, j'ai déroulé le Néoprène ; ma cheville a immédiatement gonflé jusqu'à ressembler aux vesses-de-loup que je ramassais autrefois avec ma mère, et qu'elle faisait revenir dans du beurre pour mon petit déjeuner.

Une fois le chausson retiré, j'ai boitillé vers le haut de la plage, franchissant le rebord herbeux pour atteindre le van. Me hisser sur le toit était inenvisageable : j'ai donc enfourné ma planche en dessous, entre les roues. Si quelqu'un voulait la voler, qu'il la vole. J'ai balancé ma combinaison à côté, épongé l'eau salée et enfilé des habits chauds. Une gorgée de rhum brûlant a calmé mon pouls. Comme ma cheville m'empêchait de conduire jusqu'à l'hôpital, j'ai grimpé dans mon lit ; j'ai serré la chienne contre moi, ensevelissant mon visage dans sa fourrure. Enfouie sous la couette, j'ai essayé de ne plus penser à ce qu'il s'était passé.

La tempête s'est calmée dans la nuit, rejetant sur la plage algues et bois flotté, en plus des inévitables déchets plastique qui jonchaient la laisse de mer. Si le vent a fait tanguer le van, je ne l'ai pas senti ni entendu. Il régnait juste un silence stérile. Un vide dans mon esprit. J'ai testé ma cheville, dont l'instabilité était toujours inquiétante ; elle commençait à se marbrer d'ecchymoses. J'étais gênée par mon dos : il me paraissait raide, semblable à un puzzle dont les pièces ont l'air de concorder, à première vue, mais ne s'emboîtent en réalité pas correctement. Une douleur cinglante descendait à l'arrière de ma jambe gauche, sur toute la longueur – comme si j'étais tombée dans les orties ou si les longs tentacules de la méduse à crinière de lion s'y étaient enroulés –, culminant en une brûlure intense au niveau du tendon d'Achille. On aurait dit qu'un fil avait été tendu bien trop fort dans ma jambe. Pour ce qui était de mes émotions, j'avais atteint une impasse. Il me semblait que le courant qui m'entraînait depuis toujours s'était interrompu.

Dès que ma cheville a pu le supporter, je l'ai bandée avec du *tape* et j'ai fait mes valises, avant d'amorcer le long trajet qui me ramènerait vers le pays de Galles, à mon cottage en bord de mer. Le semestre était fini, j'avais trois mois pour me remettre en état. Le Pembrokeshire m'apparaissait comme le meilleur point de départ, un retour aux sources. Je m'interroge depuis sur la relation entre la santé physique, mentale et émotionnelle. En me traînant jusqu'à la maison, la douleur était intense, mais j'étais presque heureuse d'éprouver cette sensation tangible ; cela me semblait plus simple – quelque chose de concret justifiant ce que je ressentais.

Ma cheville a guéri rapidement, mais la douleur lombaire et la brûlure dans ma jambe ont persisté : elles devaient être plus profondes. À peine sur pied, je me suis mise à arpenter le chemin côtier, dans l'espoir que le mouvement calmerait mon esprit. J'accumulais les kilomètres, saisissant toutes les occasions pour nager dans les rivières ou la mer. J'ai consulté un kinésithérapeute, un chiropraticien. J'ai repris la navigation, admiré le coucher de la lune et le lever du soleil au large de Lundy Island, tandis qu'un dauphin, en un éclaboussement euphorique, fendait les flots teintés de rose par le soleil levant. Une acupunctrice a planté avec attention ses aiguilles dans mon dos et mes jambes. Elle a été la première à me demander comment je me sentais, au-delà de mes symptômes physiques. Petit à petit, la vie redevenait plus facile.

Au fur et à mesure que je retrouvais ma mobilité, j'ai recommencé à m'amuser avec mes amis : nos cris de joie et nos éclats de rire résonnaient, quand nous nous lancions dans la mer du rebord des falaises, comme des petits guillemots. Je crapahutais sur les crêtes. Vers la fin de l'été, je suis partie en voyage. Des plages de sable blanc dans les Hébrides aux nuages pourpres qui s'amassaient au crépuscule autour de la montagne de la Table, en Afrique du Sud. Pendant un mois, j'ai élu domicile, ou presque, dans un centre de yoga du Cap, où je donnais et je prenais des cours. Je faisais du roller, de l'escalade. J'observais les baleines franches fendre la surface de l'Atlantique dans l'ombre de la montagne. Le cœur plein de merveilles, j'avais l'impression d'avoir retrouvé mes appuis. Le problème, c'était mon dos.

Je me sentais mieux dans ma peau, mais mes douleurs lombaires s'aggravaient. La brûlure avait envahi mes deux jambes. Même si au début je le remarquais à peine, ma jambe gauche s'engourdissait légèrement ; de temps à autre, elle fourmillait. Par moments, je devais retenir un cri en passant de la position assise à debout. Si je me penchais pour ramasser un objet au sol, une douleur vive, électrique, parcourait mon corps, et je voyais tout en blanc. M'allonger devenait de plus en plus inconfortable, jusqu'au point où il m'est devenu impossible de dormir plus de deux ou trois heures par nuit. Après des mois de traitement inefficace, mon chiropraticien et mon kinésithérapeute ont tous deux suggéré que je demande un avis médical, mais la docteure m'a renvoyée sans même m'examiner, arguant que mes capacités physiques étaient incompatibles avec une lésion rachidienne, jugeant inutile de me prescrire une IRM. Elle a affirmé que tout le monde, à un moment ou l'autre, éprouvait des douleurs lombaires. J'ai essayé de la croire mais, au fond de moi, je savais que quelque chose n'allait pas, quelque chose de grave.

J'étais en deuxième année à l'université, dans une ville nouvelle : d'Aberdeen, j'étais passée à Plymouth, à l'autre bout du pays. Les cours là-bas se centraient davantage sur le travail de terrain et les projets indépendants qui me tenaient à cœur ; au-delà des aspects académiques, j'étais heureuse d'être plus proche de la maison. Un week-end, au début du mois de novembre, je suis sortie naviguer sur l'aber de Carrick Roads, dans les Cornouailles ; cette magnifique portion estuarienne du Fal, bordée d'arbres, est un lieu de transition, où l'eau douce devient saumâtre, puis salée. En longeant le fleuve, on a l'impression de revenir dans le passé : on croise d'extraordinaires spécimens de bateaux, construits au tournant du XX^e^ siècle – des vedettes, des sémaques et des lougres anciens en bois, tous entretenus amoureusement, par des sorties et des carénages réguliers. Sur les berges, on trouve des maîtres voiliers, des constructeurs de bateaux, des soudeurs – tout ce dont on pourrait avoir besoin pour garder un bateau à flot. Au bord du Fal, il y a une constructrice de bateaux extraordinaire, nommée Amy. Un jour, en un temps record, elle m'a fabriqué dans son atelier une nouvelle barre pour remplacer l'ancienne, dont le bois avait pourri. Grâce à elle, j'ai pu m'embarquer avant qu'une violente tempête n'éclate. Le Fal est un endroit vraiment singulier mais, ce week-end-là, je ne parvenais pas à me concentrer sur le paysage, tant j'étais distraite par ce qu'il se passait dans mon propre corps.

Lorsque nous avons mouillé dans la baie de St Mawes, je me suis préparée à descendre du pont du yacht vers un canot pour rejoindre la rive. La marche, que j'ai franchie la jambe tendue et les mains cramponnées à des haubans en fil de fer, m'a semblé interminable. Mais en regardant vers le sol, j'ai vu que mon pied était déjà posé sur les planches au fond de l'annexe. Je ne le sentais pas du tout. Ce fut un moment absolument terrifiant. Je m'étais habituée tant bien que mal à la douleur. Cette sensation aiguë et blanche, cette brûlure qui me privait de sommeil et colorait mes journées. Mais là, quelque chose m'avait été retiré. On aurait dit que mon pied avait disparu, ou que mon cerveau ne le reconnaissait plus. J'ai tendu la main. Je l'ai senti sous mes doigts, mais c'était comme toucher quelqu'un d'autre.

La nausée a été immédiate, mon estomac s'est soulevé. Avec précaution, les mains tremblantes, je me suis assise dans le canot. Je n'en ai parlé à personne. Je ne savais pas quoi dire. La réaction expéditive de ma médecin m'avait fait douter de mon interprétation de la douleur. Désormais, j'avais l'impression que le pire des scénarios, celui que je redoutais secrètement, se réalisait. Au cours des mois précédents, j'avais retrouvé un certain calme intérieur, mais seulement parce que j'avais pu compter sur mon corps. À présent, il m'abandonnait. Avec une amie, assises sur un muret de pierre, nous regardions les bateaux au mouillage osciller doucement devant nous ; elle m'interrogeait sur le temps que j'avais passé en Afrique du Sud. Je comprenais à peine ce qu'elle me disait ; mon silence a dû sembler impoli. Je me taisais, effrayée, submergée par le sentiment de ma fragilité.

Je n'ai pas consulté tout de suite. D'abord, j'ai emménagé dans une maison en dur ; vivre dans le van n'était plus possible, car j'avais du mal à marcher, encore plus à conduire. Je craignais que personne ne me prenne au sérieux, mais une amie m'a persuadée qu'il fallait qu'on m'écoute, et je me suis retrouvée pour la seconde fois dans un cabinet médical. Gris et beige, feutré, stérile. C'était un autre médecin, qui portait une chemise à carreaux de couleurs vives – un bleu et un rouge primaires entourés d'un liseré jaune –, une imitation synthétique des teintes de mon paysage natal. Ses chaussures étaient en daim havane, éraflées aux orteils. Il était jeune, pas beaucoup plus âgé que moi, avec un regard bienveillant. En me voyant, il a laissé échapper un soupir. Ni la position assise ni la position debout n'étaient confortables : je me tenais dans une sorte d'entre-deux incommode. J'avais la mâchoire crispée en permanence, la voix tremblante. Il a tout de suite compris ; sa voix était si compatissante que j'ai presque éclaté en sanglots. J'étais toujours aux bords des larmes mais, pour une raison ou pour une autre, je ne pleurais jamais. Il m'a prescrit une IRM d'urgence, en me prévenant qu'avec la crise du National Health Service, la liste d'attente en zone rurale était de six semaines.

Il m'a fourni une boîte de comprimés : un antidépresseur, à prendre à petites doses pour atténuer les douleurs neurogènes. Au départ, avec le traitement, j'avais le tournis, la vision brouillée à chaque mouvement rapide de la tête et, à ma honte, je m'embrouillais un peu dans les mots. Cependant, cette nuit-là, après m'être pelotonnée dans mon lit – un lit nouveau dans une chambre nouvelle –, le regard posé au loin, vers la mer par-dessus les toits, j'ai sombré dans un sommeil réparateur, le premier depuis des mois. À mon réveil, je n'arrivais pas y croire. Ça avait marché. Malgré le tournis, ça avait marché. Cette semaine-là, j'ai révisé autant que je le pouvais, pour essayer de rattraper mon retard ; la fin du semestre approchait. Je lisais le plus possible, j'alignais les lignes de code sur mon ordinateur pour apprendre de nouvelles méthodes d'analyse des données, je dessinais l'anatomie de différents poissons. Mais la douleur, bien que neutralisée de temps à autre, subsistait.

La douleur est une drôle de compagne. Elle est un prisme à travers lequel aiguiser sa perspective sur la vie : on est terriblement reconnaissant pour ces moments vécus avant qu'elle ne s'installe. Elle peut donner une certaine détermination, aider à concentrer ses efforts sur ce qu'on fera, ce qu'on accomplira, quand elle se sera calmée. Cependant, dans mon expérience, la tolérance est de courte durée. En moins d'une semaine, j'étais de retour chez le médecin. J'avais tout essayé pour apaiser la douleur : la kinésithérapie, le yoga, la chiropraxie, l'exclusion du sucre de mon alimentation, les légumes verts, l'assaisonnement au curcuma, l'acupuncture, les remèdes personnels contre le mal de dos du premier venu. Maintenant que j'avais trouvé un médecin qui prenait ma douleur au sérieux, j'étais prête à l'écouter, quoi qu'il me dise. Il a augmenté le dosage de mes médicaments et ajouté de la codéine, me promettant que mon IRM ne tarderait pas trop. Cette nouvelle combinaison de comprimés était grisante. Épuisante aussi. Même si je dormais énormément, je me réveillais à peine reposée, le dos lancinant, incapable de quoi que ce soit avant d'avoir repris un médicament. À l'époque, je pensais que cette fatigue accablante était un effet secondaire du traitement ; même s'il y contribuait sans aucun doute, je traite aujourd'hui mon dos sans opiacés, avec des méthodes très différentes, mais l'épuisement n'a pas disparu. C'est le symptôme d'un système nerveux en détresse, et d'un corps qui tente de gérer la douleur.

Un brouillard s'était installé dans mon esprit, plus épais que tous ceux que j'avais observés dans l'Atlantique Nord. Parfois, ma mémoire me faisait défaut ; j'étais désorientée par des tâches simples, comme trouver ce qu'il me fallait au supermarché. Je me sentais vulnérable. Pourtant, cette semaine-là, par un tour de passe-passe, j'ai brillamment réussi un examen d'écologie. J'avais manqué la plupart des cours mais, par chance, j'avais lu le manuel requis l'été précédent. Alors que je peinais à intégrer de nouvelles informations, les anciennes étaient comme gravées dans mon cerveau. L'examen en lui-même était pénible ; la gravité semblait exercer une force immense sur ma colonne endommagée, et la perspective de ne pas pouvoir quitter la salle au milieu de l'épreuve m'angoissait. La panique était toujours là, prête à surgir dès que je me sentais enfermée.

Je marchais lentement, boitant légèrement quand j'essayais de suivre mes amis qui, à leur allure normale, avaient toujours une demi-enjambée d'avance sur moi. J'avais l'impression que c'était un kilomètre ; tous les autres continuaient à vivre, et moi, je me laissais distancer. J'essayais de marcher jusqu'à la mer autant que je le pouvais. Les bons jours, j'y arrivais ; en regardant les eaux hivernales, je me rappelais ce qui m'animait. Pourquoi je continuais mes études, pourquoi je me levais chaque matin. Les mauvais jours, le trajet était trop long, ou trop difficile. Ça m'atteignait. Il me semblait que je devais faire face à un nombre grandissant d'épreuves, que la barre était toujours plus haute, alors que tous les moyens de trouver mon équilibre, tous mes filets de secours – la course, la natation, le yoga, la marche – m'étaient retirés. Il ne me restait que mes stylos, mes peintures, mes pinceaux. Tous les soirs, je déversais tout ce que je n'aurais jamais su dire à voix haute, des pages et des pages écrites à moi-même, des mots d'encouragement, des affirmations de gratitude. Je ne pouvais plus naviguer ; j'arrivais à peine à me tenir debout sur la terre ferme, bien moins dans la houle en pleine mer. Comme je ne pouvais plus me risquer dans le monde des baleines, au large, je le peignais depuis ma petite chambre – les mers, les étoiles, les ciels, l'écume.

Je peignais des baleines à bosse aux nageoires gracieuses et aux gorges striées. Je peignais des marsouins. Je peignais des orques. Je n'en avais aperçu qu'une seule fois dans ma vie. C'était un jour tranquille à bord du *Balaena*. Nous n'avions pas vu grand-chose ; la météo était clémente. En dehors de mon quart, j'avais passé la majeure partie de la journée sur le pont, emportée loin de l'eau vers la poussière des *badlands* par un roman de Cormac McCarthy déniché dans la bibliothèque du bord. La sélection y était éclectique : un mélange de guides de terrain sur les cétacés, de manuels de nœuds et de livres aléatoires abandonnés là par les équipages précédents. Ils étaient entreposés au sommet d'une penderie pour les cirés, qu'on rangeait là après la pluie. Leurs pages étaient fripées par l'air salé et tachetées de moisissures odorantes.

Une fois lassée de ma lecture, je m'étais dirigée vers l'avant du bateau pour m'exercer à passer d'une posture de yoga à l'autre sur un plan instable. J'avais réussi à faire le pont, et même la posture sur la tête, mais celle du corbeau s'était révélée trop difficile. Comme j'avais encore de l'énergie à dépenser, je m'étais mise à escalader et désescalader le mât jusqu'à sentir une agréable brûlure dans mes avant-bras. Revenue au cockpit, j'avais laissé mes yeux errer en direction du sillage, où l'hydrophone était à la traîne. J'avais été récompensée par l'ondulation des dorsales de deux marsouins nageant perpendiculairement à la poupe. Mon équipier était ravi. Bien qu'il eût passé des mois en mer pour ses recherches de doctorat, dans différentes régions du globe, il n'avait encore jamais aperçu les marsouins qui m'étaient si familiers. Un instant plus tard, une onde tangible avait parcouru l'air et l'eau ; quelque chose avait changé. Une haute nageoire sombre avait fendu la surface comme une lame de couteau.

Une orque. Un mâle, si l'on en jugeait par sa taille, et par la dorsale proéminente qui se dressait à la surface comme un obélisque, noir d'encre. Pendant que nous l'observions, trois femelles plus petites l'avaient rejoint. J'avais immédiatement grimpé au mât une nouvelle fois pour mieux les voir. Qu'ils aient été occupés à chasser les marsouins ou non, ces derniers avaient disparu. Nous n'avions pas vu les orques se nourrir ; l'eau ne s'était rougie d'aucun nuage de sang. Le grand mâle s'était piqué d'intérêt pour le bateau. Tandis que je redescendais, il nageait le long de la coque. Je n'avais jamais ressenti une présence aussi forte auparavant. C'était un puissant chasseur que je regardais fendre les flots ; il me regardait en retour. Ce n'était pas un défi. L'orque ne me défiait pas plus qu'un lion n'aurait défié un agneau. Nous avions continué à naviguer, les orques avaient poursuivi leur route, mais quelque chose de cette présence était resté. Cette journée m'est revenue, même si elle me semblait appartenir à un autre monde, où j'avais pu m'amuser à des postures de yoga sans craindre une chute, me précipiter en haut d'un mât et en redescendre tout aussi vite, passer du temps au large, soutenir le regard d'une baleine. À présent, mon pinceau était le seul moyen de nouer un lien avec les cétacés.

Noël a passé. Après le nouvel an, ma situation a empiré. Je ne pouvais plus vivre seule ; des tâches comme promener la chienne, la nourrir étaient devenues trop difficiles, et j'étais si souvent absente en cours qu'habiter à proximité de l'université n'avait plus aucun sens. Je me raccrochais avec acharnement à mes études, comme si elles étaient synonymes de guérison. En les différant d'un an, je craignais de ne plus avoir la force d'avancer. J'attendais mon IRM, pour laquelle il me faudrait probablement revenir consulter mon médecin à l'université mais, dans l'intervalle, il était temps que je rentre à la maison.

Mes antidouleur ne me faisaient presque plus d'effet et ma colonne vertébrale avait commencé à s'œdémacier ; finalement, tous mes médicaments avaient dû être modifiés. Des antiépileptiques pour les douleurs neurogènes, de la codéine comme antalgique, et des benzodiazépines pour soulager l'anxiété qui me submergeait. On m'a informée qu'il me faudrait sans doute prendre de la codéine pendant une période assez longue, qu'il était probable que j'y devienne dépendante, ainsi qu'aux benzodiazépines, et que le médecin m'aiderait pour le sevrage le moment venu. Je devais me rendre à l'hôpital régulièrement pour des contrôles invasifs, afin de déterminer si mon état avait évolué vers une compression centrale de la moelle, ce qui aurait imposé une opération d'urgence. Je recevais occasionnellement de la morphine. J'avais tout misé sur le fait qu'on m'informerait bientôt de mon rendez-vous pour l'IRM. En janvier, plus de six semaines après la prescription, aucun rendez-vous n'avait encore été fixé. Quand j'ai appelé le médecin pour en savoir plus, la secrétaire m'a appris qu'il y avait eu une erreur : le cabinet avait perdu mon dossier. Il faudrait soumettre de nouveau la demande, ce qui prendrait six semaines de plus.

– Vous êtes là ?

Je n'arrivais plus à respirer, encore moins à parler. La colère m'avait mise à genoux. Ma mère me regardait sans comprendre ; en silence, je lui ai tendu le téléphone pour qu'elle puisse entendre d'elle-même la nouvelle. J'ai boité jusqu'à l'extérieur. Les bouées délavées ont tangué en surplomb quand j'ai poussé la porte en chêne. J'ai regardé vers le bout de l'allée où se dressait le grand frêne, dont les branches dénudées, mues par une brise légère, se balançaient contre le ciel. Le crépuscule approchait, le ciel se colorait déjà. Je me sentais vaincue. Ce paysage d'enfance avait quelque chose de réconfortant, mais je n'étais plus la petite fille défiante et déterminée qui avait joué sur ce chemin, versé du sucre pour les fourmis. Mes membres n'avaient plus la force de grimper, de me balancer à cet arbre pour regarder la mer par-dessus le toit. Ma vieille planche de surf reposait au pied de mon lit, inutilisée.

Mes yeux brûlaient, mais je ne laissais toujours pas les larmes couler. Lorsque ma mère est sortie dans le jardin, j'ai vu qu'elle aussi était en colère. Elle a posé une main ferme sur mon épaule, et m'a fixée de ses yeux gris clair. D'après la secrétaire, il n'y avait rien d'autre à faire qu'attendre ; elle avait donc appelé un ami médecin qui lui avait conseillé de réserver immédiatement pour une IRM dans le privé. Après quelques coups de fil, elle avait réussi à obtenir un rendez-vous pour la semaine suivante. Depuis toujours, j'avais l'esprit indépendant ; c'était étrange, de revenir soudain à ce qu'on s'occupe de moi comme d'une enfant. Mais j'étais reconnaissante, car je savais que je ne parviendrais pas à traverser cette épreuve sans ma famille pour me soutenir, à la fois matériellement et émotionnellement.

Quelques jours plus tard, un matin tôt avant le lever du soleil, une voiture s'est garée dans l'allée devant notre cottage. Claudiquant à sa rencontre, j'ai ouvert la portière pour monter. C'était mon amie Joey. Elle nous a conduites vers une petite crique. Dans la voiture, nous avons siroté un café chaud, amer, exquis, en regardant l'aube s'éclaircir et illuminer les galets qui avaient été éparpillés sur la cale. La mer était bien formée : la houle moutonnait, l'écume s'envolait en éclaboussures dans la baie. Malgré tout, nous sommes sorties de la voiture, quittant nos manteaux, nos pulls, nos bottes. Mon équilibre était précaire, mais Joey m'a prise par le bras et nous avons marché vers l'eau.

Il s'était mis à pleuvoir ; le froid hivernal mordait nos peaux qui, déjà hérissées de chair de poule, se sont teintées de rose et de bleu. Mes jambes tremblaient. Nous ne sommes pas vraiment entrées dans l'eau ; la mer a déferlé à notre rencontre, en une vague géante et glacée, nous soulevant avant de nous redéposer les pieds au sol. Ruisselantes, tremblantes et salées, nous avons éclaté de rire. C'était probablement idiot, la météo était trop rude pour nager sans risques, surtout avec une colonne abîmée, mais Joey me soutenait pour me stabiliser. Nous sommes remontées en boitillant sur la cale, le nez dégoulinant d'eau. J'étais vivante. Vivante de nouveau, momentanément purifiée ; ce n'étaient plus mes nerfs endommagés qui me brûlaient le corps, mais l'eau de mer glacée. Je revenais à moi-même. À la mer.

— Si vous paniquez, appuyez sur ce bouton, m'a dit un membre de l'équipe médicale alors que j'entrais dans la machine d'IRM.

Paniquer ? Mon corps était en mode panique depuis des semaines. Mon cerveau alternait hauts et bas au gré des médicaments, de mes émotions, tandis que j'essayais de réviser pour des cours dont je n'avais même pas rencontré le professeur. J'avais développé une aversion pour les lieux fermés mais, ce qui me tourmentait le plus, c'était la peur insidieuse que l'IRM ne montrerait rien. Et si mon kinésithérapeute, mes médecins avaient eu tort de soupçonner un problème discal ? Peut-être mon cerveau avait-il tout inventé, peut-être tous mes symptômes n'étaient-ils qu'une projection fantaisiste révélant que j'étais incapable de vraiment faire face à la vie ? J'ai calmé ma respiration. Je me suis remémoré la sensation de la baignade avec Joey. L'immersion merveilleuse dans l'eau froide. La clarté que j'avais éprouvée dans mon corps. Mes inquiétudes dissipées, l'espace d'un matin. J'ai pensé à la brise marine. Aux ondulations de l'eau. À la suspension de mon souffle, une pierre serrée contre moi, tandis que la lumière filtrait et dansait à travers la surface.

Mes inquiétudes étaient infondées. L'IRM a montré que le dernier disque de ma colonne, L5-S1, s'affaissait au-delà des bords vertébraux, déshydraté et comprimé. Cependant, là n'était pas la cause principale des symptômes. Le problème majeur était la sténose spinale, un rétrécissement des foramens nerveux dans ma colonne, causé par les calcifications qui s'étaient créées lorsque mon rachis abîmé avait tenté de cicatriser. Malgré le diagnostic, j'étais soulagée. Enfin, quelqu'un d'autre pouvait être témoin de ce que je ressentais : l'image de ma colonne donnait à ma douleur une forme visible. Le spécialiste m'a annoncé qu'une opération serait nécessaire. Il m'a assuré que je retrouverais quatre-vingts pour cent au moins de sensibilité dans la jambe, que la douleur se calmerait. On ne toucherait pas à mon disque, mais on gratterait la calcification, libérant suffisamment d'espace pour que mes nerfs, dont il espérait qu'ils n'étaient pas lésés de manière permanente, puissent se réparer. En dehors de la lésion rachidienne, j'étais jeune, sportive et déterminée. J'avais toutes les chances de retrouver la santé. La chirurgie comprenait des risques, comme toutes les chirurgies, mais avais-je vraiment le choix ? Les lésions, aiguës, ne faisaient que s'aggraver avec le temps ; l'intervention a été prévue pour la semaine suivante.

Le jour avant l'opération, ma mère m'a emmenée voir la mer. Le ciel de février était gris pâle, tirant sur le lavande. Des ajoncs épineux ; trop tôt, trop froid pour que les fleurs côtières habillent le paysage de couleurs vives. Mes chaussures retirées, j'ai pressé mes orteils contre le sol dur et sombre. Je sentais la terre molle, froide et humide entre les orteils de mon pied droit, et dans mon corps, la vibration apaisante des bruits qui parcouraient la lande. Avec mes orteils gauches, je ne sentais rien. J'ai cherché une corneille de feu – un son, un éclat de couleur –, mais aucun croassement de corvidé ne résonnait dans l'air. L'eau ondulait sous une brise légère. L'horizon, cette ligne ténue où la mer se changeait en ciel, semblait terriblement loin. J'étais incapable de marcher jusqu'à la mer, le chemin était trop escarpé, mes jambes déjà fatiguées. J'ai boité, éreintée, vers une petite cascade, avec l'impression de vieillir à chaque pas. Si l'eau me touchait, elle entraînerait une partie de moi vers cette mer que je n'arrivais pas à atteindre.

L'air était glacé. L'eau plus glacée encore. Ce froid a rencontré le feu de mes nerfs harassés, et un instant j'ai pu respirer de nouveau, pleinement, profondément. J'avais l'esprit clair, vif. L'horizon m'a semblé plus proche. Sous l'eau ruisselante, j'ai enfin trouvé les larmes que je n'avais pas eu la force de pleurer depuis des mois. Elles ont débordé de mes yeux, se mélangeant au flux de la cascade, comme une promesse. Je retournerais en mer. Je naviguerais. Je partagerais le souffle des baleines, je sentirais le frisson des étoiles sur ma peau, le vent dans mon dos, le monde devant moi.

Au réveil, j'étais désorientée, fiévreuse, et j'avais le mal de mer. Ça m'a paru étrange, car d'habitude ma nausée s'apaise lorsque je m'allonge pour laisser mon cerveau s'ajuster en douceur. Pas cette fois-ci. J'étais sur le point de vomir. Bien décidée à éviter le pire, j'ai essayé de sortir de mon lit. Sauf que... non, ce n'était pas une couchette. Je n'arrivais pas à bouger. Pourquoi ? Une pièce inconnue, blanche. Un tuyau dans ma main. Quelqu'un d'autre. Une paume posée sur mon épaule pour me calmer.

– Ça y est, vous êtes réveillée !

Une infirmière. Ce n'était pas un bateau, mais un hôpital.

– Comment vous sentez-vous ?

– Mal.

Elle a injecté un médicament antiémétique directement dans mon cathéter. Je l'ai senti envahir mon corps. Ça allait mieux. Quelques gorgées d'eau ; je commençais à vraiment comprendre où je me trouvais, ce qui m'arrivait.

– Ça a fonctionné ?

– Le chirurgien vous verra bientôt, mais oui, tout semble prometteur.

Rassérénée, je me suis abandonnée à la morphine, à mon lit. Au fil des heures, j'ai constaté que ma mobilité s'améliorait. Ma mère m'a rendu visite. J'étais calme, flottant dans un bonheur artificiel induit par les médicaments. Mon opération s'était bien passée, mes nerfs étaient décomprimés. J'ai eu du mal à croire mes sensations quand l'effet de la morphine s'est estompé. Bien sûr, j'étais endolorie de l'opération, mais la brûlure douloureuse, mon incessante et opiniâtre compagne depuis presque un an ? Elle avait disparu. C'était incroyablement agréable ; le soulagement était profond. Avant ce moment, je ne m'étais pas rendu compte à quel point la douleur avait tout imprégné. Ma voix, où l'inquiétude affleurait à chaque conversation, mes yeux, devenus inexpressifs. Mon sommeil agité, le goût de chaque repas que j'avais tenté d'avaler. J'espérais de tout mon cœur que cette année, la plus difficile et éprouvante de ma vie, était enfin derrière moi.

Depuis, j'ai eu beaucoup de temps pour réfléchir à la notion de guérison. Je sais aujourd'hui qu'elle ressemble rarement à ces retours triomphants relayés par les médias. La réalité est tout autre : une lutte viscérale et acharnée pour progresser, des apprentissages pénibles, des revers – sans certitude que le processus se termine un jour. Pour moi, la guérison a eu un côté physique. Celui qui a nécessité une opération. Cinq ans plus tard, j'ai toujours besoin d'infiltrations lombaires, et je serai suivie à vie en kinésithérapie. Cependant, il y a eu aussi un côté mental, dont on parle moins. On n'évoque pas plus l'intersection entre le mental et le physique. Pour moi, la guérison est comme un jardin. Il faut choisir le bon endroit pour chaque plante, où elle pourra grandir. Il faut fournir la lumière, l'eau, les nutriments. Il faut tailler d'une main délicate, arracher les mauvaises herbes qui empêchent et étouffent. Ce n'est pas un processus linéaire : il y a des cycles, des saisons, des périodes de dormance. Il faut laisser le temps – c'est ce qui a été le plus difficile à comprendre pour moi. J'ai toujours eu un rythme de vie extrême. Tout ce que je désirais, je me suis appliquée à l'atteindre, j'ai travaillé jusqu'à l'obtenir. Je ne comprenais pas la lenteur, l'immobilité.

Dès que j'ai été autorisée à sortir, je suis retournée au cottage avec ma mère pour y poursuivre ma convalescence. J'avais hâte d'y être, loin des néons de l'hôpital. J'avais besoin d'un environnement qui m'était familier, des murs de guingois, du carrelage en pierre glacé, de la chaleur et de la lumière du feu. J'avais besoin du paysage qui m'avait faite, de voir la mer vaste et complexe, dont la beauté venait justement du fait que je ne la comprendrais jamais vraiment. Tandis que mon esprit vagabondait vers la mer, je devais réapprendre à vivre sur terre ; j'étais sans cesse étonnée des défis que posait notre vieille maison. Quand on est en bonne santé, on fait les choses sans réfléchir. Je ne pouvais plus rapporter les bûches de la remise ni mettre de bois dans la cheminée. J'avais tout le temps peur que mes points de suture sautent parce qu'un chat avait bondi d'une pile de livres sur mes genoux ou m'avait fait trébucher en se faufilant entre mes pieds. Peu de temps après mon retour, à cause de la neige, toute la péninsule a perdu son accès à l'eau potable. D'habitude, j'aidais à porter des seaux de neige que nous faisions fondre pour cuisiner et pour remplir le réservoir des toilettes, mais à présent, je n'arrivais plus à me pencher pour les soulever.

J'ai commencé à éprouver des maux de tête intenses. Paralysants, presque aveuglants, ils s'aggravaient en position debout, se calmant un peu quand je m'allongeais. J'étais suffisamment inquiète pour contacter mon chirurgien. Il m'a annoncé qu'il était possible qu'un fragment d'os ait causé une fuite de liquide céphalorachidien ; si je ne voyais pas d'amélioration dans la journée qui suivait, il me conseillait de retourner à l'hôpital pour une scintigraphie cérébrale. J'ai raccroché avec l'impression d'avoir été plongée avec désinvolture dans un entre-deux terrifiant. Comme je ne savais pas quoi faire d'autre, j'ai continué à travailler sur l'analyse de données que je devais rendre pour un de mes cours à l'université, essayant d'oublier que mon cerveau était peut-être en train de fuir.

Les nuits étaient difficiles. L'anesthésie générale perturbe les rythmes naturels du corps, et m'endormir était devenu impossible. Je savais que mon corps avait besoin de sommeil pour guérir, mais quelque chose en moi m'empêchait d'y sombrer. La nuit, je restais allongée, les yeux ouverts, pendant d'interminables heures. Le faisceau du phare balayait toujours la côte, éclairant le large, mais plutôt que d'emporter ma curiosité dans la nuit, il semblait me narguer, moi l'âme esseulée qui veillait quand le monde dormait. L'obscurité n'était plus la même. La nuit m'avait toujours paru débordante, veloutée, pleine de possibles. Autrefois, je voyais dans ces heures sans sommeil des instants volés, secrets, presque comme si l'on m'offrait une vie augmentée. Cette obscurité nouvelle était une créature inquiétante, qui s'enroulait autour de moi, dont les vrilles rampaient jusqu'à envahir ma gorge et remplir mon esprit de pensées terrifiantes. La promesse initiale qu'un médecin m'aiderait à me sevrer de mon traitement ne s'est jamais matérialisée ; j'ai donc décidé de le faire moi-même. J'ai tout jeté à la poubelle, perçant chaque alvéole d'aluminium argenté pour en libérer le comprimé blanc. J'ignorais à quel point c'était dangereux, de tout arrêter d'un coup, au lieu de progressivement réduire le dosage. Étant donné mon état, le savoir n'aurait peut-être rien changé.

D'abord, la nausée, en haut-le-cœur terribles, pire que n'importe quel mal de mer. Allongée dans la noirceur d'une nuit sans rêves, je me suis mise à transpirer, à grelotter. Mes mains tremblaient depuis des semaines mais, désormais, c'était tout mon corps qui frémissait. J'ai commencé à ressentir de brûlantes démangeaisons dans mes veines, comme si des créatures malveillantes cherchaient à s'échapper de moi à la force de leurs griffes ; tout mon corps hurlait qu'on lui donne des opiacés, mais mon cerveau refusait de céder. Mon cœur s'est accéléré, j'avais le souffle court ; soudain la sensation que tout était ma faute, que je l'avais bien mérité, a envahi mon esprit. J'avais vécu égoïstement, sans pouvoir me contenter tranquillement de ce que j'avais, j'avais toujours eu besoin de plus. Pourquoi ne m'étais-je pas satisfaite d'une vie humble près de la mer ? Entraînée par ce besoin de toujours m'obstiner, d'en voir et d'en savoir davantage, d'aller plus haut, j'avais, comme Icare, volé trop près du soleil. Maintenant, la cire fondait, dégouttant le long de mes omoplates jusqu'à ma colonne blessée : c'était la chute que j'avais méritée. Ces nuits-là, allongée dans l'obscurité abyssale, à la fois fébrile et tremblante, cette pensée me paraissait si évidente que je ne parvenais pas à la dépasser. J'éprouvais une solitude mêlée de terreur, pleinement convaincue que je ne méritais rien d'autre.

Je ne sais combien de nuits se sont écoulées avant que l'équilibre chimique de mon corps ne retrouve un semblant d'harmonie et que mes pensées ne m'appartiennent de nouveau. Depuis, le temps, dans sa miséricorde, a effacé les aspérités douloureuses de ma mémoire. Une fois les antalgiques éliminés, j'ai commencé à utiliser ma respiration pour gérer mes émotions. À l'inspiration, j'imaginais que l'air remplissait mes poumons, sentant ma poitrine et mon ventre se soulever. Je visualisais l'oxygène voyageant à travers mon corps, en nourrissant chaque cellule, avant d'expirer tout ce dont je n'avais plus besoin. J'inspirais la vie, la force vitale, le monde qui m'entourait. J'expirais toute ma douleur, ma confusion, ma colère.

Une partie de mon esprit était sceptique. Comment la respiration pouvait-elle remplacer les médicaments dont je dépendais ? Cependant, chaque jour, c'était là que je trouvais mon remède. Je comptais mes inspirations, mes expirations. Une énumération régulière, un rythme intérieur tranquille. La nuit, j'arrivais à faire tenir trois cycles respiratoires entre deux flashs du phare. Inspire, expire. Inspire, expire. Inspire, expire, flash. Encore et encore. Quelque part entre le lever et le coucher des étoiles, je finissais par m'endormir.

Mon esprit endormi me paraissait infiniment libre, occupant un paysage onirique où mon corps était sans entraves ; seule mon imagination délimitait les possibles. Le rêve de ma première nuit sans antalgiques m'a accompagnée, tout au long de la journée suivante, et jusqu'à aujourd'hui. Mon corps était métamorphosé. Ce n'était pas seulement que j'avais retrouvé la santé – mes bras s'étaient transformés en ailes puissantes, capables de planer. Je sentais la brise océanique soulever l'extrémité de chaque plume, dont j'ajustais la position pour que ma trajectoire reste fluide. Même si mes muscles de vol étaient vigoureux, je n'en faisais usage que lorsque j'y étais obligée. J'étais soumise à la gravité, mais je maîtrisais mon poids, que j'utilisais de manière à pouvoir m'élever à ma guise. Je savais virer, légère, rapide, pour rester en vol, garder mon cap. Un long voyage m'attendait – portée par le vent, je franchirais tous les obstacles.

Vu d'en haut, le monde semblait différent : sous moi, l'eau s'étendait comme une tapisserie moirée, ondoyante, avec ses vaguelettes et ses iridescences. L'air était plein de vertex : on pouvait les atteindre par des courants ascendants, qui se pressaient contre la voûte de mes ailes étendues pour me soulever plus haut encore. Quelque chose en moi, quelque chose d'inné savait quel itinéraire je devais emprunter. J'étais devenue un oiseau, un albatros.

Soudain, les ailes blanches se sont transformées en voiles blanches, claquant dans la brise changeante tandis que le paysage se renouvelait. J'étais revenue sur mes deux jambes, écrasée par la gravité contre le pont du bateau. J'ai regardé autour de moi, à la recherche de quelqu'un qui puisse m'aider à border les écoutes, à régler les voiles. Mais j'étais seule, et je savais qu'il me faudrait accomplir cette tâche moi-même. J'ai viré jusqu'à ce que le bateau se mette à voler, aussi sûrement que l'oiseau. J'ai encore regardé autour de moi, appelé le capitaine, sans autre réponse que les rafales du vent. De toute évidence, j'allais devoir prendre les commandes. J'ai placé ma main sur la barre et commencé à abattre en choquant les voiles, jusqu'à ce que je sente la brise à mon épaule droite : le bateau avançait au petit largue. J'étais à la barre, je maîtrisais de nouveau mon cap, résolue et concentrée sur mon voyage.

Ce matin-là, lorsque je me suis réveillée, la lumière du soleil inondait mon lit ; mon chat s'est étiré à mes côtés avant de glisser vers le sol avec une grâce fluide, en quête d'un petit déjeuner. Après ma première nuit sans médicaments depuis des mois, j'éprouvais un calme profond, même si je frissonnais toujours de ce rêve étrange. Ailes blanches, voiles blanches. Des ailes aux voiles. Ma main sur la barre. Choisir un cap, maintenir un cap. Capitaine de mon propre navire. Mon opération du dos était toujours récente et j'étais à peine capable de faire quelques pas ; pourtant, j'étais habitée par la certitude profonde que j'y arriverais. Je ne me contenterais pas d'embarquer de nouveau, je deviendrais propriétaire de mon propre bateau, et je naviguerais où et quand je le voudrais.

Ce n'était pas un projet qui m'avait animée dans le passé : je m'étais toujours satisfaite d'être en mer, de faire partie d'un équipage mais, à présent, l'idée me semblait lumineuse, primordiale. Un jour, assise au cap de St David's, j'avais réfléchi à l'environnement qui m'avait façonnée, à la contribution que j'apporterais au monde : l'esprit enflammé par l'étincelle pyrotechnique des corneilles de feu, j'avais décidé que ma vie s'organiserait autour de la mer, de l'aventure. Une fois que j'avais commencé à naviguer, il m'avait fallu satisfaire mon esprit infiniment curieux, en apprendre davantage sur les baleines dont je partageais l'espace. Je savais que je voulais combiner la navigation avec l'écologie marine, l'exploration avec la recherche. Mon diplôme en poche, j'avais espéré rejoindre l'un des rares voiliers-laboratoires qui étudient les cétacés, comme assistante de recherche ou comme équipière. Mais un matin, j'étais allée surfer et, à mon retour, tout avait changé : ma vie, mes projets, mes espoirs pour l'avenir.

Même si je ne m'en étais pas aperçue tout de suite, l'année précédente avait entraîné un bouleversement profond ; je devais changer de cap. J'ignorais encore quelle serait ma destination exacte. Ce dont j'étais sûre, c'était que je venais de traverser l'année la plus dure de ma vie. Naviguer sur mon propre bateau serait une autre épreuve, mais une épreuve que je m'étais choisie.

Je sentais que le courant qui irriguait ma vie reprenait de la vitesse maintenant qu'il avait retrouvé sa vraie direction ; tout en moi était emporté avec lui. Emporté sur les ailes de l'albatros qui avait traversé mon rêve à tire-d'aile.

4

# Grand albatros

Ces rêves enchanteurs, où j'étais tantôt albatros, tantôt capitaine de mon propre navire, n'étaient rien de plus que des fictions ; j'avais de vrais obstacles à surmonter si je voulais les réaliser. Je passais encore le plus clair de mon temps au lit, enroulée dans ma couette, la chienne étendue à mes côtés. Sa présence était un réconfort dans mon inconfort. Je me suis rappelé un moment sur le pont du *Balaena*, dans le brouillard glacé, où j'avais rêvé d'un grand lit douillet. À présent, j'aurais tant donné pour retourner en mer. Toutefois, je sentais que je me rétablissais dans l'environnement nourricier du cottage. Le phare était toujours là, les étoiles aussi. La chaleur du feu, mes chats, mes livres, les soins dont m'entouraient ma famille et mes amis – toute une communauté contribuait à ce que je guérisse.

Je prenais des forces, je retrouvais confiance en mes appuis ; j'ai pu recommencer à bouger, à passer du temps dehors. Le sommeil me venait un peu plus facilement, je rêvais de nouveau. Les muscles de mon dos retrouvaient leur tonicité, mes nerfs récupéraient de la compression. Ma jambe gauche était extrêmement instable : à cause de la fonte musculaire, mon genou s'effondrait vers l'intérieur, surtout quand je marchais en montée, et j'avais du mal à regagner ma force. Une grande partie de l'effort était mentale : j'essayais de reconnecter mon cerveau à mon corps d'après l'accident. Ma mère me conduisait jusqu'à la plage où elle marchait avec moi, ajustant son pas au mien ; chaque semaine je tentais d'aller plus loin. L'objectif ultime était d'atteindre l'extrémité sud de la plage, où il n'y avait plus de sable, seulement de l'eau, avant de faire demi-tour. Je voulais aussi recommencer à nager. Cependant, je n'étais plus cette enfant qui s'agrippait aux épaules de sa mère, la laissant porter son poids, ni l'adulte qui avait tenu pour acquise la force de son corps. Des amis et mon père m'ont emmenée à la piscine avant que je ne puisse braver la mer. Même si c'était une pâle imitation de l'eau dont je rêvais, je préférais éviter la secousse des vagues. Le plus étrange, c'était de m'apercevoir que, avant l'opération, je m'étais habituée à nager uniquement avec les bras, pour éviter la douleur. À présent, je devais me souvenir d'ajouter le mouvement des jambes. Bientôt, je me suis sentie prête à me baigner en mer, accrochée à la jetée du port, laissant le sel m'envelopper comme une panacée.

J'avais beau ne pas avoir mis les pieds sur le campus depuis un semestre, j'allais assez bien pour y retourner et passer mes examens de fin d'année. L'expérience était surréelle. Dans l'auditorium, j'avais l'impression d'être un ovni. À la plage, dans l'eau ou sur les falaises, la mer mobile, les sables changeants sur le rivage, sans cesse remaniés par les marées, m'aidaient à accepter ce qui s'était modifié en moi. La chaise rigide sur laquelle j'ai dû rester assise durant les examens m'a rappelé à quel point il est douloureux de forcer un corps qui n'est pas prêt.

Les examens terminés, un long été en perspective, j'ai commencé à chercher un bateau. Tout en poursuivant ma rééducation, j'acceptais tous les petits boulots possibles. J'essayais de gagner de l'argent comme je pouvais, en peignant compulsivement des variations infinies de mon albatros, en enseignant le yoga sans réaliser les postures. Un bateau qui entrerait dans mon budget aurait besoin de réparations, je le savais. Mais au cours des années, j'avais accumulé des connaissances qui me seraient utiles, que ce soit pour effectuer certains travaux moi-même ou pour trouver la personne en mesure de le faire. Je voulais un bateau avec une coque en fibre de verre, moins coûteuse, plus facile d'entretien que l'acier ou le bois. Un bateau construit pour la mer, dans lequel je serais en sécurité. Et surtout, un bateau que je pourrais manier seule. J'ai écumé Internet, ajoutant une annonce après l'autre à la liste de mes favoris. C'était apparemment un moment propice pour acheter : de nombreux bateaux étaient à vendre, à des prix compétitifs.

De l'autre côté de l'océan, au sud de l'équateur, un autre monde s'ébauchait. Le monde de l'albatros.

Le monde est petit. Le monde est chaud. Le monde est tranquille.

Le monde offre nourriture, sécurité, abri.

Le monde est un œuf.
L'œuf est dans un nid.
Le nid est sur une île.
Une île aux confins sud du monde.

L'œuf a été pondu en décembre, à l'approche du solstice d'été austral, un été qui n'est pas très chaud, puisque sa température maximale avoisine les 9 °C. L'île Bird, située au large de la pointe de la Géorgie du Sud, dans l'Atlantique Sud, à 54° 00' S, 38° 03' O, est exposée aux météos les plus extrêmes : elle n'est pas épargnée par les vents furieux qui balaient l'océan. Cette île volcanique possède un biome de toundra subantarctique. Il y pousse des arbrisseaux, des graminées, des fougères et des lycopodes ; sur les hauteurs s'étendent des prairies, puis ce sont des rochers noirs jusqu'au rivage, où paressent des otaries à fourrure. L'île Bird, un bout de terre reculé baptisé d'après le nombre important d'oiseaux qui y nichent, au moins une partie de l'année. On y trouve des gorfous macaronis, par colonies pouvant compter jusqu'à cinquante mille individus ; des pétrels géants, avec leur plumage sombre, leur bec épais ; des albatros à sourcils noirs et à tête grise ; et enfin, sur la corniche herbeuse, balayée par les vents, que les chercheurs ont nommée Wanderer Ridge, des grands albatros, *Diomedea exulans*. Tous les deux ans, ils viennent à terre pour se reproduire et pondre leur œuf.

Notre albatros, qu'en anglais on appelle albatros vagabond, est une élégante créature : un long bec légèrement rosé, incurvé en un crochet à son extrémité, des yeux vifs, des ailes noires, un dos aux plumes mouchetées, une tête d'un blanc éclatant. Il couve un nid en forme de monticule, constitué de touffes d'herbe et de mottes de terre empilées en un piédestal. L'air venteux bruit d'ailes, une symphonie volante ponctuée du fracas maladroit des atterrissages, quand ces oiseaux de mer tombent du ciel pour retrouver la terre.

Les mâles arrivent en premier, vers la fin novembre, les femelles ensuite, début décembre : après deux ans de séparation passés au large, le couple est réuni. On entend le bourdonnement des plumes en vol tandis que les oiseaux plongent en un chassé-croisé incessant mais, pour le moment, notre vagabonde est immobile, concentrée sur sa mission. Sous elle, dans le berceau de son nid, tout contre son corps, il y a son œuf. Ses plumes, découpées et soyeuses, l'isolent efficacement. Durant la période des amours, certaines de ses plumes ventrales tombent, dénudant une zone appelée plaque incubatrice afin qu'elle puisse couver. C'est là, blotti contre sa peau, partageant sa chaleur, que se trouve son œuf. Elle et son partenaire n'en auront qu'un par cycle de deux ans. Parfois elle se déplace un peu, attentive à ne pas briser l'œuf précieux tandis qu'elle le retourne doucement de son bec, s'assurant que le poussin à l'intérieur n'adhère pas à la membrane qui double la coquille.

À part la chaleur et cette rotation régulière, l'œuf a tout ce qu'il lui faut dans sa coquille. Une fois pondu, les cellules qui s'y trouvent se structurent en tissus, au cours d'une danse complexe et prédéfinie. Elles se réarrangent, se divisent, se redivisent. Chacune possède un rôle spécifique, un objectif. Un cœur minuscule se constitue et commence à battre. L'énergie pour que cette nouvelle vie puisse prendre forme, grandir, provient du jaune. Un réseau de vaisseaux sanguins s'élabore, dont les ramifications ressemblent à des arbres miniatures cherchant l'oxygène. La surface de la coquille est recouverte de pores minuscules, beaucoup trop petits pour qu'on puisse les apercevoir à l'œil nu, mais bien présents. C'est par ce réseau de vaisseaux sanguins, de pores, que l'œuf parvient à respirer, que l'air entre et sort de la coquille. Lorsque l'embryon se développe, commence à métaboliser les lipides, c'est aussi par ces pores que l'eau produite quitte la coquille. L'embryon grandit : un bec apparaît, des membres, des pattes, et le jaune est absorbé dans le corps au niveau de l'abdomen. Plus tard dans sa croissance, le poussin s'oriente, positionnant sa tête du côté le plus large de la coquille. Un duvet se forme. C'est une femelle.

L'oisillonne dans l'œuf est-elle dotée de conscience ? Nous l'ignorons. Ressent-elle les soins, l'attention aimante de ses parents ? Peut-être remarque-t-elle le froid momentané quand ils intervertissent les rôles : le père l'installe à son tour contre sa plaque incubatrice tandis que la mère s'envole, parfois jusqu'au Brésil, pour chercher de quoi se sustenter. L'œuf, et le poussin qui l'habite, a besoin de deux parents, qui se relaient constamment afin d'assurer leur survie mutuelle et celle de leur petite au cours de cette période d'incubation prolongée, qui dure onze semaines. Seul, sans pouvoir quitter le nid pour se nourrir, un parent n'aurait pas les ressources pour rester en bonne santé et, si elle n'était pas couvée, l'oisillonne dans l'œuf mourrait de froid. Une poche d'air se forme dans la coquille, proche de la tête. Le bec s'oriente vers cette poche. Puis, soixante-dix-huit jours après la ponte de l'œuf, l'oisillonne la rompt avec son bec, commençant à respirer à l'aide de ses propres poumons ; peu après, elle fend et brise la coquille de l'intérieur. Un œuf éclôt, le monde du poussin s'est élargi.

À présent, le monde est un nid.

Notre oisillonne rencontre sa mère pour la première fois. Elle est davantage que cette chaleur qui l'a aidée à grandir à travers sa coquille. Géante soyeuse des courants océaniques, aux superlatifs nombreux mais toujours insuffisants, dont la grâce est perceptible même lorsqu'elle se tient, immobile, sur le nid. L'oisillonne duveteuse se serre contre elle, protégée sous son ventre des vents glacés de mars – l'hiver austral approche à grands pas. Toutes les espèces d'albatros dépendent du vent. En maîtriser la force fait partie de leur identité, mais la petite qui vient de naître ne sait pas encore qu'elle pourra parcourir des milliers de kilomètres en un seul jour presque sans effort, et qu'elle dépensera alors à peine plus d'énergie que sa mère occupée à couver. Pour l'instant, elle doit rester au chaud ; elle se pelotonne tout contre sa mère pour s'abriter.

Deux jours plus tard, le vent lui ramène son père. Au-dessus du nid, c'est un ballet ailé d'allers-retours. L'albatros amorce sa descente, ses pattes palmées tendues devant lui pour préparer l'atterrissage sur la corniche ; il s'approche de sa partenaire pour la saluer, prêt à prendre le relais après sa chasse. Sans cérémonie ni préparation particulière au périple qui l'attend, celle-ci s'envole pour une quête de nourriture qui pourra la mener à trois mille cinq cents kilomètres de là. C'est à cette échelle sublime que le grand albatros habite le monde. Tout au long du mois suivant, les parents couvent l'oisillonne, continuant à se relayer pour que l'un d'eux soit toujours avec elle quand l'autre pêche, l'élevant ensemble. À son retour, le parent voyageur offre son bec, afin que la petite puisse se nourrir d'une huile régurgitée, produite dans l'estomac de l'adulte à base de poisson et de calamar. Cette substance remplace le jaune qui l'alimentait dans l'œuf.

De mon côté, je me préparais à quitter de nouveau le nid maternel. Assise dans le jardin sous le grand frêne, je passais tout mon temps à chercher un bateau, appelant régulièrement propriétaires et courtiers. Une fois ma liste prête, je suis partie vers les Cornouailles pour visiter certains bateaux, au volant d'un minuscule van. Reprendre la route, dormir dans mon van la nuit, c'était comme redéployer mes ailes et m'élever dans l'air, en ressentir les courants, la portance. Même si changer d'espace me faisait du bien, j'étais impatiente de retourner en mer. Jusqu'à présent, ma recherche avait été infructueuse. Le premier bateau que j'avais visité nécessitait des travaux trop importants, une mauvaise surprise pour le vendeur. Les autres n'étaient pas mal, mais je n'avais pas eu de coup de cœur.

Il me restait deux visites. Je me suis levée tôt, par une belle journée de juillet. Le soleil était déjà chaud quand j'ai grimpé vers le siège avant depuis l'arrière du van. J'ai senti le stress monter en passant sur le pont Tamar, qui traverse la rivière à la frontière entre les Cornouailles et le Devon. Ces quelques moments au-dessus de l'eau m'ont ramenée des années en arrière, à la première fois que j'avais navigué sous ce pont. Trois ferries relient les populations côtières du district de Devonport, à Plymouth, et de la ville de Torpoint, dans les Cornouailles. Les ferries sont tractés sur la rivière par des chaînes immergées, fixées au rivage. En arrivant sous voiles, on entend le cliquetis du métal ; il faut être très attentif à ne pas trop s'approcher, pour éviter que la quille ne se prenne dans la chaîne. Je me rappelle avoir tiré des bords contre le vent, essayant de choisir le bon moment entre l'embarquement, le débarquement et la traversée du ferry. À présent, par-dessus les parapets, j'apercevais des bateaux alignés des deux côtés de la rivière contre les berges verdoyantes, amarrés à l'embossage pour les empêcher d'éviter avec la marée. J'avais envie d'être sur l'eau à leurs côtés.

En Géorgie du Sud, sous son plumage natal duveteux, la petite vagabonde de l'océan grandit. Ses parents se reproduisent tous les deux ans. Au cours de l'année « de relâche », quand ils n'ont ni œuf à couver ni poussin à élever, ils consacrent leur énergie à la mue d'une partie de leurs plumes de vol, les rémiges. Celles-ci sont essentielles à ce que l'albatros, maître du vent, soit à la hauteur de sa légende ; elles doivent être régulièrement entretenues. Pour prendre son envol, il faut maintenant que notre oisillonne se couvre d'un nombre de rémiges deux fois supérieur à celui des plumes perdues par ses parents lors de la mue. Le développement des rémiges est organisé aussi infailliblement que la division et la répartition cellulaire dans l'œuf. Les plumes sont classées en deux catégories, les primaires et les secondaires. Les rémiges primaires sont fixées sur les os de la main, les secondaires sur l'ulna. Chez les grands albatros, chaque aile est constituée de dix rémiges primaires : la primaire 1 est la plus proche du corps de l'oiseau, la primaire 10, s'insérant sur la partie externe de la main, forme la pointe de l'aile.

La primaire 1 est la première à pousser : elle apparaît autour de l'âge de cent vingt-sept jours. À ce stade, les parents quittent le nid simultanément. Entre les ravitaillements, la petite albatros reste seule au nid, entourée des autres membres de la colonie. La croissance des primaires, alimentée par les repas régurgités que rapportent alternativement les parents tous les deux à quatre jours, est d'environ un virgule quatre millimètre quotidien. Le développement n'atteindra son pic, autour de trois virgule neuf millimètres quotidiens, qu'entre les âges de cent quarante-cinq à cent cinquante jours. Cette cadence, bien qu'elle soit plus élevée que celle de la mue chez les adultes, n'atteint pas les moyennes d'oiseaux de taille équivalente comme la grue de Sibérie ou la grue caronculée.

Il existe deux théories expliquant le rythme plus lent de la croissance des rémiges chez le grand albatros. Selon la première, si le poussin prend son envol avec succès et entre dans la phase juvénile, il passera deux années entières au large sans que ses primaires soient remplacées. Ces dernières sont essentielles pour voler ; en l'espace de deux ans, l'oiseau parcourra des milliers de kilomètres, en direction des eaux subtropicales, où les jeunes apprennent à vivre dans les airs et en mer. Quelle que soit la beauté du vol des grands albatros, leurs périples ne sont pas récréatifs. Leur capacité à couvrir des distances qui nous paraissent extrêmes fait partie de leur nature et détermine s'ils pourront se nourrir. La seconde hypothèse suggère que cette croissance moins rapide est due aux périodes de jeûne que le poussin traverse en attendant que ses parents le ravitaillent. Même s'ils reviennent sur l'île Bird à intervalles réguliers pour nourrir l'oisillon, celui-ci doit parfois patienter jusqu'à dix jours avant de recevoir sa ration régurgitée d'huile de poisson et de calamar.

Quand l'hiver austral s'abat sur l'île, notre oisillonne doit non seulement consacrer de l'énergie à la croissance de ses plumes, mais aussi maintenir sa température afin de survivre. Alors que les conditions météorologiques se dégradent, elle dépend encore entièrement de ses parents pour se nourrir. Les vents catabatiques qui la porteront un jour lorsqu'elle sillonnera l'océan Austral sont les plus puissants du monde ; ils charrient de la neige soufflée qui retombe et s'accumule en congères. Grâce à sa mobilité nouvelle, elle peut quitter le nid et les éviter en cas de nécessité. Sur l'île Bird, la température se maintient sous – 5 °C. Même si ses rémiges n'ont pas fini de pousser, son duvet la garde bien au chaud. Elle le perdra petit à petit, une neige de plumes parmi les flocons glacés qui tombent du ciel, sauf celui qui entoure sa tête – il se détachera juste avant qu'elle ne prenne son envol, au retour de l'été. Chaque partie de son anatomie est conçue pour résister aux conditions difficiles : même la surface de son bec est protégée par une couche de kératine. Ses parents l'élèvent toujours mais, désormais, ils passent seulement vingt et un pour cent de leurs heures à terre. Le reste du temps, la petite albatros, laissée à ses propres moyens, se blottit sur la corniche en compagnie d'autres oisillons pleins d'espoir.

L'hiver passe, le monde se réchauffe de nouveau. Les poussins qui ont survécu aux éléments se promènent sur la corniche, battant fréquemment des ailes pour développer leur musculature de vol.

À présent, le monde est une île.

Les deux derniers mois avant l'envol, les visites parentales se font de plus en plus rares. L'oisillonne n'est plus la boule de duvet soyeux qui se serrait contre une plaque incubatrice, mais un gros oiseau, plus lourd que ses parents, dont les rémiges puissantes sont encore mêlées de duvet. Elle ne possède pas encore tout à fait la majesté fuselée d'un albatros mature. Elle a le plumage des juvéniles, beaucoup plus sombre que celui des adultes. La diminution du nombre des repas, du fait de retours parentaux moins fréquents à l'île Bird, l'aidera à perdre du poids pour décoller. Décembre approche, ce sera bientôt le solstice. Cela fait presque un an depuis la ponte de l'œuf. Le temps de l'envol est proche, mais la dernière rémige primaire, la 10, n'a pas encore fini de pousser. La cadence de croissance a diminué, passant de trois virgule neuf millimètres quotidiens à l'âge de deux cent cinquante jours à zéro virgule neuf millimètre. L'oisillonne sent son agitation grandir ; elle observe les variations de la météo mais doit attendre, pour s'envoler, que sa dernière plume soit en place. D'autres jeunes ont pris leur envol autour d'elle, amorçant leur voyage ; elle souhaite désespérément les suivre. Parmi les albatros de cet âge, la taille du corps varie, mais l'envergure reste assez constante, suggérant que les ressources pendant la croissance sont allouées aux ailes.

Les jours s'allongent, s'éclaircissent. Un vent frais venu de l'ouest se met à souffler. Enfin, la plume est terminée, l'oisillonne est prête à l'envol. Elle n'a jamais rien connu d'autre que cette île, mais elle ne la reverra pas avant cinq ans. Jusqu'alors, son expérience du vol s'est limitée à quelques secondes d'entraînement glanées ici et là, à s'élever dans les airs sur ses ailes toutes neuves, avant de se retrouver clouée au sol quelques instants plus tard. Cependant, il y a quelque chose dans l'air. Quelque chose de familier – la soif d'un ailleurs inconnu.

Une course brève, la vélocité d'un courant ascendant.

Aspirée par le vent, elle s'élève, elle plane. Elle prend son envol. De poussin, elle devient oiseau de légende. Quittant l'île seule, elle s'éloigne dans le ciel.

Le monde est grand. Le monde est vent. Le monde rugit.

Le monde offre la nourriture si on la trouve, sans promesse de sécurité.

Elle ne fait qu'un avec les éléments.

Le monde est océan.

Le monde est ciel.

Le monde est aile, plume, vague et tempête.
Le monde est liberté.

En garant mon van à Mount Batten, mon stress s'est amplifié. Le premier bateau que j'allais voir ce jour-là semblait avoir un potentiel énorme, mais je savais déjà qu'il y aurait un problème de taille. J'avais économisé autant d'argent que possible, et reçu un petit héritage à la mort de mon grand-père, mais le bateau dépassait mon budget. En quittant la voiture pour retrouver le courtier du yacht sur la cale, j'ai immédiatement senti qu'il me jugeait. J'avais la peau hâlée par le soleil, les cheveux ultracourts, teints en blond polaire, et depuis l'opération, j'étais plus mince que d'habitude : je n'avais pas l'air d'avoir vingt-trois ans, ce qui restait de toute façon jeune pour acheter un bateau. En plus de cela, je travaillais et j'habitais depuis quelques semaines à l'arrière de mon van, remplaçant la douche par un bain de mer quotidien. J'étais probablement très différente de ce à quoi il s'attendait.

Malgré ses réticences évidentes, il a préparé un semi-rigide pour que nous puissions rejoindre le bateau au mouillage. Pendant le trajet, nous sommes restés silencieux ; j'enfonçais mon doigt dans le boudin à l'endroit où il s'affaissait, insuffisamment gonflé. Si le courtier ne me prenait pas au sérieux, quelque chose dans son attitude suggérait qu'il était prêt à vendre. Quand nous sommes arrivés, j'ai rapidement amarré le canot à un chandelier, et je me suis mise au travail, passant le bateau en revue de l'étrave à la poupe. J'ai ouvert tous les placards, examiné les planches une par une, inspecté chaque compartiment. J'ai scruté les passe-coques, ces points stratégiques où l'eau entre ou sort du bateau – servant à laisser passer du liquide de refroidissement ou drainer un évier par exemple –, vérifiant leur étanchéité, leur degré de corrosion. Du mieux que j'ai pu, j'ai étudié le gréement courant et dormant. Pour le gréement dormant, je savais seulement qu'il devait être remplacé tous les dix ans : j'ai donc cherché des marques visibles d'abrasion ou d'endommagement. Pour le gréement courant, les écoutes et les drisses, c'était beaucoup plus facile d'évaluer l'usure et l'effilochement. Me glissant dans les moindres recoins, j'ai testé les pompes de cale, allumé le moteur, vérifié la propreté du réservoir à carburant, fait la grimace devant le câblage désordonné.

La peinture sur le pont s'écaillait. Le bastingage avait besoin d'être verni ou huilé. Une partie du gréement courant était vraiment élimée : la gaine usée révélait l'âme des cordages. De nombreuses poulies étaient d'origine, il faudrait les remplacer. C'était la même chose pour la plupart des winchs : aucun n'était autobloquant, certains étaient grippés. Une partie des lampes marchait, l'autre non ; il faudrait remplacer toutes les ampoules par des LED pour économiser de l'énergie. Le moteur avait été changé l'année précédente. La grand-voile était flambant neuve, d'un blanc éclatant ; entreposée dans le carré, elle n'avait encore jamais été hissée.

Il était parfait, élégant, bien construit. Ses lignes étaient magnifiques. C'était le bateau qu'il me fallait. Au cours de mon exploration, l'attitude du courtier à mon égard s'était transformée. Il s'était mis à m'aider, signalant même des défauts et des imperfections que j'avais ajoutés à mes notes. Nous sommes revenus à quai. En prenant congé, j'ai promis de l'appeler rapidement pour lui faire part de ma décision. Après avoir annulé ma visite de l'après-midi, je me suis dirigée vers Plymouth Hoe.

Le Hoe est une longue bande de verdure en pente douce qui descend jusqu'aux bâtiments sur le front de mer, bordé côté ville par la Citadelle royale, l'Association de biologie marine et des rangées de maisons de maître datant de l'époque victorienne. Il donne sur la baie de Plymouth, qui est parsemée de balises dirigeant le trafic à l'entrée et à la sortie des ports. Au milieu de la baie, il y a une île avec, d'un côté, des arbres et, de l'autre, des ruines. C'est Drake Island, nommée d'après le corsaire du XVIe siècle sir Francis Drake, qui avait fait de Plymouth son port d'attache. Dans cette ville, la présence militaire – passée et actuelle – est évidente. À gauche de la baie de Plymouth, la baie de Jennycliff s'étend jusqu'au vieux fort de Bovisand. Des navires de guerre y manœuvrent en permanence, fendant l'eau en un chassé-croisé de monstres gris aux contours aiguisés. L'entrée de la baie de Plymouth est délimitée et protégée par un long brise-lames, au bout duquel s'élève un phare. Si l'on porte le regard au loin dans la même direction, vers la mer, on distingue le sommet du phare d'Eddystone.

Ce phare se dresse sur les rochers d'Eddystone, un récif bien connu des navigateurs depuis le début du XVIIe siècle. Le nombre de bateaux qui y ont fait naufrage n'a jamais été officiellement enregistré, mais la construction du phare a débuté après qu'en 1695, le soir de Noël, un navire marchand, le mal nommé *Constant*, a percuté les récifs et sombré sous les flots. À travers les époques, quatre versions du phare se sont succédé. La tour de Smeaton, qui précédait le phare actuel, a été démontée, rapportée à Plymouth et reconstituée derrière le Hoe ; avec ses rayures rouges et blanches, c'est un monument emblématique de Plymouth. Le dernier phare en date est une tour sombre et élégante, construite en pierres de taille encastrées, un exploit d'ingénierie conçu et réalisé au XIX^e^ siècle par un homme du nom de James Douglas. Des années plus tard, je suis passée devant le phare d'Eddystone en ralliant Lymington depuis Penryn, avant de traverser la mer du Nord jusqu'à la Baltique. J'ai été frappée alors de constater que le récif d'Eddystone se serait trouvé directement en travers de ma route, si je n'en avais pas eu connaissance. Il était aisé d'imaginer mon bateau y faire naufrage, et la nécessité d'un fanal paraissait évidente. Pour l'instant, je regardais la tour de loin depuis le Hoe où j'étais assise ; en repensant au faisceau de Strumble Head dans le Pembrokeshire, je me demandais si d'autres phares joueraient un rôle dans mon avenir, figureraient sur la carte de ma vie. Ce jour-là, la baie était émaillée de voiliers, comme si toute la ville s'était mise à l'eau. De petits canots filaient sur la brise marine qui avait forci avec la chaleur. Il y avait aussi des yachts plus grands, et quelques beaux bateaux classiques qui louvoyaient, leurs lourdes voiles de toile gonflées par le vent.

Tandis que je regardais le monde passer, une sorte de calme m'a envahie. Le lendemain matin, j'ai téléphoné au courtier. J'ai énuméré ce qui m'avait plu dans le bateau, et ce qui devrait être réparé ou changé. Je lui ai fait une offre, un peu plus de la moitié du prix demandé, en expliquant pourquoi cela me semblait honnête. Dans mon esprit, je l'imaginais acquiescer à l'autre bout du fil.

– Laissez-moi discuter avec le propriétaire, je me charge de tout.

À la fin de la journée, le bateau était à moi. J'étais la nouvelle propriétaire des 64/64e du vaisseau – le nombre de parts qui constituent un bateau. C'était un Nicholson 32 de 1964. Il était exigu, défraîchi, mal-aimé, mais c'était mon bateau. Un endroit à moi pour explorer les mers. La valeur émotionnelle était inquantifiable. On dit que changer le nom des bateaux porte malheur mais, cette fois-là, je sentais que la chance était de mon côté. J'ai réfléchi à des noms. J'avais pensé à *Albatros*, d'après la légende océanique, ou *Phocoena phocoena*, pour les marsouins communs que j'avais observés enfant, ou *Grampus griseus,* en l'honneur du dauphin de Risso, qui m'avait toujours intriguée. Même si tous ces noms étaient honnêtes, aucun ne correspondait vraiment quand je les murmurais sur le pont. Non, je l'appellerais *Brave*, en hommage à tout ce qu'il symbolisait pour moi.

Je suis restée dans le Sud-Ouest pendant quelques semaines, effectuant moi-même les travaux, épaulée par des amis et, parfois, des professionnels. Mon dos n'avait pas fini de guérir ; je n'étais ni obligée ni capable de tout faire moi-même, mais j'avais du mal à l'accepter. Soulever un gros bidon d'essence était trop lourd. J'avais besoin d'aide pour hisser la grand-voile. Cependant, le savoir-faire que j'avais acquis au cours des années m'a étonnée ; avant d'en avoir besoin, je ne m'étais pas rendu compte de ce que j'avais appris. Dès que *Brave* serait prêt, je mettrais les voiles : quittant Penryn, dans les Cornouailles, je rejoindrais Milford Haven et le Pembrokeshire. C'était le voyage dont je rêvais – naviguer par mes propres moyens vers mes eaux natales. Cent quarante et un milles nautiques en tout : ce ne serait pas mon plus grand voyage, mais ce serait ma plus longue traversée en tant que skipper. Deux de mes amies venues m'accompagner sont arrivées dans la nuit qui a précédé le départ.

Notre albatros voyage sans amis, elle part seule. La noblesse de l'espèce, les traversées épiques qui font sa réputation n'adoucissent pas les épreuves auxquelles sont confrontés les jeunes. La préparation au vol et l'envol lui-même sont bien différents, malgré les mois passés à prendre des forces. Sa suspension gracieuse est de courte durée ; très vite, elle dégringole de tout son poids vers la surface de l'eau. Au cours des dix à quinze jours suivants, elle passe des heures voire des journées entières sur la mer ; en se dirigeant vers le nord, elle alterne les vols avec les périodes de nage et de repos. Jour après jour, elle gagne en force, en technique et en endurance.

Plusieurs éléments semblent expliquer que les eaux subtropicales soient une destination favorable pour les grands albatros juvéniles. Comme la météo y est plus clémente, les jeunes n'ont pas besoin de consacrer autant d'énergie à leur régulation thermique lorsqu'ils apprennent à pêcher. La compétition pour la nourriture est moins rude. Parmi tous les oiseaux de l'océan Austral, le grand albatros est le prédateur alpha. Néanmoins, même s'il l'emporte sur toutes les autres espèces d'albatros et de pétrels, il doit se confronter aux autres grands albatros. Les oiseaux adultes tendent à fréquenter les régions subantarctiques et antarctiques, ce qui rend les zones subtropicales moins compétitives pour les juvéniles occupés à perfectionner leur technique de pêche. Bien sûr, la concurrence ne disparaît pas, mais elle se joue entre individus ayant atteint un niveau semblable de développement et d'expérience.

Parmi les étapes de vie du grand albatros, c'est la période juvénile qu'on connaît le moins bien. Par un mécanisme mystérieux qui combine l'inné et l'acquis, les jeunes se comportent tous de la même manière. Notre albatros a quitté le nid sans ses parents ; en revenant sur l'île Bird, ensemble ou tour à tour, apportant peut-être un dernier ravitaillement, ils ont trouvé le nid vide, l'oisillonne envolée. Pour les parents, cet envol conclut le cycle de reproduction. Le couple se sépare, chacun s'embarquant pour un voyage en solitaire au large, avec la promesse de se réunir de nouveau sur l'île deux ans plus tard. S'ils reviennent à la colonie sains et saufs, ils se saluent, un œuf est fécondé, un poussin naît et le cycle recommence. Bien que notre petite albatros ait pris son envol au même moment que d'autres jeunes qui ont réussi, ils ne font pas route ensemble. Elle voyage seule. Chaque jour, elle vole un peu plus loin, un peu plus vite. Au fur et à mesure que son talent aérien se développe, son besoin de passer du temps sur l'eau diminue. En l'espace de six mois, elle aura l'efficacité en vol d'un oiseau adulte – si elle parvient à survivre jusque-là.

Pour le grand albatros, c'est pendant la première année de la période juvénile que la mortalité est la plus élevée, et tout particulièrement pendant les deux premiers mois passés en mer. Certains jeunes n'apprennent jamais à voler assez efficacement pour pêcher avec succès, peut-être parce qu'ils n'auront pas été suffisamment alimentés pour prendre des forces avant de quitter l'île. En général, le grand albatros se nourrit en vol ; les distances parcourues maximisent donc les chances de trouver à se sustenter. D'autres jeunes rencontrent des difficultés lors de conditions météorologiques extrêmes.

Notre albatros est autant chasseuse qu'opportuniste. Elle attrape et tue ses propres proies, mais se contentera également de déchets ou de charognes. Les grands albatros localisent et pêchent leur nourriture de trois manières différentes. D'abord grâce à leur vision. Ils parcourent tous les jours des centaines de kilomètres, scrutant la mer à la recherche d'une proie. Bien que nous considérions parfois la haute mer comme une plaine stérile, semblable à un désert d'eau, une vie abondante y prospère, si l'on sait où chercher. Les poissons et les calamars constituent l'essentiel du régime du grand albatros. La légine australe est l'un de ses aliments préférés, ainsi que les calamars des familles *Onychoteuthidae*, *Histioteuthidae* et *Cranchiidae*. Il consomme une quantité de calamars équivalente au grand cachalot, cet autre géant majestueux des mers, mais leurs méthodes de chasse diffèrent. Alors que l'albatros pêche en surface depuis les airs, le cachalot utilise son sonar pour chasser en profondeur, où vivent les calamars adultes de grande taille dont il est friand. Les grands albatros ne sont pas des plongeurs ; pourtant, le contenu de leurs estomacs a révélé que certaines espèces abyssales appartenaient également à leur alimentation. On ne sait pas exactement de quelle manière ils les pêchent, mais il est possible qu'il s'agisse de poissons dont les cadavres seraient remontés en surface. Dans les Açores, je me rappelle avoir aperçu la dépouille d'un immense calamar abyssal flotter sur la mer ; traîné vers la surface puis délaissé par un grand cachalot, il aurait pu servir de repas à un albatros.

Les grands albatros localisent également leurs proies grâce à l'odorat. Comme toutes les espèces d'albatros, ainsi que les fulmars, les puffins et les pétrels tempête, ils appartiennent à l'ordre des *Procellariiformes*. Chez ces derniers, la zone cérébrale contrôlant l'odorat, le bulbe olfactif, est extrêmement développée. Les informations transmises par le biais de la cavité nasale transitent par le bulbe avant d'être transférées au reste du cerveau. Le bulbe olfactif du grand albatros est l'un des plus gros du règne aviaire. Il leur permet de humer l'air à la recherche de nourriture. On observe cette méthode de chasse olfactive dans leurs techniques de vol. Dans le cas d'un gradient de diffusion régulier, une odeur est plus forte à la source, s'affaiblissant avec la distance. Les pistes olfactives qui se dispersent à la surface de l'océan, au gré de la brise et des courants ascendants, se comportent différemment : elles se propagent dans le sens du vent, effluves épars et troubles à des degrés de concentration variables, tourbillons d'odeurs migrant à travers les airs.

Les grands albatros sont réputés pour leur efficacité en vol. Longtemps avant l'invention des avions grâce auxquels nous parcourons le ciel, les marins ont observé les albatros, s'émerveillant de leurs déplacements sans effort : presque sans battre des ailes, ils dépassaient aisément les bateaux. Les vents de l'océan Austral sont aussi légendaires que l'oiseau. Dans cette partie du globe, les terres émergées sont rares. Les vents forment un vortex polaire ; en l'absence d'obstacles, ils forcissent sans ralentir, ce qui leur a valu leurs noms, les quarantièmes rugissants, les cinquantièmes hurlants et les soixantièmes déferlants, aux latitudes respectives de 40°, 50° et 60° S. Les vagues, sans rivages sur lesquelles se briser, se soulèvent jusqu'à ressembler à des montagnes, la mer une surface liquide toujours mouvante, chargée d'énergie.

Le grand albatros tire parti de l'extrême puissance des éléments, par une technique nommée vol de gradient. L'oiseau s'oriente directement face au vent. Si j'essayais de faire la même chose avec mon voilier, il perdrait de la vitesse et mes voiles battraient violemment. En navigation, il faut s'orienter à environ 45° du lit du vent pour continuer à avancer. Chaque fois qu'on tire des bords, en ramenant l'étrave face au vent et en passant les voiles de l'autre côté du bateau pour virer, on perd en vitesse. L'albatros, lui, prend de la hauteur ; il accumule l'énergie potentielle en se laissant porter par le vent. Puis il vire, glisse sur le vent et, sous ses ailes, l'énergie potentielle se transforme en énergie cinétique. Lorsqu'il parvient au ras des vagues, tout recommence : l'oiseau se retourne face au vent, s'élève, pivote et plonge, ce qui lui donne un vol en zigzag.

Comme les odeurs se dispersent dans le sens des courants aériens, l'albatros devra chasser vent debout et utiliser ce zigzag pour minimiser la perte de terrain lors de sa plongée. La dispersion des odeurs comporte une part d'imprévisible ; à la phase ascendante, il perdra sans doute la trace olfactive de sa proie en s'écartant du tourbillon d'effluves. C'est par vent de travers qu'il aura le plus de chances de la retrouver, avant de virer de nouveau face au vent afin de s'en rapprocher. Cette capacité à utiliser son odorat pour repérer les proies lui permet de chasser par les nuits obscures, sans lune, par brouillard épais ou par gros temps, lorsque sa vision est brouillée. Les études révèlent qu'environ quarante-cinq pour cent des proies sont pistées et capturées par le biais de l'odorat.

Si ces deux méthodes de chasse échouent, il reste la patience. La technique s'intitule « *sit and wait* ». L'albatros s'installe sur l'eau pour se reposer, en attendant que des proies fassent surface ou dérivent dans sa direction. Les lieux choisis pour la mise en œuvre de cette méthode ne semblent pas entièrement laissés au hasard : l'oiseau sait que les chances d'y capturer une proie en surface sont élevées, soit par apprentissage soit par le biais d'indices sensoriels.

Il est probable que la plupart d'entre nous, y compris moi, n'aient jamais l'occasion d'observer un albatros en vol. L'océan Austral est l'un des lieux les plus sauvages au monde et ces oiseaux passent la plus grande partie de leur vie au large. Cependant, au cours des quatre siècles précédents, le grand albatros a laissé une marque profonde dans la conscience occidentale. En 1616, les premiers marins européens ont franchi le cap Horn, à la pointe de l'Amérique du Sud, où l'Atlantique rencontre le Pacifique. C'était un passage périlleux, mais le profit l'a rapidement emporté sur le danger, lors de la ruée sur le Pacifique des monarques européens d'abord, et des « courses du blé[1] » ensuite : pour les clippers, doubler le cap Horn est devenu l'une des routes les plus efficaces afin d'acheminer des marchandises de l'Australie à l'Europe – un voyage de cent jours était considéré comme rapide. On troquait des biens, mais aussi des histoires. Les marins racontaient que les vagues, les vents violents des quarantièmes rugissants se calmaient parfois soudainement, laissant place à un pot au noir d'un calme éthéré ; de gigantesques oiseaux blancs voguaient alors dans le sillage des bateaux, planant sur le vent comme des spectres ou les âmes de marins noyés. Au début du XVII^e^ siècle, on avait déjà doté – ou grevé – l'albatros d'un sens symbolique.

Au XVIII^e^ siècle, les récits mystérieux de l'oiseau-fantôme sont parvenus aux oreilles du poète anglais Samuel Taylor Coleridge, probablement par le biais de

1. Les courses du blé furent une série de compétitions non officielles entre grands voiliers qui se déroulèrent de 1921 à 1949. Il s'agissait de rapporter en un temps record des cargaisons de blé australiennes jusqu'à l'Angleterre par la route du cap Horn.

son tuteur, un astronome du nom de William Wales. Ce dernier s'était embarqué sur le vaisseau amiral du capitaine James Cook, lors de son voyage vers le Pacifique à la recherche d'un continent inconnu baptisé *Terra australis incognita.* L'hypothèse de l'existence de ce continent reposait sur la seule idée qu'une large masse terrestre dans l'hémisphère Sud devait nécessairement équilibrer celles, connues et cartographiées, de l'hémisphère Nord. Si ce territoire était alors purement imaginaire, l'albatros, lui, était bien réel. L'oiseau avait laissé une vive impression dans l'esprit de William Wales, puis dans celui de Coleridge. En un an, *La Ballade du vieux marin* était achevée. Ce poème, le plus long qui soit attribué à Coleridge, a reçu de nombreuses louanges et recensions lors de sa première publication en 1798 dans *Ballades lyriques*, aux côtés des textes de Wordsworth.

Le personnage principal de *La Ballade* est un vieux marin à l'œil brillant qui, après avoir interpellé un convive en chemin pour un mariage, se met à lui raconter fébrilement l'histoire d'un voyage en mer. Le convive, tout comme le lecteur, est immédiatement happé par un monde sauvage de mers violentes, de glaces rompues et de brumes épaisses.

Nous nous retrouvons pris au piège d'un captivant filet narratif, balayés loin du présent vers un navire qui parcourt l'océan Austral. Le marin décrit la tempête où le bateau, perdant son cap, dérive vers des eaux glacées, et le moment où un grand albatros, calme voilier, émerge du brouillard. Pendant des jours, l'oiseau accompagne l'embarcation, alternant piqués et remontées à la poupe, laissant à l'équipage le loisir de se demander si c'est par jeu ou par nécessité qu'il les suit. En tous les cas, comme par la grâce de l'oiseau, le navire est porté par un vent favorable. Mais soudain, sans rime ni raison, le marin saisit son arbalète et, d'une flèche, il tue l'oiseau majestueux. Le géant est arraché aux nuées.

À la mort de l'oiseau, les marins subissent rapidement un revers de fortune ; la nature se retourne contre eux. Le vent tombe, une léthargie mortelle s'installe, pas la moindre brise pour gonfler les voiles et faire avancer le bateau. Des phosphores bioluminescents dansent sur la mer comme un mauvais sort. Le corps de l'albatros se transforme en un fardeau concret, attaché au cou de l'homme insensé qui a causé sa chute et fait sombrer l'équipage dans le chaos. Tout autour du coupable, les marins périssent, sans qu'il puisse échapper à leur regard fixe, accusateur. La clarté du jour cède à une obscurité grouillant d'esprits maléfiques et le marin, privé d'eau fraîche sur la mer saumâtre, en est réduit à boire son propre sang – sacrement maléfique. Ce n'est que lorsqu'il commence à prier, à se repentir, qu'il est sauvé. Son cou libéré du fardeau de l'albatros, il est condamné à errer. L'oiseau est un lien, un pont entre le naturel et le spirituel, qu'il habite simultanément. L'homme survit, hanté par le besoin de pénitence et l'obsession de raconter son histoire.

Moi aussi, j'ai rencontré mon vieux marin, qui m'a captivée de son œil brillant. Il n'avait ni avertissement ni confession à partager, mais bien une leçon. Je l'ai rencontré lors de mon premier long voyage sous voiles, en traversant la mer du Nord, de l'Angleterre jusqu'en

Norvège. Avec ses cordages en lin, sa lourde barre de gouvernail, ses mâts enduits de suif et de goudron, ses voiles de toile épaisse, le bateau en bois à bord duquel nous naviguions était le cadre idéal pour notre rencontre. J'ignore quel âge il avait exactement, mais c'était un vieil homme. Son visage, dont la peau fine comme du papier s'était avec le temps creusée de vallées profondes, témoignait d'une vie bien vécue. À l'exception de quelques mèches duveteuses qui volaient au vent, il était presque chauve. Avec l'âge, il avait succombé à la fragilité ; son corps lui faisait parfois défaut, mais son esprit était toujours aussi affûté qu'un diamant. Aux débuts de l'industrie *offshore*, il avait été scaphandrier, évoluant à différentes zones de profondeurs vers les grands fonds. Par la suite, il s'était engagé dans la marine marchande.

À l'époque, je suivais un cours préparatoire en sciences à l'Université libre pour me préparer à la formation que j'allais rejoindre dans le courant de l'année. Je devais rendre un travail au moment de notre escale : une fois mes tâches sur le bateau terminées, je passais donc chaque jour quelques heures dans le carré, attablée devant mon ordinateur et mes manuels. Un jour, le vieux marin s'est assis à côté de moi. Il m'a demandé ce que je faisais, je le lui ai expliqué. Il m'a répondu que lui aussi étudiait à l'Université libre. Il ne visait aucun diplôme en particulier, mais il suivait quelques modules de géologie, de littérature, d'histoire ou toute autre discipline qui éveillait sa curiosité. M'échinant à comprendre les hydrocarbures et la synthèse des protéines, je finissais souvent par secouer la tête, envahie de frustration. Je l'avais voulu – suivre ce cours était un choix –, mais c'était dur, de ne pas être jalouse des autres qui avaient le temps de traîner, de discuter, de lire ou de dormir entre leurs quarts et leurs obligations. Le roulis et la carence en sommeil ne m'aidaient pas non plus à avancer dans mon travail. Le marin m'a regardée et, avec son fort accent du Norfolk, il m'a dit :

– N'arrête jamais d'apprendre, petite. Jamais. Sans apprendre, on vieillit. Et on finit par en crever.

À travers ses cordes vocales abîmées, détruites par une vie entière à fumer et le cancer qui avait suivi, sa voix fatiguée n'était presque qu'un murmure, mais elle avait fait écho en moi.

Le marin ne voulait jamais aller à terre. Ni en Norvège, ni au Danemark, ni en Allemagne, ni aux Pays-Bas. Il avait déjà tout vu, affirmait-il, mais peut-être voulait-il dire que ce n'était pas pour les ports où nous faisions escale qu'il voyageait. Il était là parce qu'il se sentait davantage chez lui à bord, en mer, que partout ailleurs où il avait vécu. Il se savait mourant. Il avait voulu rentrer chez lui une dernière fois. Le soir, il se tenait sur le pont, voûté dans son énorme parka beige, s'appuyant sur le canot ; même par les tièdes et brèves nuits d'été, il s'emmitouflait.

La dernière nuit, au retour, il faisait doux, tout était sombre, calme. Nous progressions vers l'ouest à travers la mer du Nord. Comme le vent était tombé, nous naviguions au moteur, à sec de toile. La mer, le ciel, du même noir d'encre, se confondaient en un abysse nocturne et on ne distinguait plus si c'était l'eau ou l'air que le bateau traversait. Son sillage brillait d'un turquoise splendide, luminescent. Je n'ai jamais revu une telle couleur, ces zébrures magiques qui illuminaient la nuit. Je suis heureuse d'avoir pu partager cette merveille avec le vieux marin. Peut-être était-ce la mer qui lui disait adieu. Mon premier voyage a été son dernier. Ses cendres ont été dispersées en mer du Nord.

En réalité, la chute du grand albatros n'est pas causée par la violence d'un seul homme, mais par nos actions collectives. Les grands albatros sont charognards autant qu'ils sont chasseurs ; leur sens olfactif aigu les mène à suivre les bateaux de pêche, comme ils suivaient celui du marin. Lorsque les hameçons sont montés puis appâtés pour la pêche à la palangre, qui vise le thon et la légine australe, une bande d'oiseaux s'amasse autour du bateau. Parmi eux se trouvent des espèces d'albatros plus petites, des pétrels et des grands albatros, qui sont le plus susceptibles de se laisser prendre. Les lignes, une fois installées, peuvent s'étirer sur une distance de cent trente kilomètres à l'arrière du bateau ; les grands albatros plongent, attirés par les appâts ou le poisson, sans conscience du danger. Dans certains cas, ils s'en sortent indemnes. Dans d'autres, les hameçons se détachent de la ligne et se coincent dans leur gosier ou sont avalés. Ils rouillent alors dans leur estomac, à moins d'être régurgités à la place d'une ration de nourriture qui permettrait la croissance d'un poussin. Pire encore, l'oiseau peut s'empêtrer dans la ligne ou s'accrocher à l'hameçon lui-même. Ce grand voyageur des mers, emmêlé, profané, est traîné dans l'océan au bout d'une ligne de pêche jusqu'à la noyade. La prise d'un albatros n'a aucune valeur commerciale ; elle compte comme capture accessoire, une mise à mort aussi insensée que celle du poème de Coleridge – plus triste encore parce qu'elle est involontaire.

La menace de la capture accessoire concerne tous les grands albatros. En développant les pêcheries australes et subtropicales, en repoussant la frontière océanique plus au sud afin de nourrir une population humaine croissante, on ne fait qu'aggraver le danger. Les effets indésirables de cette évolution pèsent encore plus lourdement sur les grands albatros juvéniles. S'il leur était utile jadis de se diriger vers des eaux plus chaudes, aujourd'hui, ces zones sont davantage exploitées pour la pêche à la palangre. Pendant la période où notre jeune albatros apprend à se suffire à elle-même, à s'orienter seule, ses chances d'être victime de la prise accessoire sont plus élevées que pour un oiseau adulte. Coleridge ne savait rien des pêcheries australes ; les termes de « capture accessoire » et de « changement climatique anthropogénique » n'existaient pas à son époque. Pourtant son poème résonne à travers les siècles, de plus en plus obsédant.

La traversée vers le Pembrokeshire à bord de mon nouveau bateau a commencé juste après le petit déjeuner. Nous avons profité du courant de jusant pour nous tirer vers le large. Puis nous avons traversé l'aber des Carrick Roads en direction du cap Lizard. Autour de cette pointe de terre, la mer forme une veine de courant qui s'étend vers le sud, mais j'avais prévu le voyage afin que nous puissions l'utiliser à notre avantage, pour gagner de la vitesse. La météo était bonne, la brise légère. En regardant ma montre, j'ai décidé de me rapprocher un peu plus de la côte, où le courant était le plus fort, afin d'en profiter jusqu'au bout. C'était un bon choix. À peine avions-nous doublé le phare du cap Lizard qu'avec le changement de marée des remous ont commencé à bouillonner derrière nous ; ceux qui étaient encore à proximité de la pointe traverseraient une mauvaise passe.

À Land's End, le point le plus à l'ouest de la Grande-Bretagne, nous avons rencontré le second et dernier courant de marée de notre voyage. Une fois ce cap franchi, il ne nous resterait plus qu'à virer vers le nord pour naviguer sans interruption pendant cent soixante kilomètres. J'avais déjà suivi cette route, une fois, mais dans l'autre sens. Je n'étais pas sereine. À cet endroit, le courant est incroyablement fort, les eaux abritées autour de la pointe sont truffées de récifs et, en s'écartant trop de la côte, on risque d'entrer dans le couloir de navigation, où les tankers foncent à une allure de vingt nœuds. Le courant de marée pour doubler Land's End est bien plus favorable lorsqu'on se dirige d'est en ouest que l'inverse, c'était un avantage. Mon plan de navigation à la main, je cochais intérieurement les marques cardinales que nous dépassions, récitant leurs noms à voix basse – Carn Base, Runnel Stone –, comme une étrange prière des Cornouailles.

Quand, baignées de la lumière du soir, nous avons croisé au large du phare de Longships à Carn Bras, le plus dur du voyage était fait. Le vent était complètement tombé et nous avons dû faire route au moteur ; la surface de l'eau était lisse et étincelante, une étendue de mercure sans fin sur laquelle il semblait que nous pourrions glisser éternellement. Peut-être serait-il possible d'oublier notre destination, nos projets, et de continuer à traverser l'Atlantique sur cette mer aussi moelleuse qu'un édredon.

Finalement, nous avons gardé le cap, nous dirigeant à quelques degrés du vrai nord. Au cours de la nuit, nous nous sommes relayées sur le pont ; le voyage se poursuivait sans encombre. De temps à autre, nous apercevions les phares d'un bateau de pêche au loin, mais, la plupart du temps, nous étions seules au monde, avec dans notre sillage la lueur d'une légère phosphorescence. Le jour s'est levé et, après avoir bu un café avec les autres dans le cockpit, je suis remontée vers la proue, seule. *Brave* fendait l'eau avec élégance et quelques volutes de brouillard flottaient encore, qui s'évaporeraient avec le soleil. En entrant dans les eaux du Pembrokeshire, nous avons été accueillies par des macareux moines, des pingouins torda et des guillemots qui barbotaient à la surface, plongeant à notre approche. Le dos lisse d'un petit rorqual a ondulé à la surface avant de disparaître de nouveau sous les flots. À l'approche des côtes, nous avons croisé un requin-pèlerin ; je n'en avais plus vu depuis l'enfance. Son aileron triangulaire dépassait à la surface et, la gueule grande ouverte, il filtrait l'eau pour se nourrir. Je l'ai montré aux autres depuis la proue, mais il s'est rapidement éclipsé. En conclusion du voyage, nous avons été escortées par une bande de dauphins communs à bec court, marsouinant dans notre sillage alors que nous entrions dans le fleuve Cleddau pour rejoindre le port et le quai. On aurait dit que les rivages eux-mêmes accueillaient notre arrivée, comme s'ils reconnaissaient le sens que revêtait pour moi ce voyage.

Ce trajet vers le Pembrokeshire, malgré son succès, n'annonçait pas un retour à ma vie d'avant l'accident. Même si les choses se passaient bien, j'avais souvent la sensation qu'un autre désastre se profilait. Avant d'être blessée à la colonne, l'anxiété n'avait jamais fait partie de ma vie, mais à présent elle m'accompagnait partout. Je peinais à décrire ce que je ressentais, et encore plus à le gérer. Dans mon esprit, la navigation était devenue un synonyme de guérison. C'était vrai, en quelque sorte, mais la voile n'était qu'une pièce d'un vaste puzzle. Dans mon rêve du début, sentir ma main sur la barre m'avait semblé la seule chose qui redonnerait une direction à ma vie. Comme la jeune albatros à son premier envol, j'avais pensé étendre mes ailes nouvelles, me laisser porter par les courants océaniques, mais, au lieu de cela, je m'étais parfois écrasée sur l'eau, obligée de nager pendant des jours entiers. J'utilisais mon élan comme un mécanisme de défense, ce qui ressemblait à un progrès, une réussite, un rétablissement spectaculaire. En vérité, seul le mouvement, sous toutes ses formes, empêchait mon esprit de sombrer dans le précipice et l'obscurité confuse. La mer n'était jamais immobile. C'était le lieu pour moi.

Un soir, incapable de me calmer, de manger, j'ai largué les amarres, passé l'écluse, et je suis sortie pour un tour en solitaire. La fin de l'été était proche, la lumière s'amenuisait. À la barre, ni confiante ni assurée, ma main tremblait. Le regard fixé sur les reliefs sombres de la côte, j'ai dépassé une balise après l'autre en descendant le long du chenal vers la mer. Quelle était ma destination ? Pourquoi ? Qui appareille à la tombée du jour, seul, sans savoir où il va ? Non, il était clair que la voile n'était pas une panacée. Ce dont j'avais besoin, c'était de temps, de stabilité ; *a posteriori* cela semble évident, mais sur le moment rien n'était si clair.

Soudain, à la surface de l'eau devant moi, j'ai remarqué une forme blanche, spectrale, une manifestation physique de ce qui tourmentait mon esprit. Mon pouls s'est accéléré et, le cœur battant, je me suis agrippée à la barre jusqu'à ce que mes articulations blanchissent. L'esprit frappeur s'est mis à s'agiter sur l'eau, clapotant furieusement avant de s'élancer vers moi avec un croassement. J'ai crié. Le cri s'est changé en un rire incertain. Un fou de Bassan. Ce n'était qu'un fou de Bassan, probablement un jeune qui venait de quitter le nid, dont j'avais perturbé le sommeil dans mon errance nocturne. J'ai manœuvré pour faire demi-tour. De toute évidence, il était temps de rentrer.

Si notre petite albatros survit, si elle se fortifie face aux tempêtes, si elle apprend à trouver sa nourriture et réussit à ne pas se noyer dans une palangre, si elle atteint l'âge de cinq ans, le moment viendra pour elle de revenir à son île, riche de ses expériences. Les grands albatros se reproduisent au sein d'un cercle d'îles dispersées dans l'océan Austral. On trouve également des colonies aux îles Crozet, aux îles Kerguelen, à l'archipel du Prince-Édouard dans l'océan Indien et sur l'île Macquarie dans l'océan Pacifique. Malgré toutes ces possibilités, lorsqu'elle retourne à terre avec la perspective de se reproduire, la jeune albatros revient à sa colonie natale sur l'île Bird, dans l'Atlantique. Grâce à une mystérieuse boussole, elle retrouve son chemin, arrivant à tire-d'aile au même moment que le reste de la colonie. Les couples déjà formés, réunis après leur année de pause reproductive, entrechoquent leurs becs avec douceur et lissent délicatement les plumes de leur partenaire. Les juvéniles nés la même année qu'elle, ainsi que ceux des deux années précédentes, reviennent également, avec l'intention de trouver un partenaire.

Les mâles célibataires se regroupent, un peu à l'écart des couples reproducteurs déjà occupés à s'accoupler ou à couver. Ils se lancent alors dans une parade conçue pour capter l'attention des jeunes femelles. Ils font claquer leurs becs, penchent la tête et la secouent rapidement d'un côté à l'autre. Ils déploient toute l'envergure de leurs ailes, projettent leurs longs cous raidis vers l'avant, le bec tendu. Un mâle incurve sa tête vers le sol puis, avec un mouvement brusque et un cri rauque, il la relève, étirant son bec vers le ciel. La femelle décrit des cercles en surplomb, s'approchant et s'éloignant tour à tour tandis qu'il essaie d'attirer son attention. Cela semble fonctionner : lorsqu'il pointe son bec vers le haut, elle plonge pour le rejoindre, étendant à son tour son bec pour effleurer le sien. Elle se pose sur la butte herbeuse à proximité de ce favori, et s'approche d'un pas lent et chaloupé.

Par la suite, les parades continuent : le jeune mâle et la jeune femelle s'inclinent, font claquer leurs becs, les croisent, abaissent la tête. Si elle a des doutes sur le mâle, elle s'en va et le processus recommence. Dans ce cas précis, cependant, il semble que le couple se plaît. Ils ne se reproduiront pas cette année, ni l'année suivante, ni même l'année d'après, mais ils continueront tous deux à revenir annuellement à la colonie pour se faire la cour, renforcer leur lien. Elle a l'intention de garder le même partenaire toute sa vie, et n'en changera que s'ils échouent de manière répétée à produire un œuf viable ou à élever un poussin ensemble. L'année où elle est prête à s'accoupler, à pondre, il faut qu'elle soit sûre de son choix : pendant la longue période de l'incubation et de l'éducation du poussin, le soutien mutuel est essentiel. Une fois l'œuf pondu, elle doit pouvoir compter sur son partenaire pour prendre le relais, afin qu'il couve à son tour pendant qu'elle part en mer, boire et se nourrir. Après l'éclosion, quand le poussin est en âge d'être laissé seul, il faut que les partenaires soient assez en phase pour maximiser l'efficience de leurs pêches respectives. Elle ne veut ni trouver son poussin sous-alimenté ni devoir écourter un vol pour revenir le nourrir s'il a déjà mangé.

Trois ans après son premier retour sur l'île Bird, au début du mois de décembre, notre albatros atterrit à Wanderer Ridge. Elle a huit ans à présent, un cinquième de sa vie s'est déjà écoulé. Il est temps pour elle de s'accoupler. Elle salue son partenaire, son compagnon terrestre devenu familier. Arrivé un peu plus tôt qu'elle, il a déjà construit un nid d'herbes en forme de piédestal. Ils frottent leurs becs et se lissent doucement la poitrine en émettant un gargouillis rauque. Le moment est venu. Les oiseaux s'accouplent, un œuf est fécondé et pondu ; elle le garde tout contre sa plaque incubatrice, comme sa mère avant elle, le maintenant en vie par la chaleur de son corps. Dans la coquille, la danse complexe de la division cellulaire commence et, une fois encore, la vie prend forme. Délicatement, elle retourne son œuf. Elle se rassied. Elle attend, avec une immobilité qu'elle n'a jamais connue auparavant ; l'embryon se développe sous elle. Après un peu plus d'une semaine, elle se met à observer le ciel, espérant le retour de son partenaire. Lorsqu'il revient enfin, ils échangent leurs positions avec précaution et elle s'envole. C'est la première fois qu'un fil robuste la rattache à la terre : le besoin de soutenir son partenaire, d'élever son poussin. Déterminée, elle fend les airs et rejoint le Brésil, chassant tout au long du trajet avant de faire demi-tour pour regagner son nid en Géorgie du Sud.

Elle est assise, elle attend, elle retourne l'œuf. Des jours passent, des semaines. Elle est assise, elle attend, elle retourne l'œuf. Elle commence à avoir faim, soif. Elle est dévouée à son œuf, mais elle scrute ardemment le ciel. Où est son partenaire ? Elle est assise, elle attend, elle retourne l'œuf. Elle sent qu'elle s'affaiblit, que sa condition se dégrade, pourtant il n'est toujours pas là. Un jour passe, puis un autre. L'agitation la gagne. Son instinct est de couver, d'élever un poussin qui prendra son envol avec la prochaine génération de grands albatros. Cependant, il y a à l'intérieur d'elle un instinct plus puissant, celui qui, oisillonne, l'a gardée en vie dans de rudes conditions hivernales. C'est lui qui l'a aidée à apprendre à chasser, à perfectionner son vol afin qu'elle puisse voyager plus loin, plus vite. L'instinct de la survie.

À deux mille cinq cents kilomètres de là, un bateau de pêche relève ses palangres. Accroché, empêtré, des lignes entortillées autour de ses ailes brisées, un albatros est ramené sur le pont – c'est son partenaire. Il s'est noyé. Il deviendra une statistique, pour autant que sa capture soit déclarée : noyade, capture accessoire. Accidentelle. Sans valeur commerciale. La mort d'un seul oiseau, quel mal cela peut-il faire ? À l'île Bird, elle reste sur le nid aussi longtemps qu'elle peut le supporter. Son poussin est tout près d'éclore, des têtes duveteuses émergent déjà des nids qui l'entourent, mais elle doit partir. Elle ne peut attendre plus longtemps. Son corps, malgré la faim, ne lui a jamais paru plus lourd. Ses ailes savent quoi faire. Le vent l'aspire vers le ciel, et l'emporte – elle part pour un triste voyage de lamentations sur l'océan Austral.

L'œuf, microcosme enclos dans une coquille, à l'intérieur d'un nid, sur une île, reste seul dans le froid, abandonné.

L'albatros ne saura jamais ce qu'il est arrivé à son partenaire, pourquoi il ne lui est pas revenu après toutes ces années de cour assidue. Il est possible qu'elle cherche un nouveau compagnon. Selon les chercheurs de l'île Bird, certains oiseaux endeuillés retrouvent un partenaire dans l'année. D'autres mettront plusieurs années à traverser la période d'affliction. Et il y a ceux qui resteront solitaires pour le restant de leurs jours. Notre albatros n'est pas la seule cette saison-là à avoir perdu son compagnon, à avoir été forcée d'abandonner un œuf ou un poussin. La colonie d'albatros de Géorgie du Sud est suivie par les chercheurs depuis plus de trente ans. Entre 1999 et 2018, le nombre de couples nicheurs enregistré sur l'archipel a décliné de mille cent quatre-vingt-deux à six cent soixante et un. Sur l'île Bird, la baisse de population est de trois virgule zéro un pour cent par an. Bien que les colonies de grands albatros dans le sud-ouest de l'océan Indien se soient un peu rétablies, depuis l'introduction de changements dans les techniques de pêche réduisant la capture accessoire, en Géorgie du Sud, la population continue à décroître. En dix-neuf ans seulement, cinq cent vingt et un couples nicheurs ont disparu. Si le déclin se poursuit à cette vitesse, dans un peu plus de dix-neuf ans, il ne restera plus aucun grand albatros en Géorgie du Sud. Cette diminution du nombre de couples nicheurs est la conséquence d'une mortalité élevée, à la fois chez les adultes et les jeunes. Parfois, dans un couple établi, l'un des partenaires disparaît, ou les deux. D'autres fois, les jeunes ne survivent pas assez longtemps pour revenir à leurs colonies natales et trouver un partenaire.

Le grand albatros me fascine depuis que j'ai découvert *La Ballade du vieux marin*, à l'âge de quinze ans. Plus tard, pendant que je me rétablissais de mon opération, il s'est glissé dans mes rêves opiacés, un écho étrange à l'addiction qui a ravagé la vie de Coleridge. À mes yeux, il est devenu un totem, un symbole d'espoir pour ceux qui se reconnaissent une nature vagabonde. Dans de nombreuses cultures, l'oiseau a aussi un sens symbolique : il est associé à la liberté, à la force, au désir d'ailleurs. Sur les bateaux, voir un albatros était considéré comme de bon augure. Dans le poème de Coleridge, l'oiseau est le messager d'une fortune qui tourne au gré des actions humaines. Quand le vieux marin tue l'albatros d'une de ses flèches, la rébellion du monde naturel est immédiate. Le vent cesse de souffler. La pluie ne tombe plus, privant l'équipage d'eau potable. En revanche, ce que nous infligeons aux oiseaux marins par nos modes de consommation a lieu loin des regards, et les répercussions des ravages naturels dont nous sommes responsables ne sont pas aussi flagrantes. Et pourtant, par notre négligence, cette noble espèce s'éteint lentement : c'est le fardeau honteux qui pèse autour du cou de l'humanité. Comme le marin, il nous reste le temps de nous repentir, de reconnaître que ces oiseaux partagent avec nous une curiosité instinctive pour l'au-delà de l'horizon, un désir de voyager et une compulsion à revenir.

## 5

# Baleine à bosse

Au retour de l'été, la brume et l'agitation habituelles ont envahi les côtes du Pembrokeshire. Bien que propriétaire de *Brave*, après le long trajet retour depuis les Cornouailles, j'avais eu assez peu de temps pour naviguer. Je sortais en mer dès que c'était possible, souvent en soirée ; je descendais alors le Cleddau jusqu'à Dale, où l'on pouvait jeter l'ancre et nager. Pour le mouillage, je choisissais toujours le même endroit que je savais dépourvu d'herbiers marins, afin de ne pas abîmer la végétation. Je devais rattraper deux examens universitaires. Ma mémoire avait toujours été excellente mais, depuis la prise prolongée de médicaments, mon opération, ma convalescence, j'avais du mal à retenir les informations ; j'avais dû adapter toutes mes méthodes de travail. J'essayais de mémoriser mes cours, mais soudain l'un des événements douloureux de l'année écoulée envahissait mon esprit. La biologie marine était indissolublement liée à mes difficultés de santé. Assise dans le carré à bord de *Brave*, je devais m'interrompre, à bout de souffle, mouillée de sueurs froides. À force de volonté, je finissais par me calmer.

Je préparais aussi mon projet de mémoire, ainsi que le travail de terrain qu'il me faudrait mener avant le semestre suivant. J'avais envie d'emmener *Brave* au large du Pembrokeshire, pour effectuer des transects, comme nous l'avions fait à bord du *Balaena*. Cette fois, il s'agirait de relevés visuels, sans les données acoustiques de l'hydrophone, qui auraient rendu le projet trop complexe à cette étape. De mon expérience comme guide touristique je savais que des petits rorquals, des baleines à bosse, des dauphins communs à bec court et des dauphins de Risso vivaient dans ces eaux, mais, dans le passé, je les avais toujours aperçus lors de sorties à la journée sur des bateaux à moteurs bruyants. J'avais envie de partir au large, loin des côtes, et d'enregistrer ces rencontres au rythme du vent qui gonflait les voiles.

Même sans la partie acoustique, l'idée était ambitieuse. Les eaux qui bordent les côtes du Pembrokeshire sont pleines de courants ; si l'on se perd, il ne manque pas de rochers, de récifs où s'échouer. En cas de grain, les ports et les mouillages abrités sont rares. Cependant, cela faisait des années que j'apprenais à connaître cette mer, je m'y sentais chez moi. C'était elle qui me tenait le plus à cœur : je voulais récolter davantage de données empiriques sur les déplacements, le comportement des cétacés qui y vivaient. J'avais une fascination particulière pour les dauphins de Risso. Même s'ils étaient un peu plus difficiles à rencontrer que les dauphins communs à bec court, qui s'approchaient souvent pour marsouiner à l'étrave, je les avais aperçus quand j'étais guide et, d'après mes amis qui travaillaient encore dans le domaine, les observations se faisaient de plus en plus fréquentes. J'avais lu des études centrées sur l'utilisation de la photo-identification pour les dauphins de Risso, qu'on peut reconnaître individuellement grâce à leurs cicatrices. Elles rapportaient trente-deux repérages de mères accompagnées de leurs delphineaux en bas âge au large des côtes du Pembrokeshire : ces eaux semblaient donc être des zones importantes pour la mise bas et l'éducation. Je souhaitais relever des données qui aideraient à conforter cette hypothèse.

Il fallait d'abord que je tienne une promesse faite à ma mère l'année précédente : réussir mon Yachtmaster. Cet examen est nécessaire à l'obtention d'un « certificat de compétence » au Royaume-Uni, bien qu'il soit également reconnu internationalement. Il est divisé en niveaux : côtier, semi-hauturier, hauturier. On peut le passer pour améliorer ses connaissances, gagner en confiance ; il est également exigé pour travailler comme skipper.

Lorsque ma mère m'a demandé de passer ce brevet, ça m'a un peu blessée. Je me suis demandé pourquoi elle ne croyait pas en mes compétences de navigatrice, pourquoi elle ressentait le besoin d'une signature sur un document très coûteux pour confirmer ce que je lui disais déjà. Sa réponse a été extrêmement calme et convaincante. Elle m'a expliqué qu'il lui était difficile de s'imaginer mes voyages en mer. Le monde de la navigation, surtout au large, lui était complètement étranger, tout comme celui de l'art l'avait été pour sa propre mère. Ce n'était pas qu'elle ne me faisait pas confiance, au contraire ; mais si quelque chose devait un jour arriver, elle voulait être sûre d'avoir fait tout ce qui était en son pouvoir pour assurer ma sécurité.

La femelle du grand albatros ne part pas avec son poussin pour lui faire découvrir l'océan. Elle lui fournit des provisions, lui apportant d'innombrables repas pour qu'il puisse prendre des forces, assez pour s'envoler et explorer seul l'océan Austral. En mer, j'aimais que la beauté, l'aventure de la navigation résident aussi dans le risque. La mer – dangereuse, digne de respect. Avec cette idée en tête, je me suis inscrite à l'examen *offshore* pour la navigation semi-hauturière. Cela faisait des années que j'accumulais les kilomètres et l'expérience exigée ; j'avais déjà réussi la partie théorique, mais je n'avais toujours pas tenté l'examen pratique.

Deux jours avant que ne débute la préparation pour le Yachtmaster, alors que je me démenais pour obtenir un bilan médical afin de renouveler mes certificats de premiers secours et de survie en mer, j'ai reçu un appel téléphonique. C'était Richard McLanaghan, l'un des codirecteurs de Marine Conservation Research, l'ONG qui gère *Song of the Whale*. Ce voilier sur mesure de vingt et un mètres a été conçu pour étudier les cétacés dans tous les océans. Le projet existe depuis 1987 ; le bateau actuel est en fait *Song of the Whale II*. Le premier voilier et son équipage ont joué un rôle crucial dans la transformation des Açores : ces îles baleinières sont devenues un archipel réputé pour l'observation de la faune marine, démontrant ainsi que les cétacés ont plus de valeur vivants que morts.

Quelques années plus tôt, après avoir pris contact avec Richard, j'étais montée à bord de *Song of the Whale* pour le rencontrer et discuter de la possibilité de rejoindre l'équipage. Apparemment, mon nom avait refait surface. *Song of the Whale* conduisait depuis quelque temps une étude sur les cétacés couvrant l'ensemble de la Méditerranée, dans le cadre de l'accord sur la conservation des cétacés de la mer Noire, de la Méditerranée et de la zone Atlantique adjacente, ou ACCOBAMS. L'étude se fondait sur des transects acoustiques ainsi qu'un échantillonnage par distance de détection pour déterminer l'abondance et la répartition des cétacés en Méditerranée. L'équipage de *Song of the Whale* avait été rejoint par des scientifiques et des spécialistes de la conservation issus des pays limitrophes aux zones d'études, à la fois sur les côtes européennes et nord-africaines. Il manquait des équipiers temporaires pour le dernier volet de l'étude.

Quand Richard m'a proposé un poste sur le bateau, j'ai immédiatement accepté. Je n'ai pas hésité. Entre l'achat de *Brave* et l'examen du Yachtmaster, mon compte en banque était presque vide. Je n'avais plus assez d'argent pour financer le semestre suivant à l'université. Bien que mes raisons n'aient pas été seulement financières, la nécessité matérielle m'a aidée à mettre de côté mon syndrome de l'imposteur. Depuis des années, je rêvais de travailler à bord de *Song of the Whale*, tout en doutant d'y arriver un jour. C'est un voilier de plus de vingt mètres ; le *Balaena* en mesure douze, et *Brave* un peu moins de dix. De catégorie 0, il est conçu pour naviguer partout, des climats doux de la Méditerranée jusqu'au Groenland, sans oublier l'océan Austral, où les grands albatros prennent leur envol. À bord, on trouve quatre cabines, un carré immense, une cuisine tout équipée, un atelier attenant au cockpit et – la vraie nouveauté pour moi – deux douches d'eau douce. Le voilier est conçu non seulement pour aller partout, mais aussi pour rester de longues périodes en mer à des fins de recherche, sans devoir revenir à terre. Passer du temps au large, naviguer de manière professionnelle, étudier les cétacés – je pourrais partir à l'aventure tout en me mettant au service de la mer. Cela me semblait le privilège ultime. Richard paraissait satisfait mais, juste avant de raccrocher, il m'a posé une dernière question. Le Yachtmaster. Est-ce que je l'avais passé ?

– Je commence l'examen dans deux jours, ai-je répondu. Je devrais l'avoir d'ici le 31.

Le 31 août. Le 2 septembre, je m'envolerais vers la Crète, pour rejoindre le bateau.

Le 27 août, deux jours avant mon vingt-quatrième anniversaire, j'ai débuté les préparatifs. Une seule autre personne dans le cours, un quadragénaire, passait ce brevet en même temps que moi, mais l'équipage a été complété par deux débutantes en navigation. Tant la préparation que l'épreuve ont eu lieu dans la baie de Plymouth et les rivières environnantes ; dès que j'ai fini mes examens de rattrapage à l'université, j'ai embrayé sur la navigation. Les trois premiers jours, exercices, entraînements de nuit et planifications de traversées se sont succédé à toute allure. Le quatrième jour, quand l'examinateur est monté à bord du bateau, mes mains tremblaient. J'ai dû me forcer à respirer profondément. Le moment était venu.

Dès que l'examen a commencé, mon stress s'est un peu dissipé : je me suis mise à considérer l'épreuve comme une série de défis à surmonter un par un. Nous devions naviguer sans GPS. Bien que de nos jours il soit rare de se trouver privé de GPS, il faut savoir faire sans. Comme la météo était bonne, j'ai surtout dû effectuer des manœuvres sous voiles et remonter le fleuve Tamar de nuit, à marée descendante. Le Tamar trouve sa source à Woolley Moor et se jette dans la baie de Plymouth ; comme il est soumis aux marées, à de nombreux endroits, l'eau est remplacée par des vasières au jusant. Au début du XIXe siècle, des péniches ont été spécialement construites pour le transport de marchandises le long de la voie navigable. Leur faible tirant d'eau les rendait maniables même quand l'eau se retirait. Je connais une péniche de ce genre qui navigue encore, la *Lyhner*, nommée d'après l'un des affluents du Tamar. Aujourd'hui, elle transporte des visiteurs plutôt que des denrées.

Je devais faire attention à ne pas m'échouer ; je ne cessais de vérifier ma montre, mes calculs de marée, pour m'assurer que j'aurais suffisamment d'eau. Il faisait nuit noire et il était tard, car nous avions dû attendre que le soleil d'août se couche. Sur le Tamar, de larges tronçons sont marqués par des bouées, sans être éclairés : je ne pouvais donc pas dépendre des feux de balisage clignotants pour me guider. J'arrivais tout juste à distinguer le rivage. Les petits cris des courlis résonnaient dans l'obscurité. Je les imaginais patienter jusqu'à ce que l'eau se soit retirée, laissant place à une boue limoneuse, pour commencer à se nourrir des invertébrés qu'ils déterraient sur l'estran.

En plus de l'appel des échassiers, un autre son m'a guidée. Le bateau était équipé d'un bathymètre, qui estimait, par le biais d'une onde réfléchie, la profondeur de l'eau. Sur les cartes marines qu'on m'avait fournies, une ligne de niveau à cinq mètres courait le long du fleuve, côté Devonshire. En cartographie, les profondeurs sont relatives au zéro hydrographique, le niveau atteint par les plus basses mers astronomiques. Comme j'avais précisément estimé le différentiel entre le niveau réel de l'eau et le zéro hydrographique pour la date et l'heure de notre navigation, cette ligne m'a servi à me repérer. Si les profondeurs mesurées par le bathymètre étaient inférieures, je me rapprochais trop des berges ; si elles étaient supérieures, je me dirigeais vers le centre du fleuve, et il ne me restait qu'à ajuster ma direction.

Une fois arrivée à la destination imposée, on m'a demandé de rester sous le pont, devant la table à cartes, pour redescendre jusqu'à l'embouchure du Tamar en aveugle. C'étaient les sons qui m'avaient aidée, plutôt que la vue, et le défi n'était donc pas beaucoup plus grand. Je devais juste me montrer extrêmement claire dans mes instructions à l'équipage resté sur le pont. Tandis que le bateau se frayait un passage vers l'aval du fleuve assombri, je calculais sans relâche, me basant sur notre vitesse et sur l'heure pour déterminer notre position. On m'avait demandé de m'arrêter juste avant d'atteindre les ferries à câble qui traversaient la rivière. Mon examinateur observait attentivement chacun de mes gestes, assis en face de moi dans le carré : je lui ai dit que nous étions arrivés. Il m'a demandé si j'en étais sûre, j'ai répondu que oui. Il a voulu savoir si je souhaitais revérifier mes calculs. Ce n'était pas nécessaire. C'étaient les sons qui m'avaient révélé notre position, plutôt que mon aisance mathématique. Dans la nuit calme, le cliquetis de la chaîne du ferry portait loin ; dès que je l'ai entendu, j'ai su exactement où nous étions. Il était trois heures du matin lorsque nous nous sommes mis à quai.

L'après-midi suivant, après quelques manœuvres dans une marina, je me suis rendue au bureau de l'école de voile pour quelques questions finales. On m'a ensuite annoncé le verdict : j'avais réussi. Quand l'examinateur m'a demandé ce que j'avais pensé de l'expérience, je n'ai pas vraiment su quoi répondre. L'examen avait été intense. Depuis une quinzaine de jours, je m'épuisais à répéter les scénarios potentiels qu'on pouvait me présenter, cherchant comment les démêler. Je craignais d'être considérée comme une impostrice, d'être renvoyée à la maison. Cependant, une fois l'examen commencé, j'avais savouré chaque instant. Bien sûr, c'était exigeant, mais j'avais retrouvé mon mantra : même si c'était difficile, ce n'était pas la première difficulté que j'affrontais.

Face à ma réponse ambivalente, l'examinateur m'a révélé que l'examen avait été le plus rigoureux de sa carrière. Intrigué par ma réponse au stress, il avait pensé pouvoir me pousser au-delà de ce dont je me croyais capable. J'ai beaucoup réfléchi à ce qu'il s'était passé. Peut-être avait-il pris un risque, mais c'était exactement ce dont j'avais besoin. Qu'un inconnu reconnaisse, comprenne mes capacités – c'était un compliment qui m'a donné confiance par la suite dans des situations difficiles.

J'ai bu un dernier verre avec mes équipiers avant de retourner dans le Pembrokeshire pour annoncer la bonne nouvelle à ma mère et m'assurer que *Brave* était aussi bien amarré que possible. C'était mon père qui se chargerait de s'en occuper en mon absence.

Deux nuits plus tard, à La Canée, en Crète, je traversais la chaleur de l'air nocturne pour rejoindre *Song of the Whale*. Dans quelques jours, nous appareillerions pour la portion libyenne de l'étude. En attendant que le reste de l'équipage nous rejoigne, j'ai commencé à me familiariser avec les rouages internes du bateau. Alors que je visitais les ponts, un phoque s'est glissé dans le port, me scrutant d'un regard inquisiteur pendant que je continuais mon travail. Lorsque j'ai demandé à quelqu'un sur un bateau voisin, spécialisé dans les sorties nature, à quelle espèce il appartenait, on m'a répondu avec enthousiasme que c'était un phoque moine. De couleur claire, avec des reflets argentés, il ressemblait aux jeunes phoques gris que je connaissais du Pembrokeshire. Il avait un museau plus court, plus rond. Je n'en savais pas beaucoup sur ce phocidé ; où j'avais grandi, il était commun d'apercevoir des phoques, et je ne m'étais pas rendu compte à quel point celui-ci était rare.

Plus tard, j'ai appris que le phoque moine de Méditerranée est le mammifère marin le plus vulnérable d'Europe. Comme les phoques gris, les phoques moines sont menacés par la capture accessoire – ils s'empêtrent et se noient dans les filets –, mais, les pressions liées à l'industrie de la pêche étant beaucoup plus importantes en Méditerranée, la population a été décimée. Certains pêcheurs ont tué des phoques pour éviter de devoir partager les poissons avec eux. Ces eaux sont aussi plus touristiques. Même si en été le Pembrokeshire semble parfois bondé, il reste des criques isolées, des réserves naturelles où les femelles peuvent mettre bas en paix. En Méditerranée, les humains empiètent sur tous les aspects de la vie des phoques moines : leur nourriture, leurs moments de chasse, les endroits où donner naissance à leurs petits.

L'après-midi, quand la chaleur était étouffante, je faisais une pause, escaladant la digue pour me baigner. C'était la première fois de ma vie que je nageais dans une mer tempérée. Enfant, je m'étais imaginé la sensation d'une eau moins mordante que la mer Celtique. Malgré le bonheur, la détente que me procurait cette baignade dans la tiédeur méditerranéenne, avec les poissons qui zigzaguaient sur les rochers en dessous de moi, j'étais heureuse de venir d'un lieu où l'océan était moins accessible, où l'on trouvait le confort dans l'expansion de ses limites.

En quittant le port de La Canée, nous avons dépassé les falaises stratifiées qui forment l'île ; une bonne brise soufflait sur nos visages, tiède et salée. Les premiers jours avec un nouvel équipage sont toujours un peu étranges, le temps que chacun s'ajuste au rythme. Par la suite, une fois habitués à la routine des quarts, il était rare que nous nous retrouvions tous sur le pont en même temps, en dehors du dîner. Mais pour l'heure, le cockpit était bondé, car nous voulions tous éviter les nausées du début.

Il faisait chaud. L'après-midi, la chaleur était telle que je me renversais régulièrement de l'eau sur le corps, les gouttelettes s'asséchant vite en cristaux de sel blancs sur ma peau. Bientôt, je me suis sentie chez moi sur ma petite couchette ; même si j'avais toujours du mal à dormir, je mettais mes écouteurs pour écouter des histoires en me reposant. Pour la première fois depuis des mois, mon esprit n'essayait plus de tout prévoir. J'étais heureuse là où j'étais, sur le bateau ; toutes mes préoccupations terrestres étaient restées au port.

Je partageais une heure de mon quart de nuit avec le skipper, une autre avec l'un des équipiers libyens. En route vers ses eaux natales, nous discutions : il me posait des questions sur ma vie, j'étais tout aussi curieuse de la sienne en Libye. À cette époque, au début de ma vingtaine, je n'avais jamais habité hors du Royaume-Uni. Je vivais en grande partie seule, je voyageais, j'étudiais à l'université, j'étais à l'aise en mer – l'environnement où nous travaillions m'était familier. Lui avait traversé la première guerre civile libyenne et subissait à présent la seconde. Il n'avait encore jamais navigué sur un voilier : extraordinairement curieux des principes de navigation, il m'interrogeait souvent à ce sujet. Il me racontait que, enfant, il adorait danser ; maintenant qu'il était adulte, il n'en avait plus le temps. Quelque part entre les côtes européennes et nord-africaines, sous un ciel étoilé, nous avons décidé qu'il fallait vivre l'instant présent et il a exécuté quelques allers-retours en *moonwalk* dans le cockpit. L'équipage était composé de Gallois, d'Anglais, d'Irlandais, d'Allemands, d'Espagnols et de Libyens. Nous étions issus de milieux complètement différents mais, d'une manière ou d'une autre, nous avions tous été réunis par notre amour de la mer.

Les recherches menées à bord de *Song of the Whale* se caractérisent par l'utilisation de l'acoustique pour l'exploration marine. Par le biais de l'hydrophone, j'entendais le son en profondeur de gouttes de pluie tombant à la surface ; les *clic* et les sifflements des dauphins ; le *clic* plus puissant, métronomique, du grand cachalot ; les bruits que le *Song* lui-même émettait en se déplaçant – la mélodie de l'eau en mouvement. À travers les sons, nous pouvions appréhender le monde des baleines. Pour beaucoup d'entre nous, les journées sont si bruyantes que nous nous retirons dans notre bulle, laissant le brouhaha passer à l'arrière-plan. Nos représentations du monde proviennent principalement de notre vue. C'est facile, d'entendre un bruit sans vraiment prendre le temps de réfléchir à sa véritable nature.

Le son est une sensation auditive, une perturbation mécanique. Une fois créé, il voyage à travers un milieu. Dans nos vies terrestres, il s'agit généralement de l'air. En mer, c'est l'eau, bien sûr. D'abord, la vibration est engendrée, puis elle se propage. Si à l'autre bout de la pièce une amie m'appelle, la vibration débute dans ses cordes vocales. Sa bouche donne au son la forme d'un mot, qui se transmet ensuite à travers l'air. Par le son, nous arrivons à traiter et à intégrer l'information.

Lorsque mon amie m'interpelle pour attirer mon attention, je peux choisir de répondre ou non à ce stimulus. Le son nous permet également d'inférer une notion de direction : je sais où mon amie se trouve par rapport à moi, et à quelle distance. Le son qu'elle a émis peut être quantifié, tant en fréquence qu'en intensité. La fréquence, mesurée en hertz (Hz), correspond au nombre de vibrations par seconde dans un milieu donné ; elle définit la hauteur d'un son. L'intensité, exprimée sur l'échelle logarithmique des décibels (dB), décrit la pression ou la force d'un son, déterminant le volume de la sensation. Si les sons sont utiles en milieu terrestre, en mer ils sont essentiels.

En profondeur, la lumière s'estompe. À deux cents mètres de la surface, on entre dans la zone crépusculaire. Dans l'eau, la lumière s'atténue plus vite que les sons : ceux-ci se propagent toujours, même dans l'obscurité. Sous l'océan, l'audition est le sens le plus important. Les premiers sondages à main abyssaux ont été réalisés en 1839 par sir James Clark Ross à bord d'un des deux navires en partance pour l'océan Austral qu'il avait sous ses ordres. Pour atteindre le fond, il a utilisé un fil à plomb gradué de presque quatre virgule cinq kilomètres de long. Il est difficile d'imaginer comment les marins ont stocké, déployé et manié cette sonde afin d'acquérir une mesure précise en pleine mer, mais ils employaient les moyens à disposition.

Après le naufrage du *Titanic* en 1912, l'acoustique sous-marine a connu de nouveaux progrès ; le désastre a déclenché une course au développement commercial d'un outil qui puisse détecter les objets en profondeur.

En 1935, les deux premiers brevets ont été enregistrés pour ce qu'on appellerait bientôt des bathymètres, semblables au dispositif que j'avais utilisé pour me repérer sur le Tamar. Les bateaux en marche envoyaient un signal sonore à travers l'eau. Le temps nécessaire à ce que l'onde réfléchie rejoigne l'émetteur permettait de calculer la distance qui séparait le bateau de potentiels obstacles. À l'époque, on considérait que la trajectoire des ondes était rectiligne et que le signal voyageait directement jusqu'à l'objet, revenant ensuite par le chemin le plus court.

Ce n'est pas le cas. À proximité de la surface, le son se propage en moyenne à mille cinq cents mètres par seconde. Mais il s'agit bien là d'une moyenne, car de nombreux facteurs peuvent influencer cette vitesse. D'abord, la température, qui diminue avec la profondeur. Le contraste entre les eaux de surface turbulentes, plus chaudes, et les profondeurs, plus froides, crée une thermocline. La vitesse à laquelle le son se déplace diminue avec la température. En outre, quand une onde sonore pénètre dans une zone d'une température différente, non seulement sa vitesse change, mais elle se réfracte, ce qui modifie sa direction. Sans compter qu'en milieu marin la pression hydrostatique et la salinité ont également une influence. Plus la profondeur est importante, plus le poids de la colonne d'eau et donc la pression hydrostatique augmentent. Cette élévation de la pression contrebalance l'effet de la diminution de température : en conséquence, l'onde sonore change constamment tant de vitesse que de direction. Bien que la propagation des sons ne soit pas altérée par les courants, si une turbulence provoque des bulles d'air dans l'eau, le passage temporaire par un milieu aérien plutôt qu'aqueux modifie la vitesse de l'onde sonore. Les bathymètres ont été conçus pour minimiser le risque de collision, en mesurant la profondeur, en détectant les objets sous la surface, mais l'océan ne se résume pas à un fond marin et quelques icebergs. Les signaux sonores sont également réfléchis par les poissons, les baleines, le plancton, les calamars et une myriade d'autres animaux marins.

En 1946, à la suite de recherches acoustiques menées au large de la Californie, trois scientifiques, C. F. Eyring, R. J. Christensen et R. W. Raitt, ont rapporté une observation nouvelle. Leurs relevés démontraient l'existence d'une couche sous-marine entre la surface et le fond, à environ trois cents mètres de profondeur. Il s'est avéré que ce phénomène de « faux fond » n'était pas limité au Pacifique, mais qu'il existait dans tous les bassins océaniques. En outre, il n'était pas stationnaire : il apparaissait à des profondeurs différentes selon l'heure du jour ou de la nuit. Cette couche a initialement été baptisée « ECR », d'après les scientifiques qui l'ont découverte. Dans son livre *La Mer autour de nous*, publié en 1950, Rachel Carson évoque les trois hypothèses sur l'origine de l'ECR qui prédominaient à l'époque. Selon la première, il s'agissait de plancton ; selon la deuxième, de poissons ; la troisième avançait qu'elle était composée de calamars. Soixante-cinq ans plus tard, pendant mes études à l'université, on nous a présenté la couche ECR sous le nom de couche dispersante profonde, ou CDP, en raison de son effet sur les ondes sonores.

Comme la nature de la mer est de ne jamais fournir une réponse simple et évidente, en définitive, les hypothèses décrites par Carson avaient toutes une part de vérité. Ce « faux fond » océanique est causé par la réflexion du son sur le zooplancton, les vessies natatoires des poissons, les calamars et d'autres animaux marins. Pendant la journée, le zooplancton, constitué d'organismes animaux et de protistes, fréquente les couches d'eau plus profondes. Plus difficile à repérer dans l'obscurité, il est par conséquent moins vulnérable à la prédation. La nuit, il s'élève vers la surface pour se nourrir de phytoplancton.

Le phytoplancton, lui, génère son énergie par photosynthèse : il a donc besoin de la lumière qui filtre en surface. Quand le soleil se lève et la visibilité dans l'eau augmente, le zooplancton descend une fois de plus. Bien qu'il essaie de minimiser ses chances d'être dévoré par des organismes marins plus gros que lui en ne faisant surface que la nuit, le zooplancton constitue un maillon de la chaîne alimentaire : une congrégation d'animaux marins se forme autour de ses migrations verticales. La CDP monte et descend donc suivant un rythme nycthéméral. Sa composition exacte varie selon la localisation géographique, en fonction de la biodiversité de chaque zone. Cependant, on y trouve souvent des poissons-lanternes, de la famille des *Myctophidae*, ainsi que des crevettes, des calamars et des siphonophores.

En bref, l'acoustique sous-marine est complexe, mais la compréhension des facteurs qui l'influencent nous aide à apprécier la beauté enchevêtrée du paysage sonore marin, que les sons perceptibles en surface laissent à peine entrevoir.

Les sons de la mer, sous toutes leurs formes, m'ont toujours accompagnée. Petite, le vent salé bruissait tout autour de moi ; le ressac distant des vagues me berçait jusqu'à ce que je m'endorme ; les cris lancinants des phoques résonnaient près des grottes, sur les plages de galets, portant jusqu'aux chemins côtiers le long des falaises où je me promenais ; les corneilles de feu marquaient leur territoire liminaire, à la lisière entre terre et mer.

En naviguant pour la première fois sur la mer du Nord, j'ai appris à écouter le vent dans les voiles, les murmures du gréement, les craquements de ce bateau ancien, en bois. La nuit, quand je n'étais pas de quart, je pressais mon oreille contre la coque pour entendre le flux de l'eau en dessous. J'ai toujours aimé le bruit indistinct des allées et venues sur le bateau, m'assurant que l'équipage prenait tout en main pendant mon sommeil.

Un jour, à bord du *Balaena*, l'eau s'est mise à bouillonner et les têtes arrondies de globicéphales ont fait surface, comme des bulles. Leurs sifflements clairs fusaient à travers les fibres de la coque. J'ai entendu les sifflets et les *clic* de centaines de dauphins qui filaient vers le bateau dans une gerbe d'éclaboussures, le dépassant à toute allure pour marsouiner à l'étrave, sans se laisser distancer. J'ai écouté les longs mugissements étranges des mysticètes et la colonne de souffle des rorquals communs lorsqu'ils refont surface. J'ai été hypnotisée par le *clic* métronomique des grands cachalots sondant les profondeurs, dont le rythme s'accélère en un ronronnement une fois la proie localisée. Ces sons se sont entremêlés pour composer mon propre paysage sonore de la mer.

Du point de vue acoustique, la baleine à bosse, *Megaptera novaeangliae*, se démarque des autres. La première fois que j'en ai aperçu une, j'étais à bord du *Balaena*, à quelques heures à peine du port ; elle était remontée en surface, comme envoûtée par le nom du bateau. Je ne la distinguais pas bien – un dos sombre, une petite dorsale trapue, la bosse arrondie, éponyme –, mais en la regardant onduler et plonger, avec un coup de queue révélant sur son ventre les motifs blancs qui l'identifiaient, j'ai senti une joie profonde m'envahir.

Les autres fois étaient plus spectaculaires encore. Un soir baigné de la lumière dorée du crépuscule, je venais de finir la vaisselle, comme en attestaient mes mains couvertes de sel, fripées et transies. (À bord du *Balaena*, pendant les longues traversées, on fait toujours la vaisselle à l'eau de mer. Même si au large on est entouré d'eau, l'eau douce est une ressource précieuse.) Quittant la cuisine, je suis remontée sur le pont, où tout l'équipage était penché sur la rambarde à bâbord. J'ai tendu le cou pour voir ce qu'ils regardaient dans l'eau striée par la lumière du soir.

Là, à quelques mètres à peine de la coque, une baleine à bosse a jailli à travers la peau de la mer. Le souffle coupé, je l'ai regardée surgir, s'élever en l'air, jusqu'à ce que seule sa caudale soit encore immergée. Elle avait la tête bosselée, des gouttelettes s'envolaient comme des pierres précieuses le long des sillons ventraux sur sa gorge. Ses longues nageoires pectorales, de couleur blanche, fendaient l'air avec élégance ; l'espace d'un instant, on aurait dit qu'elle allait défier la gravité et poursuivre sa trajectoire ascendante. Finalement, la force d'attraction terrestre l'a rappelée à la mer, et la splendide créature s'est écrasée à la surface dans un grand bruit d'éclaboussures, soulevant une onde à la surface de l'eau. J'étais sortie de la cuisine à point nommé et je me suis sentie incroyablement chanceuse que la baleine ait choisi ce moment-là pour sauter hors de l'eau. Un instant j'avais les mains plongées dans une bassine d'eau savonneuse, froide et salée, le suivant je me trouvais devant cette baleine – un fragment du sublime, où le quotidien s'enchante soudain, c'est cela, naviguer avec les baleines.

On ne sait pas vraiment pourquoi les baleines sautent. Leurs figures acrobatiques pourraient constituer un signal destiné aux autres cétacés qui les entourent, ou une méthode pour tenter de déloger les parasites. Peut-être souhaitent-elles mieux voir quelque chose qui les intrigue en surface. Il est possible qu'il s'agisse simplement d'une expression de joie. Les sauts sont une manière pour les baleines à bosse de produire des sons dans l'environnement marin. Ils sont catégorisés comme sons percussifs, tout comme les frappes de nageoire pectorale et caudale – des rythmes battus sur la surface de la mer. Tous les autres sont émis en profondeur, sous la forme d'appels, longs mugissements qui résonnent dans l'eau, et de vocalises aujourd'hui célèbres.

Le chant des baleines à bosse, avec ses phrasés descendants, ses grognements, ses envolées profondes, est devenu synonyme du chant de la mer. Complexe, il évolue constamment au fil du temps. Il est composé de phrases d'environ vingt à quarante secondes, qui par leur répétition composent un thème. Les thèmes sont entonnés dans un ordre précis, l'enchaînement pouvant durer jusqu'à trente minutes en tout. Ensuite, la baleine marque une pause, avant de reprendre au début. Le chant, d'une fréquence assez basse, entre trente Hz et huit kHz, peut se propager dans l'eau sur des milliers de kilomètres. Nous ne comprenons pas encore toutes les raisons pour lesquelles les baleines à bosse chantent. Je ne saurais pas plus expliquer celles du chant humain. J'ignore ce qui me pousse à peindre, à écrire ; c'est une sorte de compulsion qui apaise le chaos, permettant de vivre ou d'explorer certains moments avec davantage de lucidité. J'en ai besoin, comme j'ai besoin d'eau, de nourriture, de soleil et d'océan.

Les baleines à bosse fréquentent l'ensemble des bassins océaniques de la planète. Migratrices, elles passent l'été dans les eaux de haute latitude, riches en poissons, afin de se nourrir. L'automne et l'hiver, elles voyagent vers les eaux tropicales, plus tempérées, pour se reproduire, mettre bas. La durée de ces migrations varie selon les groupes. Pour certaines baleines à bosse, des distances de quatre mille six cents kilomètres aller ont été enregistrées entre les zones d'alimentation estivales, dans le golfe du Maine, et les zones de reproduction, situées aux Antilles. D'autres qui chassaient en Antarctique ont migré jusqu'à la côte pacifique de la Colombie pour se reproduire, un voyage à travers l'équateur de seize mille kilomètres aller-retour.

Des études à partir d'ADN mitochondrial ont révélé l'existence de contacts, d'échanges entre les baleines à bosse de l'Atlantique Nord et du Pacifique Nord, après que la formation de l'isthme de Panama a séparé les deux océans. La communication a été rétablie artificiellement par le biais du canal de Panama, mais pour les baleines, l'itinéraire reliant l'Atlantique Nord et le Pacifique Nord traverse les eaux du passage Nord-Ouest, historiquement gelées, dont on constate avec effroi qu'elles sont aujourd'hui devenues praticables.

Même si les baleines à bosse vocalisent tout au long de l'année, on a longtemps pensé que leurs chants se limitaient à la période de reproduction, avec l'hypothèse qu'ils servaient à attirer une partenaire. Comme pour de nombreux oiseaux chanteurs, le phénomène ne concerne que les mâles. Leur chant complexe résonne à travers l'océan, indiquant peut-être aux femelles leur taille avant qu'elles ne les aperçoivent, par la durée des vocalises et de l'apnée qu'elles nécessitent. Il est peu probable que le chant soit une démonstration de force physique – fondée sur la capacité à prendre le temps de chanter au lieu de chasser – car la plupart des baleines à bosse jeûnent pendant la période de reproduction, survivant grâce aux réserves accumulées au cours du printemps et de l'été.

Ce chant évolue avec le temps, mais varie aussi selon le lieu. Entre les océans Atlantique Nord, Indien, Pacifique Nord et Pacifique Sud, les mélodies se distinguent clairement par les sons utilisés, même si elles présentent des similarités structurelles. La saison des amours est inaugurée par le chant de l'année passée, vocalisé par les baleines d'une même région ; ensuite, certains mâles innovent et composent un chant inédit. Au contact de ces inventions, tous les mâles de la région s'adaptent, introduisant progressivement de nouvelles mélodies, jusqu'à ce qu'à la fin de la saison leur chant soit identique. Le processus se répète l'année suivante : une composition innovante circule dans la population jusqu'à se généraliser et, ainsi, le chant se modifie.

Il est facile de conclure que ces chants, s'ils ne sont entonnés par les mâles que pendant la saison de reproduction, doivent avoir pour vocation d'attirer les femelles, d'ouvrir la voie à l'accouplement. Cependant, on a remarqué que les baleines à bosse vocalisaient également en période migratoire et durant la saison passée à se nourrir dans les hautes latitudes. Les mâles qui chantaient pendant la migration avaient une vitesse de nage inférieure aux autres, suggérant que cette activité comportait un coût énergétique. Pourquoi vocalisent-ils tout de même ? Pourquoi certains mâles innovent-ils, alors que d'autres suivent le mouvement ? Est-ce un indicateur de l'existence de tendances ou de l'inventivité d'individus isolés ? On sait que les grands cachalots possèdent un certain nombre de traits culturels : pourquoi n'en serait-il pas de même pour les baleines à bosse ? Quelles informations se transmettent-elles ? Que pouvons-nous en déduire quant à l'intelligence des baleines, la nature de leurs sociétés ?

De nombreuses questions demeurent en suspens, mais le mystère de ce chant ne fait que magnifier la résonance qu'il trouve en nous : nous y entendons un écho de notre propre humanité. Ce n'est qu'à partir des années 1970, lorsque a paru un album d'un bioacousticien nommé Roger Payne, que le public a eu accès à des enregistrements de baleines à bosse. Ceux-ci ont donné un élan important au mouvement visant à interdire la pêche commerciale des baleines. Il semblerait que leur chant nous ait en réalité rendus plus humains.

Nous reconnaissons la majesté dans la capacité de la baleine à bosse à projeter sa voix sur des milliers de kilomètres, oubliant que chacun d'entre nous possède une empreinte acoustique substantielle. Les océans du monde relient physiquement l'ensemble des masses terrestres de notre planète, et l'Occident pratique le commerce international depuis longtemps. Dans le passé, le transport de marchandises et de personnes se faisait à la voile, par la maîtrise du vent mais, depuis la révolution industrielle, nos vies se sont drastiquement accélérées. Aujourd'hui, les cargos marchent au carburant.

Si vous possédez un smartphone, interrompez un instant votre lecture pour télécharger l'application MarineTraffic. En quelques instants, vous pourrez visualiser et suivre en temps réel les bateaux en activité dans le monde entier. Rien que leur nombre est étourdissant. MarineTraffic ne montre pas tous les navires ; les petits bateaux de plaisance, comme *Brave*, ne sont pas toujours équipés d'un transpondeur AIS, et ne s'afficheront donc pas. Avec MarineTraffic, on ne mesure pas non plus le bruit que ces bateaux génèrent. Le *teuf-teuf* des ferries, le fracas des cargos, le vrombissement des bateaux de plaisance. Chaque fois qu'on utilise un moteur pour aller en mer, chaque fois qu'en un clic on commande quelque chose venu de l'autre bout du monde, chaque fois qu'on mange des fruits, des légumes hors saison ou exotiques, on sature un peu plus l'environnement marin de sons. Certains bruits humains sont encore plus puissants et plus intrusifs que les bateaux. J'ai entendu les explosions sismiques utilisées dans la détection de gisements marins, la sirène des sonars militaires qui accompagne les opérations navales – si proche du sifflement des dauphins, mais dont le timbre étrange révèle sans équivoque la nature mécanique. Les répercussions sur la faune et la flore sont considérables.

Les baleines à bosse sont particulièrement vulnérables à la pollution sonore, qui perturbe leurs communications. Pour qu'un signal auditif soit efficace, il doit être entendu. Le rivage sous le vent de l'île de Maui, dans l'archipel d'Hawaï, est une zone de reproduction importante pour ces baleines. L'augmentation du trafic maritime dans la région a poussé les femelles allaitantes et leurs baleineaux à se déplacer plus au large pour s'éloigner du bruit des navires qui masquait leurs communications vocales. Une étude menée dans la baie des Glaciers, au sud-est de l'Alaska, une zone d'alimentation pour les baleines à bosse, a rapporté un niveau sonore ambiant de quatre-vingt seize dB. Trois catégories d'éléments y contribuaient : le bruit des bateaux de tourisme et de croisière, les rugissements des phoques communs, *Phoca vitulina*, qui sont un phénomène saisonnier, ainsi que le grondement des événements météorologiques naturels.

Pour nous, quatre-vingt seize dB équivalent au moteur d'un deux-roues en marche ; d'après le Centre pour le contrôle et la prévention des maladies américain (CDC), une durée d'exposition supérieure ou égale à cinquante minutes pourrait entraîner des dommages à l'ouïe humaine. L'étude a montré que les baleines à bosse de la baie des Glaciers avaient dû augmenter le volume de leurs vocalisations en réponse à l'élévation du niveau sonore ambiant. Cependant, elles n'étaient capables de le faire que jusqu'à un certain seuil. Non seulement elles devaient lancer des appels plus puissants pour éviter qu'ils ne soient masqués, mais dans certains cas elles avaient même complètement cessé leurs vocalisations. En zone de nourrissage, les baleines à bosse coordonnent souvent leurs efforts de chasse par un système d'appels ; grâce à des filets de bulles et à leurs longues nageoires pectorales, elles emprisonnent les poissons, qui seront ensuite avalés en groupe. Si elles ne peuvent pas s'entendre, ou si elles ont l'impression que le niveau sonore est trop élevé pour tenter de communiquer, ces techniques de chasse collective en sont affectées et ces animaux risquent de ne pas accumuler suffisamment de réserves pour la saison de reproduction.

Modifier le volume d'un appel est l'une des stratégies possibles pour permettre qu'il soit entendu. L'altération de la fréquence ou de la récurrence, le choix de moyens de communication non vocaux plutôt que vocaux sont autant d'autres adaptations possibles. Ces ajustements à un environnement de plus en plus bruyant ont été observés chez les baleines franches de l'Atlantique Nord, les bélugas et les baleines à bosse. Produire un son plus puissant exige davantage d'énergie et n'est sans doute possible que jusqu'à un certain seuil, comme l'a montré l'étude de la baie des Glaciers. Les signes visuels sont envisageables uniquement si les baleines sont suffisamment proches, et demeurent bien moins efficaces que le chant, dont la portée est considérable. L'altération des fréquences modifie la capacité du son à se propager dans l'eau. Comme les bruits des bateaux dominent les fréquences les plus basses, les baleines sont obligées d'utiliser pour leurs appels des fréquences plus élevées, qui voyagent moins loin.

Le problème n'est pas seulement que les océans sont partout envahis de pollution sonore. À un niveau fondamental, c'est la structure même de l'eau que l'activité humaine modifie.

Au XXI^e siècle, nos existences dépendent de combustibles fossiles. Depuis la révolution industrielle, un excès de $CO_2$ a été relâché dans l'atmosphère ; avec l'accélération de nos rythmes de vie, ce phénomène n'a fait que s'aggraver. En réalité, la concentration de $CO_2$ délétère en circulation dans l'atmosphère est déterminée par les océans : ceux-ci, fonctionnant comme un immense puits à carbone, dissolvent le $CO_2$ et le stockent sous la surface. Le carbone dissous dans l'eau de mer se transforme en acide. Cet acide faible réagit ensuite avec les anions carbonates contenus dans la mer, se changeant en bicarbonate. La réaction dépend de la présence de cations, libérés dans l'eau par un lent processus géologique d'érosion des roches. Au niveau biologique, le phytoplancton en surface absorbe par le biais de la photosynthèse le carbone dissous. Certaines espèces planctoniques utilisent également le carbone dans la formation de coquilles de carbonate de calcium.

S'ils meurent, ces planctons sombrent au fond des mers, emportant le carbone ; s'ils sont mangés, le carbone passe dans la chaîne alimentaire.

La consommation de copieuses portions de plancton est l'une des raisons pour lesquelles on considère les mysticètes comme des pièges à carbone. Le $CO_2$ est plus soluble dans une eau de mer froide que dans une eau douce tempérée. La circulation océanique et la thermocline induisent une plongée des eaux froides riches en carbone, les isolant de la surface et de l'atmosphère pour des centaines d'années. Ce processus, stable depuis environ quatre cents millions d'années, permet la vie telle qu'on la connaît sur notre planète. Cependant, au cours des deux cent soixante dernières années, l'excès de $CO_2$ dans l'atmosphère a déréglé cet équilibre. Les océans ne parviennent plus à absorber ou à séquestrer la quantité de dioxyde de carbone que nous produisons. Non seulement la planète se réchauffe et le niveau de la mer monte, mais les océans sont en passe de devenir plus acides.

Pendant des millénaires, le pH de nos océans est demeuré stable, alcalin, avec une moyenne mondiale de huit virgule un ; ce chiffre est en train de chuter. L'allure de cette acidification dépend des modélisations climatiques. Les deux modèles les plus pessimistes prédisent une diminution du pH respectivement de zéro virgule six dans les trois cents prochaines années, et de zéro virgule sept d'ici à la fin du siècle. La prédiction la plus optimiste serait une diminution de zéro virgule quatre au cours du prochain siècle. Dans tous les cas, la science est sans équivoque : le pH baisse, l'acidification des océans est en cours, affectant les cycles de vie d'un nombre incalculable d'organismes, et altérant l'écosystème par des mécanismes que nous ne saisissons pas encore complètement.

L'acidification des océans influence également la propagation des sons. L'absorption acoustique des particules constitutives de l'eau diminue avec le pH. Une baisse de zéro virgule trois dans le pH réduit cette absorption de quarante pour cent. En conséquence, les sons à basse fréquence voyagent sur des distances beaucoup plus grandes. Les appels des baleines à bosse pourront se propager plus loin, mais il en sera de même pour les sons anthropogéniques risquant de les masquer.

En mer, les sons humains sont omniprésents. Ironiquement, certains de ces sons proviennent de bateaux occupés à étudier le chant des baleines. C'est pourquoi il est si important que *Song of the Whale* ou le *Balaena* soient des bateaux à voile et fassent usage autant que possible de la puissance du vent. Bien qu'à la voile le bateau produise toujours un bruit en fendant l'eau, on est très loin du vrombissement d'un moteur. À bord d'un voilier, les meilleurs moments pour l'équipage sont ceux où rien ne presse, la brise dans les voiles, le moteur au repos. Avec le vent, le bateau prend vie. Debout sur l'avant-pont de *Song of the Whale*, en plein soleil, alors que le vent gonflait le génois et la voile d'étai, leur blancheur contrastant avec le bleu éclatant du ciel, j'avais la joie au cœur.

Les jours passés en Méditerranée à bord de *Song of the Whale* ont été à la fois grisants et difficiles. Même si nous n'avons pas aperçu beaucoup de cétacés pendant la partie libyenne de l'étude, c'était électrisant, de me trouver dans une mer que je ne connaissais pas, à bord d'un bateau inconnu, aux côtés d'un nouvel équipage. Je n'avais jamais assumé un poste aussi exigeant et, même si ça me plaisait, j'étais encore aux débuts de ma convalescence. Je remplissais mon rôle de mon mieux, en travaillant dur, mais je ne me sentais pas aussi forte physiquement que par le passé ; ma confiance aussi en avait pris un coup. On entendait les cétacés *via* l'hydrophone plus qu'on ne les voyait car, avec la météo venteuse, les conditions d'observation étaient souvent médiocres.

C'est l'année suivante que j'ai vécu une expérience sonore vraiment singulière à bord. *Song of the Whale* collaborait alors avec une équipe de tournage qui travaillait à une série documentaire sur la culture des baleines pour *National Geographic*, intitulée *Les Secrets des baleines*. Brian Skerry, le photographe animalier qui avait lancé l'idée de la série, et le docteur Shane Gero, le conseiller scientifique, étaient à bord. Leurs prises de vues aux Açores visaient à explorer les différences culturelles entre les grands cachalots de la Dominique, des Açores et du Sri Lanka ; j'étais membre de l'équipage. Pendant l'étude en Méditerranée, j'avais vu une mer confrontée aux pressions importantes de la pêche, des bateaux de plaisance et des cargos, dans l'espace d'un bassin fermé.

Aux Açores, la mer est complètement différente : il y a très peu de trafic maritime et, en général, l'eau est trop profonde pour pouvoir jeter l'ancre. Les îles volcaniques s'élevant de fonds marins à deux mille mètres sous la surface, les obstacles ne sont pas une préoccupation majeure. De temps à autre, on aperçoit les phares des bateaux locaux, qui pêchent le calamar au jig. Dans cette région, la densité de grands cachalots, particulièrement de femelles allaitantes et de baleineaux, est impressionnante. La nuit, nous essayions de nous approcher des groupes de baleines et de les suivre, afin que l'équipe de tournage ait la possibilité de filmer aux premières lueurs. L'hydrophone à la traîne, par le biais d'un casque et d'un ordinateur installés sur le pont du bateau, nous guettions les vocalisations à travers nos logiciels.

Cette nuit-là, il faisait un noir d'encre ; entre les étoiles, l'obscurité s'épaississait encore. Nous étions seuls sur l'eau. Je commençais à me sentir de nouveau à l'aise dans l'obscurité. Le casque sur les oreilles, sur un bateau dont j'ajustais en douceur la direction, la vitesse, le laissant surtout partir à la dérive, l'océan se transformait. Au lieu de naviguer à vue, de suivre une route, d'utiliser des cartes ou un GPS, je m'orientais au son des baleines ; le seul cap à tenir était le leur. Je devais pouvoir entendre leurs *clic* résonner, rester proche d'elles, explorer leurs mouvements comme elles exploraient l'océan qui les entourait. J'avais l'impression de ressentir le monde à leurs côtés, un monde sonore évoluant au rythme de leurs *clic*.

Pour la majorité des études sur les cétacés auxquelles j'ai participé, y compris en Libye, l'important était de déterminer, par l'observation visuelle et sonore, la répartition et l'abondance des diverses espèces de baleines, de dauphins et de marsouins dans la zone de recherche.

Si nous apercevions une baleine, il était probable que nous ne la reverrions plus. L'objectif était de donner un aperçu de la population, plutôt que d'apprendre à connaître les individus qui la composaient. Le docteur Shane Gero a, lui, passé sa carrière à travailler auprès des grands cachalots selon une approche radicalement différente. Il est le responsable scientifique du projet de recherche sur les grands cachalots de la Dominique. Depuis seize ans qu'il dirige ce projet, il a passé des milliers d'heures en mer aux côtés des baleines des Caraïbes. À présent, il reconnaît facilement chaque baleine. En Dominique, l'accent n'est pas mis sur l'étendue du savoir, mais sur sa profondeur ; petit à petit, l'équipe de recherche commence à mieux comprendre le fonctionnement des communautés de baleines. Ils ont noté que les grands cachalots formaient des unités sociales stables et matrilinéaires (c'est également le cas aux Açores, mais les données sont moins nombreuses). Au sein de ces unités sociales, les baleines créent des codas – un ensemble de sons avec des rythmes variés, différents des *clic* émis par les baleines en chasse. Les *clic* de chasse sont réguliers, scandés et s'accélèrent en un quasi-ronronnement lorsque le grand cachalot se rapproche de sa proie ; on entendrait « *clic*, *clic*, *clic* », alors qu'une coda ressemblerait davantage à « *clicliclic*, *clic* ». La coda définit le cercle social de la baleine : celle-ci s'entoure d'individus émettant les mêmes sons qu'elle, ce qui aboutit à la formation de clans vocaux. Aux Açores, sous le bateau, j'entendais les deux sortes de *clic* – les baleines chassaient autant qu'elles socialisaient.

J'étais censée quitter le navire en Tunisie, au port où *Song of the Whale* déposerait les équipiers libyens, accueillant trois pêcheurs algériens pour participer à dernière phase du projet. À la place, j'ai pris la décision de rester à bord quelques jours de plus, afin de suivre l'étude jusqu'au bout. Les conditions météorologiques pour le reste du voyage se sont révélées particulièrement tempétueuses. Nous avons quitté Bizerte par gros temps – les vagues déferlaient par-dessus le brise-lames à l'entrée du port – mais le bateau était aussi robuste que sûr. En nous dirigeant vers le large, nous avons aperçu des dauphins qui fendaient la houle verte et hachée, comme un présage favorable.

Pour les nouveaux équipiers, l'initiation a été brutale : un seul était familier des voiliers et tous se sont rapidement retrouvés la tête dans le seau. Jamais, ni avant ni depuis, je n'ai vu personne subir un mal de mer si violent ; leur nausée a duré des jours. De mon côté, j'ai accueilli l'énergie bouillonnante de cette météo avec excitation, tandis que nous amorcions une pénible remontée au vent. De quart, debout sur le pont, je me réfugiais à l'abri du cockpit pour éviter les embruns, avant de me remettre visage au vent une fois la vague passée. Nous progressions lentement – poussé par la brise, le bateau prenait de la vitesse, mais les vagues de face le ralentissaient. J'ai reçu un appel radio de la station des gardes-côtes, sur le littoral. Le garde, qui avait remarqué notre faible allure, voulait savoir si nous étions en difficulté. Nous étions entourés de pétroliers, capables de maintenir une vitesse élevée quelles que soient les conditions météo. Au lieu de vérifier notre numéro d'identification, qui l'aurait informé que le bateau était un voilier, il avait supposé que nous étions un tanker, et notre lente avancée par ces conditions défavorables l'avait déconcerté.

À l'approche de notre destination finale, Palma de Majorque, la météo s'est apaisée. La matinée était radieuse. Le soleil s'est levé sur une mer d'huile, baignant de rose l'air et l'eau des îles Baléares. C'était la fin septembre, le port était animé, rempli de yachts et de splendides voiliers anciens. Une myriade de petites barques s'amassaient à l'entrée : on aurait dit que la ville entière était sortie pêcher. Lorsque nous avons accosté le quai de ravitaillement en fioul pour faire le plein, le pompiste s'est moqué de moi. Nous avions eu un problème avec le dessalinisateur d'eau à bord, qui transforme l'eau de mer en eau douce par le biais d'une pompe haute pression. Nous nous étions donc douchés à l'eau de mer pour économiser l'eau douce. J'avais les cheveux embroussaillés par le sel, décolorés par le soleil. En plus de tout ça, m'étant entaillé le dos de la main sur le pont rugueux en desserrant le bouchon du réservoir à carburant, j'avais essuyé le sang sur mon tee-shirt. Pour une raison mystérieuse, à bord de *Song of the Whale*, les équipiers, très investis, finissaient toujours plus ou moins couverts de crasse. Mon tee-shirt était également maculé de graisse pour winchs et de traces de saleté laissées par l'intérieur du coffre de cockpit, où j'avais passé des heures à aider Richard dans la réparation du système de barre à roue côté tribord. Brièvement vexée, je me suis mise à rire à mon tour en prenant conscience de mon allure.

Je n'avais ni l'air ni l'impression d'être prête à reprendre la vie sur la terre ferme, et encore moins ma dernière année à l'université, mais il fallait que je quitte le bateau.

Après quelques réparations, il était prévu que *Song of the Whale* traverse l'Atlantique, en préparation d'une étude qui débuterait aux États-Unis au printemps suivant. Je souhaitais ardemment accomplir ce voyage. Je me représentais ce que serait cette traversée transatlantique ; je voulais voir l'Intracoastal Waterway, mettre le cap sur le Nantucket, en Nouvelle-Angleterre, pousser jusqu'à New York. Pour réaliser une partie de ce rêve bien plus tôt que je ne l'aurais jamais imaginé, il me suffisait de rester à bord. Mais cela aurait signifié abandonner un autre projet, dans lequel je m'étais engagée en premier.

Même si j'avais envie de naviguer, de voyager, de partir à l'aventure, pour laisser le stress et l'inquiétude de l'année écoulée des milliers de kilomètres derrière moi, je désirais aussi devenir une scientifique, décrocher mon diplôme. Les derniers mois, j'avais eu amplement l'occasion d'abandonner, mais je m'étais accrochée à mes études comme à une corniche surplombant le vide, à bout de bras. Je savais qu'il fallait que je termine. J'avais besoin de porter la toge et le mortier, de serrer la main d'un dignitaire de l'université, de tenir entre mes mains ce bout de papier qui signifiait « Tu l'as fait, tu as tenu bon ». Sans compter que j'avais laissé *Brave* au Pembrokeshire, avec l'idée que je partais une semaine dans le Devon pour mon Yachtmaster. Et voilà qu'un mois plus tard, ou presque, je me retrouvais en pleine

Méditerranée, en retard pour le semestre qui commençait.

À l'aéroport de Majorque, je me suis efforcée de faire de l'ordre dans ma vie en Angleterre, essayant précipitamment de me remettre à jour pour l'université. Il était prévu que le voyage jusqu'au Pembrokeshire à bord de *Brave* constitue le terrain de mon mémoire. Cependant, lorsque j'avais accepté de travailler sur *Song of the Whale*, on avait proposé de me fournir un ensemble de données pour un autre projet, car mener les deux de front aurait été impossible. Des années plus tôt, *Song of the Whale* avait effectué un recensement sur les côtes ouest du Royaume-Uni et de l'Irlande ; j'envisageais d'utiliser ces résultats pour construire mes propres modèles de l'habitat des dauphins communs à bec court. À Plymouth, j'avais prévu d'habiter à bord de *Brave*, qui se trouvait pour l'instant amarré à Milford Haven, presque cinq cents kilomètres plus au nord. Il fallait que je le déplace. Sans grande surprise, la météo n'était pas de mon côté. Octobre était là et les tempêtes d'automne se déchaînaient déjà violemment sur le Pembrokeshire ; les matins se découvraient plus tard, les soirées s'assombrissaient. J'ai logé chez une amie à Plymouth jusqu'à l'ouverture d'une fenêtre météo ; puis je suis rentrée chercher le bateau, avant de revenir en longeant la côte sud-ouest.

Quitter le Pembrokeshire a toujours été un déchirement, comme si l'on tirait sur le fil invisible qui me relie à ce lieu. Néanmoins, à bord de *Brave*, je ne pouvais qu'être consciente de cette autre force en moi, tout aussi puissante – l'appel de la mer, le désir irrépressible de partir. Un soir de grand vent, au crépuscule, j'ai appareillé avec des amis. C'était un moment étrange pour amorcer une traversée, dans l'obscurité qui avançait, mais ainsi, il ferait encore jour pour manœuvrer autour de Land's End, et nous aurions une marée favorable. Nous avions à peine doublé Land's End que le soleil se couchait déjà derrière nous, marquant le passage du temps.

Après un jour et une nuit, remontant le courant de marée qui se renversait lentement, nous avons aperçu le phare du cap Lizard ; la lumière se reflétait sur ses vitres. Quelques mois plus tôt, lorsque nous avions longé cette même côte à destination du Pembrokeshire – un test de mes capacités et de celles de *Brave* –, nous avions atteint le cap en pleine nuit, progressant lentement, avec hésitation. J'avais compté mes respirations, à l'inspir, à l'expir, et j'avais fixé l'éclair intermittent du phare, espérant matérialiser une avancée à force de volonté. Comme toujours, la marée m'avait donné une suprême leçon de patience : à son rythme, j'avais atteint peu à peu le point que je visais.

J'étais d'humeur sombre, solitaire ; sur le pont, j'avais la sensation d'être seule au monde, petite conscience isolée sur une mer noire comme la nuit. Même si quelqu'un avait été près de moi, à ce moment-là, ça n'aurait rien changé. Ma proximité aux autres semblait accessoire ; les murs que j'avais bâtis entre eux et moi s'étaient solidifiés après mon accident, j'avais du mal à les franchir. Être en mer m'aidait. J'avais l'impression qu'elle me voyait dans tous mes états, et réciproquement : les accalmies, la ferveur, la lumière, les côtés plus sombres, où la vue ne servait à rien. Mais grâce aux sons, la vue redevenait possible. Le vent est tombé, et mes impressions songeuses ont trouvé un reflet dans l'eau plus calme. J'ai été tirée du puits de mes pensées par une petite bande de dauphins communs à bec court, qui se sont rapprochés à toute allure du bateau, soulevant des gerbes d'éclaboussures, pour nager tout près de la coque. En les voyant, en les entendant, je me suis ressaisie. Ils m'ont rappelé où j'allais : à l'université, pour tenir la promesse que je m'étais faite de les étudier.

La traversée avait commencé sous une forte brise mais, sur le dernier segment à l'approche de la baie de Plymouth, le calme était total. Nous étions seuls en mer ; tous les bateaux habituels avaient quitté leur mouillage afin d'être entreposés à terre pour l'hiver. En entrant dans le port, on n'entendait que le clapotis tranquille des vagues sur le rivage, le grondement de notre moteur, le bruissement des drisses et le claquement sourd de la toile tandis qu'on affalait les voiles. Les feux du chenal ont clignoté à bâbord ; à tribord, au loin, on apercevait la giration rassurante de l'Eddystone. Les phares, ces flambeaux nocturnes, semblaient toujours répéter : « Nous te voyons. Tu es là, maintenant, en ce point du temps et de l'espace. »

## 6

# Puffin des Anglais

*Biiip biip. Biip biip.* La sonnerie de mon réveil me tire d'un état intermédiaire, à mi-chemin entre sommeil et veille. *Biiip biip. Biip biip.* En tendant le bras pour l'éteindre, un doux ronron continu s'élève dans l'air, réconfort pur. Mon chat, le ventre enroulé autour de mon cou, me protège du froid. Sur l'écran de mon téléphone, l'horloge s'affiche dans une lueur bleutée : quatre heures du matin. Un froissement d'étoffe quand j'enfile mes vêtements, glissant, encore endormie, mes pieds dans des bottes en peau de mouton. La vieille écoutille en surplomb grince de contrariété lorsque je la pousse, laissant affluer un souffle d'air nocturne dans la petite cabine. Mieux vaut se dépêcher avant de perdre courage. Mes bottes résonnent contre le bois, tandis que je grimpe les échelons. L'air est calme, l'eau engageante ; des vaguelettes lèchent la coque en fibre de verre de *Brave*. Un bruit métallique quand je me prends les pieds dans la filière en montant sur le ponton. Le reniflement de ma chienne qui s'attache à mes pas, ses griffes cliquetant en un trot rythmique. Le chat est resté à bord, se montrant pour une fois le plus raisonnable de nous trois.

Les cristaux de glace bruissent et l'air semble vibrer de quelque chose d'inconnu, comme un leurre destiné aux noctambules, l'appel d'un secret que seuls pourront découvrir ceux qui ont abandonné leur lit douillet pour partir à l'aventure. Mon haleine s'échappe en buée devant moi, formant de petits tourbillons. Je me faufile à travers le terre-plein, entre d'étranges ombres nocturnes jetées par les bateaux qu'on a mis au sec pour l'hiver ; les quilles profondes habituellement masquées sous la surface se dressent au-dessus de moi, soutenues par des pieds de mise sur cale. Je quitte le port et traverse la route vide en direction de la plage. Je m'attends à ce que mes bottes s'enfoncent dans le sable, à sentir la résistance familière entre chaque grain, mais la couche supérieure est gelée, dure et hermétique. Ôtant mes vêtements un à un, je marche vers le rivage. Ma chienne m'observe, sur le qui-vive ; elle reste sur le bord et ne se mettra pas à l'eau à moins de me perdre de vue pendant trop longtemps.

La surface de la baie est calme, c'est à peine si des rides s'y dessinent. J'essaie de me glisser dans l'eau sans à-coups, évitant de trébucher sur les rochers jusqu'à être assez loin pour me laisser porter et commencer à nager. La mer ne semble pas plus froide que l'air ; elle m'enveloppe comme un drap de velours sombre. Mon corps est saisi par le froid, ma respiration se précipite, haletante, mon cœur s'accélère. Doucement, me dis-je ; je compte les inspirations, les expirations en nageant à brasses tranquilles. Doucement. Tout va bien. Lorsque mon souffle se calme, je m'arrête de nager et je me mets à faire du sur-place dans la baie jusqu'à me sentir à l'aise. Puis j'étends les jambes pour m'allonger en planche et me laisser flotter sur l'eau. Là, au-dessus de moi, suspendue dans le ciel comme un fruit mûr, il y a la lune du loup ; entre elle et ma peau, rien que la nuit. Lune du loup, c'est le nom qu'on donne à la pleine lune de janvier, la première de l'année. Cette année, elle coïncide avec une éclipse lunaire, qui la teintera de rouge pendant plus d'une heure. Je flotte sur le dos, regardant la couleur s'intensifier encore, le rouge sang s'assombrir. Dans un peu plus d'une heure, ce sera fini. Je me suis positionnée exactement au bon moment, au bon endroit, tandis que la sphère céleste attire à elle la mer qui m'entoure.

Marquer sa place dans le monde selon les cycles de la lune a quelque chose d'humble, d'humain. J'ai l'impression que je pourrais déborder des frontières de moi-même, me dissoudre, quitter ma peau pour me mêler à l'âme de la mer. Mes pensées s'approfondissent, suivant le fil de cette idée, et j'immerge ma tête ; je ne flotte plus, je nage vers le fond jusqu'à ce que l'eau me repousse vers le haut, à la surface. C'est la dernière heure de la nuit. Lorsque je disparais de son champ de vision, ma chienne se met à hurler à la lune, la gorge exposée. Ses jappements aigus résonnent sur les rochers et portent jusqu'à moi. La perturbation est assez intense pour me tirer de ma rêverie et me ramener vers le rivage. Je suis soudain extrêmement consciente de la température glaciale de l'eau en cette nuit de janvier. Ma chienne se précipite sur moi, me fait la fête ; elle essaie de lécher le sel sur mes jambes en aboyant joyeusement. J'enfile mes différentes couches ; leurs fibres rugueuses m'ancrent dans le sol, sous la lune pesante.

J'entends le grondement d'un moteur, le crissement de freins, et j'aperçois des phares, qui empiètent sur la clarté lunaire. Achevant sa descente de la colline, le bus numéro deux s'arrête sur la route qui longe la plage. Le charme est rompu ; des pensées citadines s'immiscent dans mon esprit. Pas besoin de prendre le bus, mais un examen bien réel m'attend plus tard dans la matinée, le premier des quatre que j'aurai à passer cette dernière année : deux en janvier, deux cet été. J'attends que le bus démarre avant de revenir sur mes pas jusqu'à *Brave*. Une fois à bord, je me prépare une bouillotte, du café. Je donne à manger au chat, à la chienne, et je m'installe sous une couverture à la table du carré. Les quelques heures qui suivent, j'écris pour essayer de libérer mon esprit des baignades nocturnes, de la lueur envoûtante de la lune.

J'espérais une dernière année d'études sans incident, mais jusqu'à présent rien n'avait été facile. À peine un mois après mon arrivée à Plymouth à bord de *Brave*, je me suis retrouvée enfermée dans une machine d'IRM, essayant de rester calme face à ma claustrophobie grandissante et à l'idée que la vie que je venais tout juste de me réapproprier pourrait de nouveau être mise sens dessus dessous. Heureusement, cette fois-ci, l'opération n'était pas nécessaire. Il me fallait une infiltration de corticoïdes, ainsi que des médicaments pour apaiser l'œdème et l'inflammation au niveau des articulations facettaires de ma colonne lombaire. Le pire, dans ce diagnostic, c'était qu'on me prescrivait de nouveau les mêmes antalgiques, ceux qui auparavant m'avaient causé des symptômes de sevrage si intenses. Même si je ne voulais pas en repasser par là, je ne pouvais pas gérer mon quotidien sans. Je trouvais un réconfort dans la promesse que, cette fois, ce serait temporaire, jusqu'à ce que l'infiltration fasse effet.

Le jour de l'intervention, ma mère m'a accompagnée. Allongée sur un lit, sous un scanner qui permettait de diriger l'aiguille pour une efficacité maximale, j'ai ressenti une sensation de pincement terrible ; j'étais proche de l'attaque de panique. Puis j'ai éprouvé une étrange pression dans la colonne et un engourdissement de plus en plus étendu, comme si les os, les muscles de ma jambe gauche étaient remplacés par du porridge. Je ne me suis pas aperçue tout de suite qu'à l'extérieur de la salle d'examen une infirmière discutait avec ma mère : selon elle, je devais arrêter de naviguer, orienter ma vie vers une activité plus sédentaire, moins contraignante, et éviter de soulever quoi que ce soit de plus lourd qu'un petit sac. Ces conseils, sans doute bien intentionnés, étaient contraires à ceux de mon médecin. Il avait toujours exprimé clairement son souhait que je puisse revenir, autant que possible, à ma vie d'avant. Il m'avait encouragée à refaire de la voile et du surf. Même si je ne m'étais pas encore résolue à me remettre à surfer, il me semblait vital de ne pas abandonner la voile, et je me sens chanceuse que ses mots d'encouragement aient contrebalancé la prudence de cette infirmière.

J'y ai beaucoup repensé depuis, me demandant quels conseils je me donnerais aujourd'hui. De continuer à faire ce que j'aimais, mais en relâchant peut-être un peu la pression. D'apprécier les petits succès sans avoir toujours les yeux rivés vers l'avenir. De me rappeler qu'être « en bonne santé » ou « heureuse » passe par les détails du quotidien, qui peuvent tout changer. De m'autoriser à demander du soutien. Ces leçons, je les ai apprises à mes dépens, mais je faisais de mon mieux avec les outils dont je disposais à l'époque.

Les semaines suivantes ont eu le goût amer de la lutte. Je suis retournée à bord de *Brave* dès que j'ai pu, pour essayer de ne pas manquer autant de cours ce semestre-là. Être assise était extrêmement inconfortable, marcher aussi, et j'avais l'impression d'avoir perdu beaucoup de force dans la jambe gauche. Du fait de mon immobilisation forcée, j'étais de nouveau submergée de vagues d'anxiété ; les abysses obscurs gagnaient du terrain. Je supportais de plus en plus mal la compagnie des autres. Mes liens amicaux se sont distendus ; j'étais attirée par les quelques personnes qui m'apportaient de la lumière. Comme toujours, je trouvais du réconfort auprès de la mer. Entre les heures à la bibliothèque et les cours passés à endurer la position assise, j'allais retrouver l'eau. Il me suffisait de ressentir son étreinte glacée pour calmer mon agitation. Je marchais jusqu'à la mer les jambes tremblantes, l'esprit troublé, et je repartais plus forte, emportant un petit bout de calme. Mais bientôt, mon corps redevenait douloureux, mon esprit inquiet.

J'ai commencé à envisager la vie après les études. L'université avait mis en place un nouveau master en conservation marine, auquel j'ai immédiatement postulé. À ma surprise, j'ai été acceptée sans conditions ; la pression de mes examens de fin d'année s'est un peu relâchée. J'étais enthousiaste à l'idée de poursuivre l'exploration des sujets de recherche qui me passionnent. Parallèlement, le rêve de traverser l'Atlantique à bord de *Brave* se clarifiait dans mon esprit. J'avais prévu de réaliser la première partie du voyage – de Plymouth jusqu'aux Canaries, à travers le golfe de Gascogne et le long de la côte galicienne – avec des amis mais, désormais, j'avais envie d'effectuer seule la route vers les Caraïbes.

Entre ces projets futurs, le chaos douloureux de l'année écoulée et toute mon ambition, j'avais du mal à toucher terre. Pendant longtemps j'avais eu l'impression d'être le jouet de la tempête, échouée dans la douleur après avoir été brisée par les vagues. À présent, je me surprenais à tirer mon énergie et mon élan du chaos de cette tempête, un chaos qu'une fois convoqué on ne laissait pas derrière soi si facilement. Pour cette raison sans doute, quitter ma cabine à bord de *Brave* par une nuit froide de janvier, le matin d'un examen, pour me glisser sous la peau de l'eau à la lueur de la lune, me semblait la seule manière sensée de vivre.

Quelques mois plus tard, une occasion de déployer mes ailes s'est présentée. On m'a proposé de retravailler comme équipière à bord de *Song of the Whale*, pour l'étude prévue aux États-Unis. J'ai immédiatement accepté. Même si cela signifiait rendre mes travaux et mon mémoire à l'avance, je ne manquerais en réalité aucun cours – après Pâques, l'emploi du temps était plus clairsemé – et, surtout, je mènerais les recherches que j'aimais, sur le terrain, tout en économisant pour mon voyage à bord de *Brave*.

Pour le recensement, nous naviguions au large du cap Hatteras et des côtes de la Caroline du Nord, traversant régulièrement le Gulf Stream. Mes journées tournaient autour des quarts que j'assumais en tant qu'équipière. La première heure était de l'observation : debout sur une plate-forme surélevée à la poupe, nous scrutions l'eau à bâbord pour repérer les cétacés. L'heure suivante, nous étions à la barre, chargés de maintenir le cap et de tenir le journal de bord. Ensuite, nous passions une heure à collecter les données, utilisant un ordinateur étanche dans le cockpit pour enregistrer toutes les observations faites par les autres équipiers. La dernière heure, nous retournions sur la plate-forme d'observation, à tribord cette fois.

Les temps passés à regarder l'océan étaient mes préférés. Entourée de ces vastes étendues marines, l'esprit bercé par le roulis, le tangage, j'ajustais constamment ma position pour rester stable. J'examinais la surface avec méthode, espérant l'éclair d'un mouvement – l'ondulation d'un dos, une nageoire caudale, un souffle. Parfois je discutais avec l'observateur qui se trouvait de l'autre côté, dos à moi, face à la mer, et nous échangions des histoires ou des blagues. À d'autres moments, je m'absorbais dans le silence, profitant de cette heure pour rassembler mes pensées et savourer l'expérience.

Une fois mon quart officiellement terminé, je consultais la liste des tâches en attente, m'attelant à ce qui restait à faire. À bord d'un bateau comme *Song of the Whale*, cette liste était extrêmement variée. Je nettoyais les poulaines – les toilettes du bord –, j'effectuais un contrôle des moteurs ou des travaux de maintenance sur le groupe électrogène. Je surliais et j'épissais les cordages, j'examinais le gréement, j'inspectais la trousse de secours du bord, j'appliquais des couches de peinture où c'était nécessaire. Ces tâches accomplies, j'avais du temps pour moi avant le quart suivant. Je rêvais souvent d'aller lire sur ma couchette mais, à la place, je me dirigeais vers le carré pour réviser.

Depuis le pont, une échelle mène au coin navigation. De là, si l'on se tourne vers l'arrière, une seconde volée d'échelons permet d'atteindre un niveau inférieur du bateau. Le côté bâbord est occupé par la cuisine : un plan de travail, des frigos, des étagères à épices et un four. Côté tribord, on trouve une grande table en chêne, sur laquelle j'appliquais souvent de l'huile de lin. La table est entourée de sièges surplombés de coussins, qui s'escamotent pour révéler une sélection éclectique de provisions lyophilisées, en conserve ou en bocaux, de provenances multiples, souvenirs des pays où l'on s'est ravitaillé.

Entre la chaleur du four et la météo estivale, il régnait dans la cuisine une touffeur accablante. Dehors, un vent furieux soulevait la mer au lieu d'apporter de la fraîcheur. Assise devant mon ordinateur, que j'avais scotché à la table afin de le stabiliser, j'enchaînais les expressos pour rester concentrée, travaillant de mon mieux tandis que *Song* dansait sur la houle. Le front perlé de sueur, j'essayais désespérément de rester attentive. Bien souvent, la recherche de terrain que nous effectuions et les experts dont j'étais entourée, que je pouvais interroger lorsqu'ils passaient à la cuisine pour un thé, compensaient mes conditions de travail inhabituelles, ma fatigue grandissante, l'absence de connexion Internet. Si j'étais assez rapide, j'avançais suffisamment pour faire une sieste, avant que toute la routine ne recommence. Les jours où nous faisions escale, je soumettais mes travaux ; ceux-ci terminés, je me suis concentrée sur mes révisions en vue des examens de fin d'année.

Pour les passer, j'ai dû quitter *Song of the Whale* et retourner à Plymouth. *Brave* était en sécurité, amarré où je l'avais laissé. Je suis montée à bord, mais bientôt je tournais comme un poisson dans un bocal, incapable de me calmer, déshabituée de la solitude après avoir vécu entourée d'un équipage. À la fin de l'étude, j'avais rêvé d'avoir mon propre espace, de profiter des belles soirées d'été pour retrouver mes amis autour d'un verre, de humer de nouveau les odeurs terrestres – l'herbe, les ajoncs et l'humus. Maintenant que j'étais de retour, je ne parvenais pas à prendre mes marques.

La caféine, comme d'habitude, m'a semblé un point de départ raisonnable. Le matin de mon premier examen, je me suis donc retrouvée dans un café familier, à écrire pour essayer de mettre de l'ordre dans mes idées. J'avais l'impression de vivre deux vies parallèles, qui se mélangeaient jusqu'à perdre un peu de leur sens et de leur réalité. Il y avait quelques jours à peine, j'étais aux États-Unis, à bord de *Song of the Whale* dans les eaux de la baie de Chesapeake, où des poissons-lunes océaniques nageaient à la godille, leurs nageoires tombantes dirigées vers le ciel. Au même endroit, j'avais aperçu une baleine à bosse, ses longues pectorales ondulant en un gracieux ballet moitié aérien, moitié aquatique. D'après les flotteurs, elle était entourée de filets et j'avais eu très peur qu'elle ne s'y emmêle. Semblant éviter le piège avec habileté, elle avait fini par quitter la zone alors que nous nous éloignions. Pendant une demi-journée, après l'avoir équipé d'une balise, nous avions suivi un grand cachalot privé d'une moitié de queue. Je m'étais demandé s'il s'agissait d'une anomalie de naissance ou s'il était entré en collision avec un bateau, un destin malheureusement beaucoup trop courant chez ces baleines. Nous l'avions baptisé Half Nelson et je l'avais dessiné dans mon carnet de croquis, pour ne pas l'oublier. Admirer le soleil couchant, le ciel piqué d'étoiles étincelantes, sentir nuit et jour le vent sur mon visage, j'avais tout considéré comme une évidence.

À présent, assise devant un délicieux cappuccino, j'étais revenue à la grisaille citadine. À vingt-quatre ans, malgré les invitations à fêter la fin de nos études, les amis à voir, les examens à passer, cette vie terrestre me semblait irréelle. Je rédigeais mes travaux, j'allais aux soirées, je faisais la fête avec mes amis, je buvais le rhum qu'on me tendait, mais une partie de moi était restée en mer.

J'ai passé si peu de temps à terre que je n'ai pas réussi à m'adapter. Les jours ont défilé et, déjà, je faisais mes premiers pas sur les docks de Horta, sur l'île de Faial, aux Açores. En sortant du taxi, quelque chose dans l'air m'a immédiatement paru familier, comme la voix d'un vieil ami appelant mon nom. La marina et le port étaient tous les deux bondés ; les bateaux mouillaient à côté, évitant sur leur ancre. Il y avait toutes les sortes de voiliers possibles, ainsi que quelques équipages à l'air vaseux et triomphant qui venaient de traverser l'Atlantique. J'ai immédiatement repéré *Song of the Whale*, avec sa large coque bleue, sa silhouette trapue, sa plate-forme d'observation sur le pont arrière, son haut mât. Cette fois, nous n'avions aucune mission scientifique : notre rôle était d'accueillir le docteur Gero et l'équipe de tournage pour la réalisation du documentaire *Les Secrets des baleines*. Je me réjouissais d'assister à une partie du processus créatif, de découvrir sous quelle forme les baleines, et cet environnement qui m'était si familier, seraient représentées.

Après avoir envoyé un message annonçant mon arrivée, je me suis assise sur le muret pour attendre l'annexe qui viendrait me chercher. Tout le dock était recouvert d'un magnifique patchwork d'emblèmes, d'œuvres d'art racontant l'histoire des équipages et des bateaux qui étaient passés là, comme une sorte d'épopée marine. Aux écoutes et aux filières des voiliers, utilisées comme étendoirs pour suspendre le linge fraîchement lavé, les vêtements flottaient comme des drapeaux ; la brise soufflait sur les gréements et les bateaux au mouillage, remplissant l'air d'un tintement qui, associé aux aplats de couleurs, donnait au port un air de fête. J'ai laissé le vent m'envelopper ; je savais que cette brise venue du sud-ouest, tiède, humide, soufflerait vers le nord, jusqu'aux rives du Pembrokeshire, me reliant à elles. *Winds blow from, tides flow to*, le nom d'un vent indique sa provenance, celui de la marée sa direction – un vieil adage.

Je me suis rapidement retrouvée sur le pont, pour une observation en solitaire. Nous n'étions que trois à bord, en route vers une autre île où nous rejoindrions le reste de l'équipage. En dépassant l'île volcanique de Pico, où le fond marin s'étire en direction du ciel, j'ai marqué une pause, absorbant ce qui m'arrivait : j'étais aux Açores, à bord d'un bateau qui naviguait sur une mer plate baignée de la douceur du crépuscule. J'étais allée au bout, j'avais terminé mes études. Même si je n'avais pas encore officiellement obtenu mon diplôme, j'étais certaine d'avoir réussi mes examens. J'ai repensé aux derniers jours passés à bord du *Balaena* avant de commencer l'université, dans le canyon du Gully au large de la Nouvelle-Écosse, aux côtés des hypéroodons arctiques. J'avais craint de ne pas réussir à me faire des amis, de ne pas m'intégrer, de ne pas être assez intelligente. Je m'étais dit que la passion ne suffirait pas, qu'on se rendrait compte que je n'étais pas une vraie scientifique. Finalement, mes angoisses s'étaient révélées bien éloignées des défis que j'avais dû affronter. L'épreuve était derrière moi, et il me semblait que toutes les possibilités m'étaient ouvertes. Une fois mon quart terminé, j'ai poursuivi mes rêveries sur ma couchette.

Quand je me suis relevée, juste avant l'aube, on aurait dit que le bateau flottait sur du verre, tant la mer était calme. Il y avait, à l'orée de cette journée, quelque chose de paisible, une respiration tranquille. La route jusqu'à notre destination de São Miguel nous mènerait aux environs d'un mont sous-marin appartenant au volcan Dom João de Castro, un pic rocheux à tout juste treize virgule huit mètres de la surface, alors que les eaux environnantes étaient profondes d'un kilomètre. D'un point de vue écologique, les monts sous-marins sont souvent des zones passionnantes : leur relief crée des remontées d'eau riche en nutriments où viennent se nourrir de grands organismes. Peut-être verrait-on des baleines. J'avais envie de préparer mon thé du matin, mais l'impatience me maintenait sur le pont.

À l'approche du mont marin, des indices que la topographie se modifiait sont apparus : des ondulations caractéristiques nous ont avertis d'une diminution soudaine de profondeur. Cependant, ce n'étaient pas des baleines qui nous attendaient, mais d'autres créatures : une armada de vaisseaux de mer portugais, comptant des centaines de spécimens ou peut-être des milliers. Leurs pneumatophores, gonflés et froncés comme s'ils avaient été cousus, remplis de monoxyde de carbone, constituent des voiles à part entière. Leurs fulgurances roses alertent du danger et leurs tentacules bleus, à la traîne, sont armés, prêts à l'attaque. Ils ressemblent à des méduses, à des organismes uniques. En réalité, le vaisseau de mer portugais est une colonie, une multitude d'individus travaillant de concert pour assurer la survie de l'organisme. C'était surnaturel, comme si nous naviguions vers un piège qui nous avait été tendu, un unique siphonophore menant l'assaut tel un vaisseau amiral. Moi, seule sur le pont, eux, dans les vagues, tandis que notre bateau fendait leurs rangs.

Les baleines sont apparues plus tard dans la journée. Je venais de me réveiller de nouveau, cette fois après une sieste. Je suis arrivée sur le pont juste à temps pour apercevoir la caudale d'un grand cachalot qui plongeait. Une femelle billotait en surface et, quelques instants plus tard, son baleineau a foncé sur elle, réclamant à manger. Le petit remontait puis plongeait autour de sa mère en une chorégraphie joueuse ; peut-être tétait-il. En observant ce lien incroyable entre mère et baleineau, je ressentais avec une conscience aiguë mes pieds sur le pont, le soleil sur ma peau. À cet instant, une émotion que je n'avais jamais vraiment connue ailleurs que sur les rives du Pembrokeshire m'a envahie : j'étais à la maison. Ce n'était pas le retour triomphant de l'aventurier qui revient à Ithaque, mais je savais malgré tout que j'étais arrivée à bon port, que je m'étais retrouvée. Peu importait ce qui viendrait ensuite. J'avais fait ce qu'il fallait.

Soudain, je me suis rendu compte quelle traversée j'avais accomplie. Enfant, je n'avais pas vraiment appris à écouter mes émotions, mais, au cours de la dernière année, j'avais prêté plus attention aux courants contradictoires qui m'habitaient, et à la nécessité de maintenir un cap stable. Il y a une facette de moi qui se prête bien à la navigation, car elle se projette toujours vers l'avenir, loin du moment présent. Si elle m'est très utile pour avitailler ou planifier un grand voyage comme celui que je préparais à bord de *Brave*, parfois je me focalise trop sur le résultat, et pas assez sur le processus.

En regardant vers l'avant, j'en oublie d'être attentive au présent.

À la voile, pour naviguer, il est normal de se reposer sur un GPS. Grâce à cette innovation, tout est plus sécuritaire, plus facile que dans le passé. Cependant, pendant le Yachtmaster, j'avais apprécié de naviguer en eaux côtières d'après les courbes de niveau, les amers et les éléments que je pouvais observer autour de moi, comme les balises ou les amers sur la rive. Cela avait attisé ma curiosité : y avait-il des manières plus intuitives et observationnelles de parcourir la distance d'un point *a* à un point *b* ? J'avais commencé à m'intéresser à la navigation astronomique, pour apprendre à me repérer d'après le soleil et les étoiles.

La méthode européenne de navigation astronomique, complexe, ne me venait pas naturellement. Elle requiert un sextant pour faire le point, la mesure de l'heure exacte, des calculs mathématiques, le maniement de concepts et la consultation d'éphémérides nautiques. Il faut également être capable de reconnaître et d'identifier les corps célestes. Pour le soleil, c'est facile, il nous est tous familier. Les planètes sont plus brillantes que les étoiles, mais il faut tout de même savoir laquelle on regarde. Apprivoiser le ciel nocturne de chaque région du monde, à chaque saison, prend du temps ; ce temps, j'essayais de le vivre pleinement, tranquillement, plutôt que de me sentir toujours pressée. Les notions qui sous-tendent la navigation astronomique, comme le concept de zénith, peuvent paraître abstraites. Pour trouver son zénith, on imagine une ligne, un fil qui relie le centre de la terre au firmament, en passant par le sommet de sa tête. Les corps célestes sur la trajectoire de cette ligne seront considérés comme zénithaux.

Naviguer ainsi est beaucoup plus facile si l'on accepte d'oublier certaines vérités établies, imaginant à la place un monde simplifié, si l'on peut passer outre la vérité copernicienne selon laquelle la terre tourne autour du soleil, et se représenter plutôt un modèle géocentrique où la terre serait immobile, tandis que le soleil et les étoiles se déplaceraient autour de nous. J'avais beaucoup de mal à le faire. Regarder les étoiles me plaisait. J'aimais apprendre leurs noms, les laisser sonner dans mon esprit, les réciter ensuite à voix basse quand je naviguais de nuit, essayant de relier les constellations par d'invisibles traits. Cependant, observer les étoiles et s'orienter grâce à elles sont deux choses tout à fait différentes. Entre la vie à bord, les cycles de sommeil perturbés, les difficultés à connaître l'heure exacte et la météo, les risques d'erreur sont extrêmement élevés. Toutefois, même si je peinais à appliquer la méthode, j'étais souvent émerveillée par la pensée mathématique étayant les tables de correction d'altitude que j'apprenais à utiliser.

La table de correction d'altitude est nécessaire car les calculs qui sous-tendent la navigation astronomique sont fondés sur une prise de mesure à l'exact milieu de l'objet céleste, avec un observateur qui se tiendrait lui-même au centre de la terre. Comme c'est évidemment irréalisable en pratique, on dispose de corrections. Ma table préférée est celle de Vénus, en grande partie établie par Maria Mitchell, une astronome, mathématicienne et naturaliste du XIX^e^ siècle qui a passé une partie de sa vie à travailler au bureau hydrographique des États-Unis.

Maria Mitchell n'était titulaire d'aucun doctorat, ni en astrophysique, ni en astronomie, ni en mathématiques. Bien qu'on lui ait attribué un poste de professeure au Vassar College, elle-même n'avait jamais fréquenté l'université. Née sur l'île de Nantucket, elle nourrissait une fascination pour les étoiles depuis son plus jeune âge. Enfant, elle était aussi curieuse que je l'avais été, mais elle était dotée d'un sens bien plus aigu des mathématiques. Je fouillais les cuvettes de marée, j'explorais les falaises, les grottes, je nageais dans la mer, je fixais l'horizon ; la jeune Maria Mitchell, elle, avait la tête dans les étoiles. Elle n'avait que vingt-neuf ans lorsqu'elle a découvert une comète, qu'on a longtemps appelée « la comète de Miss Mitchell » (aujourd'hui on la nomme C/1847 TI) ; le roi du Danemark avait récompensé ses efforts par une médaille d'or. Ça me plaisait que cette table ait été conçue par une telle femme, un modèle féminin de plus dans ma vie.

Mes difficultés à m'approprier le sextant m'avaient menée à creuser d'autres conceptions de la navigation. Quand en 1595 les explorateurs européens ont « découvert » les premières îles polynésiennes, les Marquises, ils se sont aperçus avec stupeur que l'archipel était déjà habité. Cela a éveillé des questions majeures dans la société européenne, dont les réponses n'ont pu être ébauchées qu'après plusieurs siècles, au terme d'avancées dans de multiples disciplines de recherche. D'où venaient les Polynésiens ? Comment avaient-ils peuplé les îles du Pacifique, depuis Hawaï jusqu'à l'île de Pâques en passant par la Nouvelle-Zélande, une région couvrant un territoire de plus d'un million de kilomètres carrés, connue sous le nom de « triangle polynésien » ?

Une hypothèse avançait que les îles polynésiennes étaient les sommets émergés d'un continent englouti, seules terres habitables sur lesquelles les populations se seraient réfugiées. Lorsqu'il a été établi que des mouvements démographiques avaient eu lieu entre les îles, des théories sont apparues selon lesquelles les Polynésiens avaient les connaissances nécessaires pour s'orienter avec précision sur de courts trajets ; cependant, tous les voyages plus longs devaient avoir été faits à la dérive, et non grâce à une navigation active.

Certains affirmaient que les Polynésiens étaient venus de l'est, de la côte sud-américaine ; d'autres pensaient qu'ils étaient originaires de l'ouest, d'Asie et de Micronésie. Des siècles d'hypothèses contradictoires, d'opinions tranchées, de découvertes archéologiques et anthropologiques se sont succédé, au cours desquels la datation au carbone 14 et la modélisation spatiale ont été développées et mises en pratique.

Un acteur important dans ce débat a été l'explorateur Thor Heyerdahl, selon lequel les Polynésiens, voyageurs accidentels, étaient arrivés sur les îles du Pacifique depuis l'Amérique du Sud en dérivant sur les courants océaniques. Pour démontrer sa théorie, il avait construit un radeau, le *Kon-Tiki*, sur le modèle des embarcations polynésiennes traditionnelles et, en 1947, il avait lui-même tenté d'effectuer la traversée à la dérive. Heyerdahl correspondait avec Rachel Carson, lui décrivant les corps étranges des calamars qu'il apercevait dans la nuit, les poissons volants qui s'échouaient sur le pont de son radeau. Bien que Heyerdahl ait réussi à aborder une île de Polynésie, on oublie souvent que le *Kon-Tiki* avait dû être remorqué au moteur sur cent trente kilomètres en direction du large afin d'être entraîné par le courant de Humboldt et porté jusqu'au courant équatorial sud. Sans cette intervention, le radeau ne se serait peut-être jamais éloigné de la côte sud-américaine.

Thor Heyerdahl et ceux qui adhéraient à la théorie de la dérive ne prenaient pas au sérieux les techniques traditionnelles de navigation polynésienne. Trente ans plus tard, cependant, la virtuosité des premiers marins autochtones ne faisait plus aucun doute. En 1976, Mau Piailug, un maître navigateur de Satawal, dans les îles Carolines en Micronésie, a réussi la traversée entre Hawaï et Tahiti à bord du *Hōkūle'a*, une réplique des premières pirogues de voyage polynésiennes, construite par la Polynesian Voyaging Society. Mau a fait route sur quatre mille kilomètres à travers une région qui lui était inconnue. Comme Hawaï se trouve plus au nord que son île natale, le ciel nocturne devait lui aussi être dépaysant. C'était la première fois que Mau naviguait avec cet équipage-là, composé d'insulaires hawaïens coupés de leur héritage culturel marin. Avant d'appareiller, Mau leur a donné quelques conseils ; il leur a demandé, pour la durée du voyage, d'oublier leur vie à terre, de mettre de côté ce qu'ils savaient du monde terrestre, de laisser le radeau, le ciel, l'eau et le vent devenir leur univers.

Mau n'avait ni boussole classique, ni sextant, ni GPS et, pourtant, il a trouvé son chemin. L'océan, le ciel lui ont livré leurs secrets. Il lisait les étoiles, quand chaque nuit – selon sa représentation – elles se levaient et se couchaient sur l'océan. Il se repérait à la houle, cherchant des ondulations familières, observant les mouvements de roulis et de tangage de la pirogue. Il se fiait à la forme des nuages, aux oiseaux, aux poissons pour s'orienter.

Ces techniques, Mau les perfectionnait depuis très longtemps. Enfant, il avait été choisi pour devenir navigateur ; on l'avait placé très jeune dans les cuvettes de marée de son île natale, pour qu'il apprenne la sensation de l'eau et commence à décrypter les messages qui sont révélés à ceux qui savent observer. La généalogie, les techniques des navigateurs qui l'avaient précédé, dont il n'existait aucune trace écrite, lui avaient été transmises par la tradition orale. Cette pratique de la navigation était empreinte de révérence, de spiritualité, à la fois tradition et responsabilité. Le peuple auquel il appartenait n'avait pas dérivé par accident, il avait trouvé son chemin grâce à son ingéniosité. Ceux qui ont vu Mau naviguer ont décrit sa capacité d'orientation presque comme un sixième sens. Après le premier voyage du *Hōkūle'a*, Mau a formé un apprenti, Nainoa Thompson, qui des années plus tard réussirait la même traversée. Pour Thompson, le talent de Mau dépassait la pensée analytique : il était imprégné d'une perception profonde, d'intuition, de connaissances acquises et de spiritualité.

Lors de son apprentissage des techniques de navigation ancestrales, Thompson a visité un planétarium, afin d'apprivoiser complètement, à l'aide d'un projecteur, le ciel nocturne et le mouvement perçu des étoiles. Avec le temps, au fil de l'enseignement de Mau, une carte des étoiles s'est inscrite en lui. Cette carte est une construction abstraite, complètement différente de la boussole magnétique utilisée par les marins occidentaux. Dans la navigation polynésienne, le radeau est immobile ; ce sont l'océan et les étoiles qui se déplacent autour de lui, les îles qui surgissent des profondeurs. La carte des étoiles divise l'horizon en maisons ; dans chacune, une étoile familière se lève ou se couche sur l'océan. Simple en théorie mais extraordinairement complexe en pratique, l'utilisation de cette carte exige un savoir immense, maîtrisé au point de devenir quasiment inné, d'imprégner les recoins les plus subtils de l'esprit. Dans l'hémisphère Nord, c'est à l'étoile Polaire, la plus brillante de la constellation de la Petite Ourse, qu'on repère le nord. Aux latitudes de Hawaï, il est probable que Thompson ait utilisé la Croix du Sud pour s'orienter. Il avait appris à être attentif aux points précis, à l'est et à l'ouest, du lever, du coucher du soleil. La méridienne – le passage du soleil à son point culminant, pierre angulaire des techniques occidentales de navigation astronomique au sextant – n'entretient aucun lien avec ces points : elle n'est donc pas utilisée par les marins polynésiens.

Par nuit noire, Thompson s'était entraîné à sentir les vagues, le flux de l'eau sous la coque, une autre partie de la carte des étoiles. À la différence de Mau, qui avait appris depuis l'enfance à percevoir le mouvement des marées, Thompson décelait difficilement ce courant subtil. Les oiseaux étaient un autre élément participant à la carte. Les espèces pélagiques qui passaient l'essentiel de leur vie en pleine mer, comme les pétrels ou les albatros, n'étaient d'aucune utilité pour repérer la terre ; le navigateur se tournait donc vers les oiseaux côtiers, qui rejoignaient le rivage à la fin du jour, après leur pêche, traçant la voie vers un atoll bien caché. La présence ou le comportement des mammifères marins dans certaines zones constituaient également des indices dans ce puzzle océanique.

Ce qui avait trait aux cétacés, je le comprenais. Les grands cachalots vivent dans les abysses, plongeant à plusieurs kilomètres de profondeur ; je savais qu'il ne fallait pas s'attendre à les trouver dans les hauts-fonds. Plus jeune, j'avais glané des notions de topographie en observant les marsouins communs, *Phocoena phocoena*, chasser des deux côtés de la baie de Ramsey. À marée haute, je les trouvais au cap de St David's ; au jusant, j'allais les guetter à Pen Dal-aderyn. Les marsouins sont parfois difficiles à repérer : de petite taille, leurs dos fendent la surface parmi les remous et les tourbillons qui se forment souvent lorsque le courant de marée afflue dans la baie. On les entend mieux qu'on ne les voit, souffler fort à la surface pour respirer goulûment, à moins que le fracas des vagues ne recouvre tout. Leurs habitudes de chasse en disent long sur le paysage sous-marin.

L'étendue de la baie sépare l'île de Ramsey de la côte : une vallée sous-marine profonde aux bords abrupts, avec au milieu, juste sous la surface, la saillie du pic de Horse Rock, et plus loin le récif des Bitches qui s'étire comme un pont fantôme, hanté par les navires naufragés sur ses rochers. À la marée montante, l'eau, prise entre l'île et la côte, déferle dans la baie de Ramsey. Ce courant puissant fait remonter des nutriments sur son passage. Lorsqu'il se brise sur les hauts-fonds des deux côtés de la baie, l'eau remonte, créant une zone de nourrissage propice pour les poissons et, par conséquent, les marsouins. Je restais là pendant des heures, à observer leurs dos noirs fendre l'eau bleue et l'éclair blanc des fous de Bassan qui décrivaient des cercles en surplomb avant de plonger, comme des flèches, dans la mer. À l'étale de pleine mer, les marsouins se mettaient en route pour l'autre côté de la baie. Ils m'ont appris la différence entre le jusant et le flot, entre les marées de printemps et les mortes-eaux, qui déterminaient à quelle distance de la côte ils chassaient, la puissance des grandes marées les poussant en général plus loin vers le large.

Oiseaux, étoiles, vagues, cétacés : les navigateurs polynésiens les observaient et les connaissaient tous, se fiant à leurs motifs, à leurs rythmes pour interpréter le paysage marin. Cette manière traditionnelle de naviguer peut être enseignée et transmise ; la capacité à s'orienter des animaux, elle, reste largement incomprise. Un jeune cachalot né aux Açores saura trouver son chemin vers des latitudes plus élevées, plus froides, comme celles des eaux que j'avais explorées à bord du *Balaena*. Les baleines à bosse migrent du Groenland, leur zone de nourrissage, jusqu'aux Caraïbes où elles se reproduisent. Les oiseaux s'orientent avec une aisance remarquable sur des distances immenses.

Les îles de mon Pembrokeshire natal abritent plus de la moitié de la population mondiale de puffins des

Anglais, *Puffinus puffinus*. Leurs colonies se situent en majorité sur les îles de Skomer et de Skokholm et, dans une moindre mesure, sur l'île de Ramsey. Le mieux, c'est d'observer ces oiseaux dans leur élément, lorsqu'ils planent au ras de l'eau à des vitesses ahurissantes, avec une élégance surnaturelle. J'ai passé des heures entières perchée sur un mât à les regarder glisser sur les vagues, leur vol comme une mélodie, un ballet aérien.

Les soirs d'été dans le Pembrokeshire, à la tombée du jour, on peut voir des flux de puffins filer vers leurs nids pour retrouver un partenaire ou un poussin après une journée de pêche. Ils remplissent le ciel par dizaines de milliers. Leur dos et la partie supérieure de leurs ailes sont d'un noir profond, leur ventre d'un blanc éclatant. Éclairs de yin puis de yang tandis qu'ils volettent sur l'eau. Ils pondent leurs œufs dans des terriers sur les îles. La couvaison d'un œuf de puffin est plus courte que pour le grand albatros, cinquante et un jours en moyenne contre soixante-dix-huit. Cependant, chez les deux espèces, le couple se relaie et se soutient pendant la période d'incubation, afin de pouvoir se nourrir. Après l'éclosion, quand le poussin est assez grand, les deux adultes partent en mer simultanément ; à leur retour, ils retrouvent l'oisillon en sécurité dans le terrier, et le nourrissent jusqu'à ce que son duvet laisse place à des rémiges.

Ffion, ma première cheffe, était connue pour soigner les oiseaux blessés ; un jour, nous avons sauvé un puffin des Anglais que trois goélands marins essayaient de noyer. En le prenant dans ma main pour le sortir de l'eau, j'ai été frappée par sa légèreté, même trempé et apeuré ; les cavités creuses de ses os délicats évoquaient une vie passée à planer sur les mers. L'oiseau minuscule que je tenais dans la paume de ma main était un grand voyageur. Nous l'avons emmené à Ramsey, où il a été relâché dans la journée.

Ces oiseaux peuvent parcourir quotidiennement et sans aucune difficulté plusieurs centaines de kilomètres pour se nourrir, avant de revenir à leurs terriers. Leur migration annuelle les porte du Pembrokeshire jusqu'aux côtes brésiliennes et argentines où ils hiverneront, avant de revenir nidifier dans le même terrier à l'été. La fascination exercée par leur vol est telle qu'ils font, depuis plusieurs décennies, l'objet d'expérimentations. En 1939, un homme du nom de David Lack a eu l'idée lumineuse de retirer trois puffins des Anglais à leurs nids pendant la période de reproduction, et de les transporter en train jusque dans le Devon. Son projet était de relâcher ensuite les oiseaux, pour estimer quel temps serait nécessaire à ce qu'ils retrouvent leurs nids depuis cette localisation supposément inconnue.

Comme on aurait pu le prévoir, les puffins, arrachés à leurs terriers, leurs partenaires, leurs œufs, et placés dans l'environnement étranger d'un wagon de train, étaient dans un état de stress extrême. Deux d'entre eux, morts pendant le voyage, n'ont jamais retrouvé leur partenaire ; selon toute probabilité, cette disparition a entraîné l'abandon des œufs et l'échec de la saison de reproduction. L'oiseau survivant avait été relâché à Start Point, un promontoire saillant qui crée un courant de marée et des turbulences où j'ai récemment fini par barrer la tête dans le seau. Le soir même, l'oiseau a été aperçu dans son terrier à Skokholm. Sans doute était-il arrivé plus tôt dans la journée, attendant le soir pour revenir sur l'île.

Infiniment gracieux lorsqu'ils volent au large, les puffins sont très maladroits à terre. Sur l'eau, ils planent grâce aux courants d'air ascendants que soulèvent les vagues. Ces courants qui les entraînent en mer n'existent pas sur terre où ils deviennent très vulnérables à la prédation, incapables de zigzaguer et d'accélérer avec la même vitesse, la même élégance. Lorsqu'on visite l'île de Skomer, on s'aperçoit non seulement que le sol est creusé d'une multitude de terriers appartenant à différentes espèces de puffins, dont les œufs sont enfouis en sécurité sous le sol, mais aussi que des centaines de carcasses gisent entre les œillets marins, les jacinthes sauvages et les touffes d'herbe détrempées. Certaines ont été nettoyées, blanchies par le soleil ; sur d'autres, il reste des plumes que le vent ébouriffe. Ce sont les oiseaux qui n'ont jamais réussi à atteindre le refuge de leurs nids souterrains.

Des expériences semblables ont suivi, avec davantage d'attention portée au bien-être des oiseaux et aux conséquences de leur capture pendant la saison de reproduction. La plus remarquable a peut-être été celle-ci : un puffin des Anglais de l'île de Skokholm a été transporté jusqu'à Boston, dans le Massachusetts, où il a été relâché. À peine douze jours plus tard, il avait réussi à regagner son terrier dans le Pembrokeshire, après avoir parcouru trois mille soixante-sept kilomètres. Les puffins des Anglais entreprennent tous les ans leur migration pour l'Amérique du Sud, mais la période où ils élèvent leurs poussins leur donne habituellement le temps de faire des réserves en prévision du périple. Cet oiseau incroyable avait été forcé à faire un voyage imprévu, *via* un itinéraire partiellement nouveau, sans aucune préparation.

Si l'on sait que les oiseaux comme le puffin des Anglais et le grand albatros sont d'extraordinaires navigateurs, on ignore par quel moyen exactement. Les aptitudes des marins polynésiens paraissaient improbables aux premiers colons européens ; aujourd'hui, nous sommes encore en passe de découvrir comment certaines espèces aviaires s'orientent lors de leurs voyages. Actuellement, on suppose que leur sens de l'orientation se situe quelque part entre l'appris et l'inné, utilisant le soleil et les étoiles comme points de repère, ainsi qu'une conscience interne du champ magnétique terrestre. Peut-être les puffins des Anglais disposent-ils de leur propre boussole, celle du navigateur ailé.

La nuit, aux Açores, je naviguais d'après les sons des grands cachalots qui chassaient dans les abysses, mon cap dicté par le leur. En les pistant grâce à l'hydrophone, nous restions à proximité toute la nuit, pour pouvoir les filmer au lever du soleil. Si les *clic* étaient puissants, les baleines étaient proches. S'ils s'affaiblissaient, elles s'étaient éloignées. C'étaient elles, notre destination, plutôt qu'un point fixe sur une carte. Quand on ne les entendait plus, il fallait deviner et aller soit à bâbord soit à tribord. Ensuite, avec ce nouveau cap, on attendait un moment que l'hydrophone se redéploie. Une fois qu'il était en place, si les *clic* augmentaient de volume, on avait fait le bon choix ; s'ils diminuaient, on s'était éloignés. En réalité, c'était un peu plus compliqué que cela – quand les baleines reviennent en surface pour prendre leur respiration après un plongeon, elles font souvent une pause dans leurs vocalisations pendant qu'elles inspirent. En pleine nuit, c'était une expérience vraiment singulière, incroyablement gratifiante lorsque au lever du jour on apercevait l'évent, la caudale d'un grand cachalot, ou même son corps entier en billotage à côté du bateau.

Malgré les rafales, le tournage s'est terminé dans de bonnes conditions. Cette fois, j'étais libre de rester à bord de *Song of the Whale* pour l'étape suivante du voyage. Ma vie n'était plus compartimentée en deux et, à mon grand bonheur, je n'avais aucune autre obligation. Avec deux autres équipiers, nous avons mis les voiles en direction du Royaume-Uni, sur une eau qui ressemblait à du lapis-lazuli liquide. Des rayons de lumière chatoyaient à travers les eaux de surface avant de se perdre dans l'obscurité des abysses. Ces rayons m'ont rappelé les cordes de ma harpe ; je me suis demandé, si j'avais pu les pincer, quel son en serait sorti. En quittant les îles, nous avons été rejoints par un dauphin tacheté, un adieu des Açores.

Les ciels clairs du départ ont vite cédé aux prémices d'une tempête qui a éclaté pendant la nuit. Ballottée sur ma couchette, les muscles tendus pour résister au roulis, j'ai entendu mon équipière m'appeler. En temps normal, elle aurait enclenché le pilote automatique et serait descendue jusqu'à la cabine me réveiller pour mon quart. Je me suis levée immédiatement ; quelque chose n'allait pas. Quand on navigue, on ne dort jamais d'un sommeil profond : une partie du cerveau est toujours occupée à analyser les sons du bateau, à se demander s'il faudrait aller aider. Ça fait partie des compétences d'un marin. Je me suis habillée rapidement pour me protéger de la fraîcheur nocturne, titubant tandis que le bateau basculait sous moi, tâtonnant pour trouver un bonnet, des bottes, mes vêtements de quart, un gilet de sauvetage. Quand m'étais-je brossé les dents pour la dernière fois ? Ce n'était pas le moment d'y réfléchir. Les lampes à l'intérieur du bateau émettaient une lueur tamisée, rougeâtre, un réglage permettant de protéger la vision nocturne ; en remontant de la cabine vers le coin navigation, puis sur le pont, mes yeux se sont progressivement accoutumés.

Un spectacle sauvage s'est présenté à moi. Dans le vent rugissant, Judith était à la barre ; ses cheveux roux, dont les mèches léchées par le sel ressemblaient à des flammes, lui fouettaient le visage. Elle m'a expliqué que le pilote automatique ne fonctionnait plus, qu'il ne cessait de perdre le cap. Elle avait pris son quart, seule, et barrait manuellement depuis plus d'une heure. Je lui ai demandé si elle pouvait rester un peu à son poste, le temps que j'effectue les contrôles habituels, qui généralement résolvaient le problème. Comme je ne repérais aucun dysfonctionnement flagrant, j'ai fini par éteindre puis rallumer le pilote automatique. Ça a semblé marcher et Judith est allée profiter de ses quelques heures de sommeil – une denrée très rationnée au sein de l'équipage.

Le bateau s'envolait : plus de cinquante tonnes de métal, auxquelles il fallait ajouter les équipiers, l'eau, la nourriture et le matériel de recherche, fendant l'eau à huit nœuds, grâce à un bout de tissu. L'idée m'a toujours semblé parfaitement, follement merveilleuse – voyager sur les mers en domptant le vent. Heureusement, nous naviguions plein vent arrière : les lames déferlaient dans le même sens, nous n'avions pas à y faire face. Le pilote automatique a tenu quelque temps avant que le problème ne réapparaisse. Le bateau était dérouté et, craignant l'empannage sauvage, quand l'arrière passe sans prévenir dans le lit du vent, ou la prise d'une vague par le travers, je barrais moi aussi manuellement.

Maintenir un cap en barrant au compas est connu pour être difficile. Quand on a les yeux baissés vers l'instrument qui tournoie devant soi, on risque fort de border une voile à contre ou de barrer en un horrible zigzag. Bizarrement, dans ces cas-là, je ne sais jamais dans quel sens corriger mon cap. À la place, je préfère regarder autour de moi et trouver un amer, en jetant de temps en temps un coup d'œil au compas pour vérifier que je vais toujours dans la bonne direction. L'amer peut être artificiel – un phare, un château d'eau – ou naturel – un relief identifiable sur la côte. On peut utiliser une formation nuageuse stable ou une étoile. J'ai tendance à me fier au vent, à quelque chose de tangible. Il faisait nuit noire, la tempête se déchaînait sur la mer autour de moi, mais j'ai gardé le vent à mon épaule droite. Les mains sur la barre, les pieds sur le pont, j'étais consciente de tout ce qui m'entourait. Partout, de l'énergie – le vent dans les voiles, les embruns qui me cinglaient le corps. C'était difficile de ne pas se sentir galvanisée.

Soudain, je me suis aperçue que les vêtements de quart élimés que j'avais empruntés n'avaient plus d'imperméable que le nom. Le rouge de la veste et de la salopette avait déteint en rose, il ne restait presque plus rien du traitement hydrofuge. Je me suis promis d'en racheter dès que j'aurais posé le pied à terre. En considérant ma situation, je me suis mise à rire de moi-même, ma voix s'ajoutant au tumulte du vent et de l'eau. J'étais seule sur le pont, de nuit, en pleine tempête, attachée au bateau par une ligne de vie reliée à mon gilet de sauvetage. Quand la pluie tambourinait sur le toit de ma chambre dans le cottage, j'avais rêvé d'être dehors, de me fondre aux éléments. À présent, dans la nuit, nous ne faisions plus qu'un.

Une lame immense prenait de la hauteur sur le flanc tribord du bateau. Je pensais qu'il était impossible que le mur d'eau se dresse plus haut quand tout à coup la crête s'est divisée et la vague est retombée. Heureuse d'échapper à une baignade imposée, j'ai senti mon soulagement se muer soudain en surprise. Dans la nuit, les pétrels étaient aussi nombreux que les bourrasques. Depuis le début, ils accompagnaient le bateau, comme une symphonie ailée. Je n'étais pas au bout de mes surprises. Tout à coup, un oiseau s'est écrasé sur le pont. C'était un puffin des Anglais qui, occupé à planer sur le dos de cette vague géante, n'avait pas vu venir le bateau. Tous deux confus et choqués par cet atterrissage pataud, nous nous sommes regardés. J'étais sur le point de quitter la barre pour le prendre dans ma main et le lancer, afin de faciliter son décollage dans le maelstrom quand, secouant ses plumes, il s'est dandiné sans grâce vers la poupe, d'où il s'est laissé tomber, revenu à un monde d'ailes et d'eau, comme s'il était préférable pour nous d'oublier cet incident embarrassant. Je me suis demandé si lui aussi retournait au Royaume-Uni.

Il a rejoint ses congénères, se mêlant à la nuée, et j'ai continué à barrer dans la tempête. Une fois que j'ai trouvé mon rythme, mes pensées ont commencé à vagabonder. Mau avait dit à ses équipiers de mettre de côté leur vie en dehors du bateau, d'oublier tout ce qui n'était pas l'ici, le maintenant, et pourtant, je ne cessais de penser à mon voyage. Ma construction mentale était une carte, non pas étoilée mais marine, avec une série de points de route spécifiques.

Il y avait le phare de Strumble, dont le faisceau avait attiré mes pensées loin de la côte, vers le large. Les marsouins communs de la baie de Ramsey, qui m'avaient enseigné la marée. Le globicéphale dont le cadavre s'était échoué sur la plage, qui m'avait donné envie de connaître sa trajectoire, son mode de vie. Les étoiles de la constellation d'Orion, le chasseur légendaire, qui avaient été une ancre pour moi quand j'étais petite, dans le jardin du cottage. Mon paysage étoilé, de cette unique constellation, s'était agrandi pour inclure Cassiopée, la Lyre, la Couronne boréale et l'étoile Polaire, celle qui indique le nord. Il y avait la corneille de feu, cet animal à la frontière entre terre et mer – grâce à elle j'avais compris que, moi aussi, j'y trouverais ma place. Et les baleines. Le grand cachalot qui m'avait aspergé en pleine nuit – son incursion dans mon monde m'avait rappelé ce que nos espèces partagent. Les clans qui m'avaient montré l'importance de la communauté, renforçant mon lien, ma reconnaissance pour les femmes qui m'entourent. La baleine à bosse au large du port d'Aberdeen avait été un autre présage, un encouragement opportun alors que je commençais mes études. Le grand dauphin qui avait fait la course avec moi dans les vagues par une matinée particulièrement splendide, et dont le souvenir heureux m'aiderait plus tard à affronter les moments difficiles. L'albatros qui avait traversé mon rêve à tire-d'aile, m'incitant à reprendre la voile. Tous ces êtres, tous ces moments de contact entre nos vies marquaient des points de route sur mon chemin, mais aussi dans ma compréhension des océans : ils m'avaient révélé combien il reste à découvrir du milieu marin, des créatures qui l'habitent. J'avais appris à écouter les sons de la mer, je comprenais l'importance des voix de l'océan. Je voulais, à ma manière, utiliser ma voix pour défendre les océans.

Comme le vent était fort et sa direction favorable, nous avons progressé à toute allure pour le restant du voyage. Nous sommes passés par le golfe de Gascogne, avant de faire escale au port de Lymington, sur la côte sud de l'Angleterre. Pendant quelques semaines, je suis restée seule à bord de *Song of the Whale* pour travailler, à la suite de quoi Richard et moi l'avons ramené à son port d'attache d'Ipswich. C'était la première fois que je traversais le pas de Calais, le détroit maritime le plus fréquenté au monde. Il y avait des tankers acheminant des marchandises à l'international, des ferries qui transitaient entre le Royaume-Uni et l'Europe continentale. Ils donnaient au détroit une allure de jeu vidéo étrange, et les trajectoires erratiques des petits bateaux de pêche s'intercalant entre les mouvements prévisibles des grands pétroliers, plus rapides, nous ont maintenus sur le qui-vive. Nous avons navigué toute une nuit, puis la journée et une seconde nuit, avant d'arriver à l'aube sur le fleuve Orwell. La dernière portion du voyage, magnifique, était une pause bienvenue après le chaos de la Manche. Une aube rosée, des berges bordées d'arbres et, dans l'air, les parfums de la fin de l'été. Ce matin-là, j'ai quitté le bateau, rejoignant tant bien que mal Plymouth, dans un état de fatigue avancé, pour ma remise de diplôme.

Vêtue du mortier, de la toge, j'ai serré la main qu'on me tendait et accepté mon certificat. Devant la tour de Smeaton sur le Hoe, avec en fond le récif d'Eddystone, j'ai posé pour les photos en compagnie de mes parents. Le sens de ce moment allait bien au-delà du diplôme : un chapitre de ma vie se refermait, j'en ressortais transformée. Grâce aux étoiles, aux oiseaux, aux vagues et aux baleines, j'avais trouvé mon chemin.

7

# Balane

Aujourd'hui, j'ai conduit la voiture de ma mère jusqu'à ce que la route s'arrête. Une fois garée, j'ai commencé à gravir le chemin familier. À certains endroits, il a changé, s'écartant de la côte au fur et à mesure que l'érosion rend la terre à la mer, mais mes pieds savent encore où aller. Mes jambes sont à la fois plus fortes et plus lasses que lorsque j'étais enfant.

Mon pas a perdu un peu de cette légèreté et de cette énergie impossibles de la jeunesse ; à présent, quand je plante mes pieds dans le sol, je ressens un lien plus profond. Pour un mois de décembre, la journée est dégagée, le soleil tiède. La lumière se reflète sur les toiles d'araignées argentées dont les milliers de fils scintillent, comme s'ils avaient été filés par une sorte de sorcière des chardons. L'un d'eux, qui s'est emmêlé dans mes cheveux, se dévide derrière moi, mais je ne peux me résoudre à le balayer d'un revers de la main. La marée descend vite. Dans deux jours, ce sera le solstice d'hiver. Quelque part en Géorgie du Sud, un poussin albatros découvre peut-être le monde de son nid pour la première fois. Hier soir, la dernière pleine lune de l'année, glaciale et brillante, s'est levée dans le ciel.

Mes pas me guident jusqu'à une vieille pierre qui surplombe la mer, dont la surface est recouverte d'un lichen épais, mon fauteuil habituel à Pen Dal-aderyn, au sud de la baie de Ramsey. Pendant des années, mon univers s'est arrêté là, avant que je ne poursuive mon chemin. Même si aujourd'hui je reste à terre, je sens déjà que l'eau m'entoure. J'entends le rugissement assourdi, continu, de la mer-rivière qui reflue vers les profondeurs celtiques. Les motifs sur l'eau sont si particuliers à ce détroit, cette étendue d'eau entre l'île de Ramsey et la côte. Ils me sont aussi familiers que les lignes qui sont apparues sur mes mains burinées. Je peux les lire comme ces mots sur la page, une remontée d'eau ici, un contre-courant là – le langage de l'eau.

Si je tourne la tête vers la gauche, la vue change : les étendues de la baie de St Brides, les reliefs des îles de Skomer, de Skokholm remplacent la baie et l'île de Ramsey. Ce faisant, je m'aperçois qu'un phoque m'observe. C'est une femelle, au pelage clair teinté d'argent, dont la tête lisse réfléchit la lumière du soleil. Elle pêche dans le contre-courant, entre l'endroit où je suis assise et Shoe Rock ; le rocher commence tout juste à émerger de l'eau avec le jusant, exposant à la lumière les laminaires jaunes qui s'y agrippent grâce à leur crampon. L'eau monte sur le côté nord du récif des Bitches, endiguée jusqu'à ce qu'elle déferle en cascades de l'autre côté du pont. Des promeneurs vêtus de vestes aux couleurs vives marchent derrière moi sur le sentier côtier, leurs protège-cartes et leurs bâtons à la main. Je me demande s'ils aiment cet endroit autant que moi – qu'éprouvent-ils en regardant le courant de marée ?

C'est là que je viens pour comprendre les mouvements de l'eau, une valse qui se dérobe et tourbillonne quand la marée reflue. Dans ce lieu, je me sens tranquille, vraiment entendue ; mon âme se reflète dans les aplats lisses comme du verre. Même sous la mer la plus calme, il y a la marée. Je ne vis plus ici. Ma chienne est trop âgée, trop fatiguée à présent pour faire le trajet avec moi. Au lieu de s'attacher à mes pas sur le sentier, elle est blottie devant le feu au cottage. Mon vieux chat roux est mort un jour avant que je ne puisse rentrer, et le grand frêne dans le jardin est malade, ses branches desséchées désormais trop fragiles pour soutenir mon poids. Le temps s'en va, comme ce courant de marée, et m'emporte.

Pendant les mois d'été entre la fin de l'année scolaire et la remise des diplômes, j'ai pris la décision de ne pas m'engager dans le master en conservation marine. Même si je serai éternellement reconnaissante d'avoir fait des études universitaires, même si je n'oublierai jamais les mots de mon vieux marin, il m'a semblé que ce grand écart entre le travail et les études n'était plus sain. Ma passion demeurait intacte et mille idées nouvelles tourbillonnaient en moi, mais je m'apercevais petit à petit qu'il fallait que je trouve ma voie en dehors du monde académique. En attendant, je pourrais m'embarquer sur *Song of the Whale* et économiser pour mon voyage à bord de *Brave*.

À terre, il s'écoulait à peine une minute avant que mon esprit dérive vers la mer ; je me demandais ce que j'éprouverais à la sortie du port de Plymouth, lorsque je dépasserais les brise-lames, laissant la ville derrière moi, avec ses moments de joie et de tristesse. Quelles conditions météorologiques rencontrerais-je dans le golfe de Gascogne ? Y verrais-je les rorquals communs que j'associais au golfe qui, lorsqu'ils reviennent prendre leur souffle en surface, projettent de longs jets s'élançant vers le ciel comme des colonnes ? Je me demandais ce que je ressentirais en quittant les Canaries, seule, avec pour uniques compagnons mon bateau, les étoiles, le soleil, la mer. Il me semblait que ce voyage était nécessaire, un synonyme de guérison, un signe que ce chapitre douloureux de ma vie se terminait. J'écumais eBay et les forums de navigation à la recherche de pièces pour *Brave*. J'avais commandé mes cartes pour le voyage et je planifiais mon itinéraire.

*

Depuis la fin de mes études, le monde a changé ; personne n'aurait pu imaginer ce qui nous attendait. Comme les autres, mes projets pour 2020 ont été complètement chamboulés. Mon aventure en solo à travers l'Atlantique, tant attendue, a été reportée, et la probabilité que le voyage ait lieu n'a fait que diminuer ; j'ai commencé à envisager de vendre *Brave*. À l'origine, j'avais prévu de le faire à mon arrivée aux États-Unis, après la traversée. Bien que ce fût un magnifique bateau, qui symbolisait la liberté après la lutte, il me rappelait aussi une époque très douloureuse de ma vie. *Brave* avait toujours été mon espace, il m'était difficile de laisser qui que ce soit d'autre en faire vraiment partie. J'y associais un sentiment d'indépendance si fort que j'avais installé un système pour déplacer seule le lourd radeau de sauvetage qui se trouvait sur le pont, plutôt que de simplement demander de l'aide pour le soulever. À présent, je voulais – et je pouvais – davantage partager mes expériences en mer avec ma famille et mes amis.

J'avais repéré *Larry* des années plus tôt dans les Cornouailles, lorsque j'avais été présentée à sa propriétaire par des amis. *Larry* était un cotre à gréement aurique, construit dans le Dorset en 1907 ; pendant trente ans, il avait appartenu à Sue Singer et à son mari, avant que celui-ci ne décède. Ensemble ils avaient traversé l'Atlantique et fait route vers le nord, dans le brouillard glacé que j'avais moi aussi affronté en naviguant sur le *Balaena*. Ils s'étaient aventurés plus loin, jusqu'au Groenland. Ils avaient visité les îles Shetland, et l'archipel des Lofoten, en Norvège. Quelques années plus tôt, Henry, mon compagnon, avait traversé l'Atlantique à bord d'une goélette de trente mètres datant d'à peu près la même époque ; l'un de ses équipiers avait également été le propriétaire de *Larry*, non pas une, mais deux fois car, après l'avoir vendu, il n'était pas parvenu à l'oublier et l'avait racheté.

À nous deux, nous connaissions la chronologie des propriétaires de *Larry* sur environ soixante ans. Il était conçu pour passer partout et avait fait ses preuves à de multiples reprises. Nous pourrions faire partie du prochain volet de son histoire, et réciproquement. Tout me poussait vers lui, je savais que ça n'était pas un caprice. Nous l'avons acheté, apprivoisé, rempli d'amour, d'espoir, de bons repas, d'amis exceptionnels et d'aventure. Pour notre premier grand voyage au départ des Cornouailles, nous avons longé la côte sud de l'Angleterre, traversé la mer du Nord, avec un salut à mon vieux marin, puis rejoint la mer Baltique en passant par le canal de Kiel. Je n'avais jamais navigué dans ces eaux, complètement différentes des mers sauvages du Pembrokeshire, et j'apprenais à les connaître. Cette nouveauté, cette fraîcheur m'ont fait du bien.

Mon cœur s'est emballé lorsque j'ai aperçu l'aileron d'un premier marsouin fendre la surface. Il y en avait un petit groupe, à un peu moins de deux kilomètres. Je ne les aurais peut-être pas remarqués si je ne m'étais pas attendue à les voir, mais mon regard avait été bien entraîné par la vie que j'avais menée jusqu'ici. Soudain ma vue s'est troublée, je me suis mise à pleurer. C'étaient des larmes de joie : malgré tout ce qui avait changé dans le monde et en moi-même, en revenant dans le Pembrokeshire, mes vieux amis étaient toujours là. Pas pour me voir bien sûr, mais pour pêcher à la marée montante et se nourrir. Qu'ils se tiennent à leurs habitudes dans un monde si mouvant a éveillé en moi une profonde gratitude.

Au printemps, nous avons appareillé à bord de *Larry*, progressant vers l'est le long de la Manche, puis vers le nord-est à travers la mer du Nord. Henry et moi étions seuls sur le bateau, un petit équipage, mais notre expérience combinée suffisait à effectuer le voyage dans de bonnes conditions. Même si les principes fondamentaux restent les mêmes, la navigation sur *Larry* est complètement différente de celle à bord de *Brave*, du *Balaena* ou de *Song of the Whale*. Ces vaisseaux sont des bateaux modernes, *Brave* étant le plus ancien des trois. Ils sont tous à gréement bermudien, avec une grand-voile triangulaire fixée sur la bôme et endraillée sur le mât. *Song* et le *Balaena* possèdent une voile d'étai à l'avant, et tous les trois sont dotés d'un génois sur enrouleur, permettant de dérouler ou d'enrouler la voile. Sur ces bateaux, on utilise des winchs pour hisser et régler les voiles.

*Larry*, lui, est à gréement aurique. Sa grand-voile est quadrangulaire, avec un bord supérieur envergué sur un espar en bois supplémentaire, la corne. Pour hisser cette lourde corne, au lieu d'enrouler une seule drisse sur un winch, il faut haler les drisses de pic et de grand-voile en même temps. Le point de drisse est relié à l'extrémité de la corne la plus proche du mât, le pic à l'extrémité arrière. Pour hisser, on saisit la drisse à deux mains et, le corps le plus détendu possible, on tire horizontalement puis vers le bas, d'un mouvement qui devient fluide avec l'entraînement. Ensuite, pour étarquer, on ravale le mou créé par cette manœuvre, et on tire le plus fort possible sur la drisse, en faisant levier grâce à un taquet. Toutes les voiles de *Larry* sont robustes, avec une coupe et des finitions traditionnelles ; elles brillent d'un blanc éclatant au soleil, à l'exception du hunier, teint en rouge. Cette voile requiert son propre mât, le mât de hune, qui surmonte le grand mât, pointant vers le ciel.

Un jour de grand soleil, nous avons hissé les voiles pour la première fois et senti *Larry* fendre la mer au départ de Carrick Roads, porté par un vent arrière favorable. C'était étrangement encore plus émouvant que quitter Plymouth à bord de *Brave*, comme je me l'étais imaginé. À présent, j'étais à la barre d'un bateau historique et j'ajoutais mon nom à la liste de ses propriétaires. Je quittais les eaux où j'avais compris pour la première fois la gravité de ma blessure au dos.

Henry et moi nous sommes relayés à la barre, sous le soleil et les étoiles, deux heures sur le pont, deux heures à dormir, l'ordre habituel du jour et de la nuit remplacé par ce nouveau rythme. Nous nous soutenions. Même bien au chaud sur la couchette, on aperçoit le cockpit par la descente et nous pouvions donc facilement intervenir en cas de problème. À gauche, un hublot en laiton, à travers lequel on entrevoit un cercle de ciel et de mer. Par temps calme, je me perchais sur l'arrière des hiloires du cockpit pour barrer, attentive aux craquements du bois et du gréement, au fil de notre avancée sur l'eau. *Larry* a été construit avec des arbres. Abattus il y a plus de cent ans, ils ont été sciés et cintrés pour former les membrures, les bordés. Même si, avec le temps, ceux-ci ont souvent été remplacés ou réparés, certains sont encore d'origine. Chaque partie du bateau a été conçue pour lui assurer une certaine flexibilité, une réactivité à l'eau. La mer lui est essentielle : l'eau salée fait gonfler les bordés et les lattes du pont pour les rendre étanches. Assise là, au soleil, je laissais mon oreille s'ajuster aux bruits, me familiarisant avec ceux qui caractérisaient *Larry* afin de pouvoir identifier une anomalie si besoin. Pour l'instant, nous voguions en toute sécurité.

La traversée de la mer du Nord s'est bien passée, sur une eau qui ondulait d'un roulis régulier. Bien que les nuits de printemps fussent fraîches – nous tremblions sous nos couches de laine et de polaire –, elles étaient agréablement courtes. Plus le voyage avançait, plus les journées s'allongeaient. Après une semaine, nous avons fait notre première escale à Bremerhaven, sur les berges de la Weser, en Allemagne.

Nous y sommes restés plus d'un mois, effectuant quelques réparations à bord et retouchant le vernissage jusqu'à ce que le bateau étincelle. La touffeur de l'été a remplacé le printemps. La pression montait au cours de la journée, dans l'atmosphère et dans mon crâne, la douleur battant entre mes tempes. Je pensais avoir traversé le pire, quand des craquements de tonnerre se sont fait entendre et le ciel s'est fendu, laissant place au déluge. Ce scénario s'est répété, jour après jour, jusqu'à ce que le moment soit venu de repartir en direction du prochain port.

Par une matinée calme, nous avons largué les amarres et nous sommes dirigés vers les portes de l'écluse. Cependant, en nous rapprochant de l'estuaire, où la Weser se jette dans la mer du Nord, un vent frais s'est levé. L'eau était une bouillie confuse, soulevée par la force du vent ainsi que les courants venus de la Weser et de l'Elbe. Nous naviguions sur des hauts-fonds sablonneux et changeants. Le passage entre Bremerhaven et Cuxhaven, un petit port dans l'estuaire de l'Elbe, a été difficile ; le vent n'avait pas été annoncé, sinon nous ne serions pas partis ce jour-là, mais *Larry* était conçu pour résister à ce genre de météo, sa quille lourde, profonde assurant sa stabilité dans l'eau.

Quelques mois plus tôt dans les Cornouailles, j'avais peint la coque à l'antifouling pour tenter d'éviter que balanes et algues ne s'accrochent sur la carène et ne créent une résistance qui nous ralentirait. Mais en dépit de mes efforts soutenus, j'avais remarqué au port de Bremerhaven que la vie marine avait colonisé *Larry*. Il était recouvert de balanes, *Elminius modestus*. D'origine australienne, ces balanes sont une espèce envahissante, dont la présence en Europe a été enregistrée pour la première fois en 1946, après un long voyage à travers le Pacifique et l'Atlantique accrochées à la coque d'un bateau. Bien qu'à l'état larvaire elles dérivent dans la colonne d'eau, une fois installées, les balanes sont fixes. Par le biais de glandes à ciment situées sur leurs têtes, sous la coquille, elles empruntent en s'y attachant la mobilité d'un autre objet – un bout de bois flotté, un bateau, parfois même un animal marin. J'en avais vu incrustées sur les caudales des baleines à bosse dans l'Atlantique Nord.

Nous transportions une petite colonie de ces balanes, soudées à la coque de *Larry*. Elles ressemblaient presque à des fleurs minuscules, avec leurs coquilles claires formées de plaques rigides, striées, l'opercule rayé de gris au centre. Pour se nourrir, elles entrouvraient ce dernier, étirant leurs cirres ciliés dans l'eau pour capturer des particules planctoniques en suspension.

La diminution de vitesse qu'elles entraînaient était tangible et frustrante. Le bateau tapait dans les vagues, j'avais l'impression d'avancer à reculons. Je souhaitais désespérément atteindre Cuxhaven avant que la nuit ne tombe, pour profiter d'une bonne nuit de sommeil et d'un peu de repos. Toutes les difficultés de la navigation sont amplifiées la nuit, lorsqu'on voit moins bien et que l'imagination s'emballe. Seuls à bord, nous luttions contre la météo. J'étais à la barre, l'agrippant de ma main gauche, qui est tatouée des mots *By the wind, with gentle hands*. Au lieu de cela, j'avais les jointures blanches à force de serrer la barre. De la main droite, je m'accrochais à la rambarde, bien campée sur mes jambes, tentant de garder mon équilibre entre les coups de roulis qui menaçaient de me déloger. Les embruns volaient, me cinglant le visage. C'était l'été, il faisait bon et, heureusement, j'avais tenu ma promesse d'acheter de nouveaux vêtements étanches, mais mes cheveux, mon visage et mes mains étaient trempés.

J'ai maudit les balanes de rendre le voyage encore plus difficile, mais une partie de moi ne pouvait s'empêcher de les admirer, elles qui se cramponnaient résolument à la coque de *Larry* alors que nous traversions ces eaux démontées. Dans mon enfance sur les côtes du Pembrokeshire, j'avais été émerveillée par leur capacité à sceller au jusant de minuscules océans à l'intérieur d'elles-mêmes. En emprisonnant l'eau dans leur coquille, elles pouvaient survivre à des périodes de dessication, jusqu'à ce que la mer les recouvre de nouveau.

Plus tard, à l'université, j'avais étudié la zonation de l'estran rocheux, observant les espèces qui proliféraient à différentes distances de la mer. Les balanes, les moules et les patelles alternaient entre de longs moments immergés et à sec. Habituées au balancement des marées, elles préféraient les taux de salinité élevés. Quand la mer était agitée, elles restaient fixées à leur rocher, résistant aux vagues qui battaient et martelaient la côte sans relâche. À marée basse, elles étaient exposées au vent, au soleil cuisant. Elles devaient construire d'épaisses coquilles pour éloigner les huîtriers qui, de leurs longs becs rouges, tentaient de s'introduire dans leur refuge. Les balanes prospéraient malgré des stress extrêmes, des conditions toujours changeantes. Résilientes. Capables de résister à tout ce que la mer leur faisait subir. Elles étaient parfaitement adaptées à cet environnement.

Peut-être l'étais-je aussi. Ma main me faisait mal, à l'endroit où elle agrippait la rambarde, mon genou était endolori à son point de contact contre les hiloires du cockpit. J'étais fatiguée, j'avais faim, soif, et cela faisait des heures que ni Henry ni moi n'avions pu prendre de pause. Parfois, une vague plus haute que les autres s'abattait sur nous par le travers et le bateau gîtait, roulant panne sur panne, tandis que je me battais pour rester à la barre. Pourtant, je me sentais apte, en sécurité. J'ai abandonné l'idée de barrer au compas. À la place, alors que Henry gardait un œil sur l'itinéraire, s'assurant que nous naviguions toujours en eaux sûres et dans la bonne direction, je me suis mise à barrer à la lame, à lire la mer pour progresser avec le moins d'à-coups possible. J'étais en transe, complètement absorbée par les crêtes, les creux, prévoyant les mouvements de l'eau sur laquelle nous avancions. En dehors de cela, plus rien n'existait. Il n'y avait que moi, le bateau, la mer. Il m'a semblé que cette expérience réduisait en moi un écart entre l'inné et l'acquis : comme les oiseaux, je m'orientais en puisant dans mon affinité pour la mer et les leçons de toute une vie.

Arrivés sains et saufs sur l'estuaire de l'Elbe, nous avons accosté à Cuxhaven ; la nuit tombait, nous avons attendu que le vent passe. Une fois la météo plus calme, nous avons largué les amarres pour remonter le courant en direction de Brunsbüttel. L'Elbe s'étend de la Tchéquie jusqu'en Allemagne, reliant Hambourg à la mer du Nord, où nous l'avions rejointe, mais c'est à Brunsbüttel que se situe l'entrée ouest du canal de Kiel. Ce canal est une voie navigable artificielle de quatre-vingt-dix-huit kilomètres, dont la construction s'est achevée en 1895. Il permet aux bateaux de transiter entre la mer du Nord et la Baltique sans avoir à effectuer un détour de quatre cent soixante kilomètres autour de la péninsule du Jutland, au nord du Danemark.

Naviguer à bord de *Larry*, un navire hauturier, le long de cette voie d'eau tranquille et plantée d'arbres semblait irréel. Nous devions serrer la berge pour céder le passage à d'énormes tankers qui allaient et venaient autour de nous, tandis qu'au bord du canal, des randonneurs cheminaient à grand renfort de bâtons. La circulation des bateaux de plaisance n'est autorisée que pendant la journée ; nous avons atteint l'extrémité est du canal juste à temps, avant le crépuscule.

Tandis que nous étions arrêtés, attendant le signal pour avancer et entrer dans l'écluse, j'ai senti une vague d'impatience m'envahir. Face à nous se dressaient de larges portes en métal, l'entrée de l'écluse. Lorsqu'elles se sont ouvertes, nous les avons traversées et nous nous sommes amarrés à un ponton en bois au ras de l'eau. Puis elles se sont refermées, nous emprisonnant dans le sas. Devant nous, les secondes portes ont commencé à s'ouvrir. La mer Baltique. Une mer complètement nouvelle pour moi et pour *Larry*, malgré toutes ses années d'expérience. Nouvelle pour les balanes aussi. Elles s'étaient installées alors que nous naviguions en eau salée, et nous les avions emportées. L'eau de la Baltique est saumâtre, beaucoup plus douce. Les *Elminius modestus* se sont propagées avec un succès impressionnant – de l'Australie vers le Royaume-Uni, les Pays-Bas et l'Allemagne. Elles constituent aujourd'hui l'espèce dominante de balanes à Cuxhaven, où nous avions fait escale. Cependant, à Brunsbüttel, leur emprise disparaît et elles n'ont toujours pas réussi à s'introduire dans la baie de Kiel, où le taux de salinité est trop bas pour qu'elles survivent. À présent, elles étaient trop loin de leur environnement d'origine, dans des conditions défavorables. Ici, nous pourrions enfin nous en débarrasser.

En entrant dans la baie de Kiel, nous avons rejoint une nuée de bateaux qui prenaient tous des directions différentes. Il y avait des voiliers traditionnels comme *Larry*, des bateaux en fibre de verre comme *Brave* et le *Balaena*, des navires à coque en acier comme *Song of the Whale*. Dans la lumière du soir, l'heure dorée illuminait la mer. J'ai levé les bras en signe de victoire lorsque nous nous sommes approchés pour jeter l'ancre. Un bateau ancien sur une mer nouvelle.

Pendant des semaines, portés par le vent au gré de nos envies, nous avons exploré ces eaux inconnues, mouillant quand nous trouvions un endroit qui nous plaisait. La première fois que j'ai nagé dans la Baltique, j'appréhendais le froid. Suspendue au beaupré, j'ai trempé mes orteils. L'eau n'était pas plus glacée que dans le Pembrokeshire, l'été. J'ai lâché l'espar en bois pour m'abandonner à l'étreinte fraîche de la mer. Laissant ma tête glisser sous la surface, j'ai plongé, les yeux ouverts. C'était étrange, de ne pas sentir le picotement du sel dans cette eau saumâtre. J'ai nagé le long de la coque, passant la main sur les balanes rugueuses, attentive à ce qu'elles n'égratignent pas ma peau. Elles s'accrochaient encore au bordé, mais un lessivage suffirait à nous en débarrasser. J'ai refait surface, ravie.

Chaque matin, avant qu'il ne fasse trop chaud, je commençais la journée par une baignade. Je marchais aussi loin que possible sur le beaupré puis, libérée de mon appréhension, je testais mon équilibre avant de sauter à l'eau pour achever de me réveiller. Ensuite, après m'être hissée sur le pont grâce aux haubans, je m'allongeais sur les lattes de pin aux joints calfatés, profitant de la sensation du bois contre mon dos. Une fois sèche, habillée, je m'asseyais dans le cockpit pour prendre le petit déjeuner et mon café du matin. Certains jours, nous hissions les voiles et partions découvrir un nouveau lieu. Comme il suffisait d'une légère brise pour que *Larry* s'envole, nous organisions parfois avec d'autres plaisanciers des régates amicales pour tester ses capacités. D'autres jours, nous restions au mouillage ; je m'installais alors avec mes cahiers, mes peintures, pour écrire et dessiner. L'après-midi, je sortais notre canot à voile, l'annexe de *Larry*, et je zigzaguais à vive allure, remontant la dérive qui sert à stabiliser le bateau afin de m'approcher des plages.

J'étais revigorée par ce nouvel environnement. Sur les côtes du Pembrokeshire, la faune est si abondante qu'il est facile, même pour les nouveaux venus, de repérer des phoques, des volées de puffins des Anglais, des corneilles de feu en bordure des falaises. Ici, il fallait chercher un peu plus attentivement, mais on trouvait tout de même. Je nageais au-dessus de prairies sous-marines qui ondulaient paresseusement dans l'eau. En y regardant de plus près, elles semblaient abriter des centaines de minuscules étoiles de mer. Des éponges d'eau douce se cramponnaient aux affleurements rocheux et, en naviguant, nous apercevions souvent l'ondulation de marsouins communs. Dans la mer Baltique, il y a également des phoques, mais je n'en ai jamais vu : des phoques gris, des phoques communs, des phoques annelés, dont les petits corps sont parsemés de taches et d'anneaux, d'où ils tirent leur nom. Ici, on trouve à la fois des poissons d'eau douce et de mer : morues, harengs, brochets, perches. Si les baleines n'habitent pas ces eaux, elles y transitent parfois : ces dix dernières années, un nombre grandissant de baleines à bosse et de rorquals communs a été observé. J'avais entendu parler de la succinite, cet ambre provenant des gisements de résine sous la mer Baltique. Après que la mer a érodé les sédiments qui l'entourent, les vagues en recrachent des fragments sur le rivage, joyaux couleur terre dans les brisants. Je voulais en voir de mes propres yeux.

Notre monde, c'était le bateau, la mer autour de nous. L'été avançant, nous avons fini par faire voile vers le port. Ce temps passé sur l'eau tirait à sa fin. Nous avons mis le cap plus à l'est, sur Rostock. Lorsque nous avons accosté, par un bel après-midi d'août, le front de mer était métamorphosé ; partout, des drapeaux flottaient au vent à l'occasion du Hanse Sail, l'un des plus grands festivals maritimes d'Europe. Nous avons eu de la chance de trouver une place. Une fois amarrés, nous nous sommes mis à frotter les ponts vernis pour en faire disparaître le sel. *Larry* était propre et pimpant lorsque nous sommes rentrés chez nous avec le projet de passer tous nos week-ends à explorer cette nouvelle étendue côtière, jusqu'à ce que, l'automne venu, le froid nous chasse.

Pendant tout l'été, je m'étais sentie forte, en bonne santé. Cependant, une semaine après avoir quitté le bateau, la nuit en me retournant dans mon lit, le disque endommagé dans ma colonne s'est déchiré. J'ai ressenti une lancée cuisante dans la jambe et mon cœur qui chavirait ; le bas de mon dos a immédiatement gonflé. Tout d'abord, je me suis dit que mon corps me mentait, mais à l'intérieur de moi je savais. Une IRM a confirmé le problème. Au départ, j'arrivais à me déplacer en boitant ; à l'automne, quand les feuilles ont changé de couleur, puis voltigé vers le sol, je ne pouvais presque plus marcher. Mon espoir de retourner à bord de *Larry* le week-end s'est évaporé. Une fois encore, je ne pouvais plus ni dormir ni m'asseoir ; je devais rester allongée en permanence, sauf pour les repas. Même si j'étais consciente que la santé de mon dos me demanderait toujours des efforts, je ne m'attendais pas à revenir si vite à la position couchée. Cette fois, il n'y avait plus de diplôme sur lequel me concentrer, rien à prouver en navigation. J'ai beaucoup pleuré – sans but à atteindre, je craignais de ne pas avoir la ténacité pour tout retraverser.

Henry est allé seul mettre *Larry* à l'abri sous son taud. Le moteur avait été préparé à un hivernage dans le froid baltique, les voiles dégréées et stockées. Je suis restée à la maison, avec mes séances de kinésithérapie et mes infiltrations. Mes premières inquiétudes étaient sans fondement. Même si je n'avais plus de grands objectifs ambitieux pour me donner du courage, je n'avais pas perdu la résilience que je mettais en pratique depuis des années. J'étais confrontée à un revers, mais j'avais de l'endurance. L'adversité m'avait transformée en une personne plus résistante, plus confiante, plus respectueuse de mon corps. Dans ce temps passé à naviguer, à étudier, à être au contact des baleines ou sur l'eau, j'avais construit ma coquille, développé des attaches qui m'ancraient. À présent, j'abritais mon propre océan, mes propres eaux, qui me soutiendraient jusqu'à ce que la houle m'emporte de nouveau. Mon dos n'était qu'un obstacle, je refusais qu'il soit plus qu'une pierre dans un ruisseau. Des mois d'efforts ont été nécessaires pour que mon corps se rétablisse, mais j'ai réussi. Aux premières neiges, j'ai su que je me remettrais d'aplomb – ce n'était qu'une question de temps.

Je ne porte pas de montre, mais l'heure est facile à estimer quand la marée renverse à l'extrémité sud de la baie de Ramsey. De l'autre côté de l'eau, les rochers les plus bas du récif sont de nouveau recouverts. Cette étale de marée est ma préférée. Pendant quelques brefs moments, les masses d'eau semblent toutes se mouvoir en un sens différent, comme si les possibilités étaient infinies. Puis la mer s'immobilise complètement, avant que le flux ne reprenne à la marée montante. Désormais, les motifs de l'eau se sont effacés, la mer est calme. Rien ne révèle qu'ils ont existé, sinon la certitude qu'ils seront réinscrits à la surface, chaque jour, au jusant. Le soleil s'est couché, les ombres commencent à s'allonger, l'île de Ramsey se change rapidement en une silhouette obscure. Les marsouins sont plus proches, ils chassent dans le flot de marée, leurs dos sombres à moins de cinquante mètres de moi. Ils se dirigent vers le milieu de la baie, plus loin que je n'aurais pensé, mais ce doit être là que sont les poissons.

Ce lieu me traverse comme une ligne de faille, en plein centre.

Assise là, on pourrait facilement s'imaginer que l'équilibre du monde est intact. Que les vies humaines et marines coexistent harmonieusement. Cependant, ces moments idylliques ne sont qu'une partie du tableau. Depuis trop longtemps, nous savons que nos vies nuisent aux océans. Le sablier du temps qu'il reste pour rétablir la balance est presque vide. Le sable s'écoule aujourd'hui plus vite que jamais. Presque vide, mais pas tout à fait.

Nos océans, notre planète sont face à tant de défis qu'on peut facilement – c'est compréhensible – se sentir submergé. Dans l'espace de ces quelques pages, nous avons exploré les changements sur le littoral du Pembrokeshire que j'ai observés au cours de ma courte vie, de la disparition des couples nicheurs de mouettes tridactyles aux dangers que présentent les équipements de pêche abandonnés pour les fous de Bassan et les phoques qui s'y emmêlent. Nous avons vu la cicatrice historique laissée sur nos mers par la pêche baleinière et les dommages actuels que nous causons aux baleines, lorsque les bruits humains assourdissent leur chant. Nous avons constaté l'acidification chimique des océans et les effets de la capture accessoire, qui noie sans distinction les cétacés, les phoques, les oiseaux de mer. Dans mon histoire, on identifie aisément une vie inextricablement liée à la mer, mais en vérité, toutes nos vies le sont. Une partie de l'air que nous respirons provient du zooplancton vivant dans les eaux de surface, qui fixe le carbone et produit notre oxygène. Les océans sont constamment en train de recycler le carbone pour que l'atmosphère soit compatible avec la vie. Ils relient toutes les zones terrestres de notre planète, et abritent des créatures qui éveillent en nous l'émerveillement, le ravissement.

La menace est immense, mais nous ne devons pas nous détourner. Nous renseigner sur la manière dont nous contribuons aux dommages nous permet de faire des choix mieux informés, de nous rendre compte que nous avons tout autant le pouvoir de faire le bien que celui de nuire. La docteure Sylvia Earle, « Sa Majesté des profondeurs » en personne, a récemment donné une conférence au Musée d'histoire naturelle de

Londres. C'est sa foi profonde en l'espoir qui a fait le plus écho en moi. Entre ses recherches menées en surface et ses expéditions en profondeur, la docteure Earle a une connaissance plus intime de la mer que la plupart d'entre nous n'en auront jamais. Au cours de sa vie, elle a observé un déclin considérable de la santé des océans. Face à ces changements, dit-elle, nous avons le choix. Nous pouvons opter pour le désespoir, considérer qu'il est déjà trop tard, et que l'espèce humaine est condamnée à disparaître. La planète continuera à exister sans nous. La mer demeurera, même si nous l'aurons rendue bien inhospitalière. Considérer que le problème nous dépasse, c'est choisir le désespoir. Nous pouvons aussi choisir l'espoir, concrétisé dans l'action : le plus vain serait d'espérer le changement tout en laissant les autres s'en charger, plutôt que d'y participer à la hauteur de nos capacités. Ce choix, à la frontière ténue entre l'espoir et le désespoir, nous le faisons tous les jours.

Le choix, l'action sont différents pour chacun d'entre nous. La docteure Earle affirme que nous devons tous nous engager, combattre pour la mer, en offrant le meilleur de nous-mêmes. Que nous devrions jauger dans quel domaine notre contribution serait la plus efficace. Les océans ont besoin d'artistes autant que de scientifiques. Ils ont besoin d'avocats et de politiciens autant que de marins. Ils ont besoin de designers, de réalisateurs. De mères, d'enfants. De commerçants, de P-DG. Ils ont besoin de législateurs dans les gouvernements pour défendre l'environnement avec sincérité. Ils ont besoin de nous tous.

L'espoir de la docteure Earle s'est matérialisé en un projet concret, la création des Hope Spots[1]. À travers son organisation Mission Blue, elle travaille à identifier les aires océaniques critiques pour la santé de notre planète. Il peut s'agir de territoires de reproduction ou de nourrissage pour certaines espèces en particulier ; de corridors migratoires ; de zones de connexion biologique, où les courants océaniques convergent pour transporter des nutriments à travers les océans, ou de récifs coralliens, murailles de vie abritant des écosystèmes foisonnants ; d'habitats pour des espèces endémiques, pour une faune et une flore d'une grande diversité. Une fois les Hope Spots sélectionnés, Mission Blue offre un conseil scientifique ainsi qu'une aide légale pour permettre leur protection et leur sauvegarde, avant d'en confier la gestion à des organisations locales.

Partout dans le monde, les pêcheurs mettent en place des stratégies pour réduire ou éliminer la capture accessoire. En 2002, la fondation Southern Seabird Solutions a été créée pour répondre aux inquiétudes concernant la disparition des albatros. La fondation réunit à la même table des gouvernements, des ONG, des spécialistes en ornithologie marine, des pêcheurs et des entreprises de la filière halieutique. Elle propose des échanges entre pairs, afin que les pêcheurs puissent discuter d'égal à égal sans se sentir pris de haut ou méprisés. Grâce aux ateliers et aux conversations entre skippers, des pratiques de pêche vertueuses ont été développées afin de limiter la capture accessoire des albatros.

1. Littéralement, « lieux d'espoir ». (NdT.)

Un grand nombre de techniques existent : la diminution de la quantité d'appâts lors de la préparation de la palangre, qui rendra celle-ci moins alléchante ; l'utilisation de lignes lestées, qui s'enfonceront plus profondément dans l'eau, hors de la portée des albatros ; la pose de la palangre de nuit, afin que l'attrait visuel soit moins grand ; la mise en place de barrières physiques, comme des lignes de banderoles, pour éloigner les oiseaux des hameçons. De nombreux pêcheurs sont prêts à faire évoluer leurs pratiques pour minimiser la capture accessoire, en modifiant le type de filets et de casiers employés.

Quant à moi, j'ai dû adapter tant mes choix que mes actions à ma vie et aux besoins de mon corps. J'ai quitté la voie académique, mais je partage ce que j'ai appris sur l'océan. Même si aujourd'hui je ne suis plus capable de naviguer autant que je le voudrais, je participe quand je le peux à des études sur le monde des cétacés, espérant que de nouvelles découvertes sur les habitats des mammifères marins permettent de développer des stratégies de conservation efficaces pour les protéger. Dans l'avenir, j'aimerais utiliser des méthodes analogues à celles du docteur Shane : passer de longues périodes dans la même zone avec un seul groupe de baleines, pour apprendre à les connaître individuellement, enregistrant et partageant des données scientifiques sur leur biologie, leur écologie.

Une autre partie de ma contribution est ici, dans ces mots. Mon objectif dans ce livre était de vous donner un océan à tenir entre vos mains, quelle que soit la distance qui vous sépare de l'eau. Nous partageons les mers, ainsi que la responsabilité d'en prendre soin. Comme le marin au regard vif du poème de Coleridge, j'espère vous avoir prévenus de ce que nous risquons de détruire. Je souhaite également que ce livre, au-delà de l'inquiétude qu'il provoquera, renouvelle votre appréciation des merveilles que l'océan recèle et la certitude que nous, humains, pouvons encore changer de cap, nous diriger vers un avenir plus heureux.

Au fur et à mesure que le soleil décline, le monde s'enfonce dans l'obscurité des premiers jours d'hiver ; je sais que, bientôt, je devrai m'arracher à mon perchoir de Pen Dal-aderyn, pour rejoindre le havre du cottage, de mes proches. J'ignore encore à quoi ressemblera le prochain chapitre de mon histoire. Je reprendrai la voile, mais j'ai prévu de respecter les étapes. Dans le passé, je cherchais dans la mer un passage vers la guérison. Aujourd'hui, je sais que ce ne sont ni les voyages ambitieux ni les choix spectaculaires qui y mènent, mais plutôt les détails du quotidien. Le temps de préparer des repas équilibrés, les bonnes nuits de sommeil. La gratitude, la reconnaissance des belles choses qui m'entourent. Les promenades dans la forêt, le long de la rivière ou en bord de mer. Les liens tissés avec les autres, l'espace pour méditer. La guérison passe par le ronronnement de mon chat lorsqu'il se love contre moi, autour de mon dos. Elle s'égoutte des fleurs de chèvrefeuille qui poussent aux alentours de la maison de mon enfance. Elle vient de la confiance que je place en moi-même et, chaque matin au lever du soleil, de cette explosion de lumière à travers mes fenêtres après la nuit.

Lorsque le moment sera venu, j'aimerais mettre *Larry* au service des océans, trouver un moyen d'y mener des recherches et d'assurer ma subsistance, tout en défendant la cause qui m'est chère. J'emploie ce temps de guérison à laisser les projets circuler, les idées éclore en moi, bien consciente que ces intentions n'aboutiront peut-être pas, que la marée de ma vie se renversera peut-être pour m'envoyer vers une nouvelle direction. Où que le vent me mène, j'irai avec douceur, libre comme l'eau.

# Pour la mer

L'action individuelle compte.

Peut-être s'agira-t-il d'abord de réévaluer notre relation aux créatures marines, en les considérant comme des animaux sauvages plutôt que comme une ressource abondante où prélever sans relâche pour notre consommation. Certaines personnes sont entièrement dépendantes de la pêche pour leur apport en protéines, mais la plupart d'entre nous avons le choix. J'ai passé mon enfance à pêcher sur les côtes du Pembrokeshire. Il m'est arrivé d'avoir une relation difficile à la nourriture. Je sais qu'éliminer certains aliments de son régime doit être fait avec prudence pour ne pas déclencher une spirale de carences nutritionnelles, que créer des règles autour de la nourriture peut être à la fois dangereux et ardu. Cependant, une simple diminution de notre consommation de fruits de mer a un effet. Si la demande décroît, il y aura moins de chalutiers, moins de filets risquant de capturer dauphins, marsouins, phoques et oiseaux de mer. Lorsqu'on mange du poisson, il est possible de le faire différemment, en s'informant sur le produit, sa provenance, la manière dont il a été pêché. On peut utiliser son pouvoir de consommation pour soutenir des pratiques plus durables. Si nous cessons de manger du poisson d'élevage, la pêche en masse des lançons devient superflue et la nourriture des mouettes tridactyles est préservée.

Certains soutiendront que ces actions mènent à la destruction de l'héritage culturel des pêcheurs. Or je ne parle pas là de petites entreprises artisanales, mais d'exploitations industrielles à grande échelle. La quantité de poisson actuellement soustraite aux océans n'a rien de patrimonial. Rappelons-nous les pêcheries de morue aux Grands Bancs, dont la mauvaise gestion a mené au plus grand licenciement de l'histoire canadienne, lors duquel trente mille emplois ont été supprimés, ou la faillite des flottes du Pembrokeshire, remplacées par une pêche à petite échelle. Une pêche qui n'est pas viable sape son propre avenir, assurant des emplois aujourd'hui sans considération pour le lendemain.

La réduction de la consommation de plastique et la participation à des nettoyages de plage sont des manières simples d'avoir un impact, en diminuant la quantité de déchets qui se retrouvera dans la mer. Moins on mange de poisson, moins on a besoin de matériel de pêche, moins celui-ci sera abandonné, causant la noyade des cétacés et l'étranglement des oiseaux de mer. Mais que faire des équipements fantômes qui flottent déjà dans nos mers ? Partout dans le monde, des associations caritatives œuvrent pour le faire disparaître. L'une d'entre elles, reconnue d'utilité publique, s'appelle

Ghost Fishing UK. Elle dispose d'une équipe de plongeurs volontaires qui travaillent à éliminer les équipements de pêche perdus ou jetés. C'est une mission extrêmement dangereuse, car les filets sont parfois immenses : les plongeurs risquent en s'y prenant de se noyer, comme les cétacés et d'autres êtres vivants. Il est donc nécessaire qu'ils soient très entraînés, et que des plans de terrain soient établis avant que les opérations de récupération ne débutent. Sur leur site, on peut à la fois signaler un filet fantôme et faire un don pour soutenir leur travail.

Voici quelques-unes des personnes dont les actions m'ont le plus inspirée.

La docteure Sylvia Earle : son projet des Hope Spots vise à identifier et à protéger des zones de biodiversité marine. La nomination d'un Hope Spot et les dons caritatifs sont ouverts à tout le monde. Les dons reçus sont répartis entre l'ensemble des Hope Spots.

La docteure Laura Feyrer et le docteur Shane Gero utilisent la recherche pour améliorer notre compréhension des océans, façonner les politiques et peut-être même rendre possible la communication avec les baleines.

À la lecture de Rachel Carson, de nombreuses personnes se sont tournées vers la mer. Son livre fondateur *Printemps silencieux*, une œuvre incroyablement puissante, a lancé tout un mouvement écologiste et mené à l'interdiction du DDT.

Avec Justine Willeford, nous nous sommes retrouvées dans notre amour partagé de la mer, malgré l'océan qui nous séparait ; elle est la fondatrice de Pelican House, où elle conçoit et produit des maillots de bain fabriqués de manière éthique, par et pour les femmes. Son entreprise propose des vêtements grâce auxquels on peut accéder à la mer et en profiter, tout en ayant un impact positif. À chaque achat, un don est reversé à une association partenaire, Island Conservation, qui lutte pour éradiquer les espèces invasives dans les îles et empêcher les extinctions.

Arianna Liconti est une écologue marine passionnée ; alors qu'elle était étudiante en licence puis en master, elle a travaillé comme bénévole au sein de plusieurs ONG de sauvegarde marine. Lorsque nous avons échangé récemment, elle traversait les collines de Ligurie pour rentrer chez elle, après une journée chargée passée au service de la mer. En parallèle de ses publications académiques, elle a un talent particulier pour la création de réseaux. Comme moi, elle est persuadée que la nature et la mer n'existent pas en vase clos, que leur santé est notre santé. Aujourd'hui, elle est responsable scientifique et manager écosystème à OutBe, une nouvelle start-up qui apporte sa pierre à l'édifice par le biais de l'entrepreneuriat. L'équipe d'OutBe œuvre autant pour les populations que pour la planète, en établissant des liens entre chercheurs et amoureux de la nature. Elle encourage à passer du temps en extérieur, sur terre et en mer, pour rester en bonne santé, mais également pour collecter des données qui sont ensuite rapportées aux chercheurs. OutBe collabore par exemple avec la course de voile The Ocean Race, anciennement Whitbread Round the World Race. Les voiliers participants sont équipés de capteurs enregistrant la température de surface et la salinité marines. Ces données sont ensuite retransmises aux chercheurs, qui évitent ainsi de devoir mener leur propre étude de terrain. Si un chercheur étudie la croissance du varech sans avoir la possibilité de se rendre tous les jours sur place, OutBe peut le mettre en lien avec un centre récréatif qui organise des sorties avec masque et tuba dans la zone d'étude, dont les plongeurs participeront aux recherches en collectant des données.

Emilie Ehrhardt, une jeune diplômée de Wildlife Filmmaking, met son talent de conteuse au service de la planète. Certaines solutions aux problèmes de la mer commencent ailleurs : nos actions sur terre sont également importantes, puisqu'elles impactent le climat à l'échelle mondiale. Dans son premier court-métrage, intitulé *Urban Eden*, Ehrhardt illustre comment la nature peut prospérer en milieu urbain. Le film présente Copen-Hill, une colline artificielle dotée d'un toit végétalisé hébergeant une centrale énergétique. Située à Copenhague, la ville d'enfance de Ehrhardt, cette structure récupère les déchets de la ville, qui sont ensuite incinérés pour produire de l'énergie. La vapeur créée au cours de ce processus est si bien filtrée qu'à son émission au-dessus de la colline elle est plus propre que l'air de la ville lui-même. Un système de captage du carbone est en cours de développement, afin de récupérer le carbone produit par l'incinérateur ou présent dans l'air environnant. Cette colline artificielle est un *hope spot* à part entière. La terre qui la recouvre est constituée à quatre-vingt-quinze pour cent de déblais de chantier, où ont initialement été plantées soixante espèces de plantes natives du Danemark, sur le modèle écologique d'une zone sauvage avoisinante. En un an à peine, la nature a repris ses droits et le nombre d'espèces a doublé. Le film démontre que la nature peut prospérer si on l'intègre dans la conception de nos espaces. CopenHill, une oasis sauvage dans le paysage urbain, rend la verdure accessible à pied ou en chaise roulante. Le film de Ehrhardt nous invite à réfléchir aux solutions naturelles qui peuvent être mises en place dans nos jardins et quartiers, quel que soit le lieu où nous vivons.

Enfin, ma mère, Jackie Morris, a célébré le monde naturel tout au long de sa carrière de peintre. Elle a signé des œuvres pour Greenpeace. Au moment où j'ai eu mes problèmes de dos, quand elle venait me chercher à l'hôpital après l'opération ou s'occupait de moi pendant ma convalescence, elle était aussi occupée à illustrer un livre de Robert Macfarlane intitulé *Les Mots perdus*. Elle décrit cet ouvrage comme une magnifique rébellion contre la suppression dans le dictionnaire *Oxford Junior* du vocabulaire de la nature. Ses illustrations ont encouragé à ce qu'un exemplaire de ce beau livre soit acheté pour chaque école primaire du Royaume-Uni, par le biais de financements participatifs, afin de favoriser le lien des enfants à la nature. Le livre, qui continue à faire rêver les petits comme les plus grands, a inspiré un concert aux BBC Proms[1], ainsi que deux albums folks du collectif Spell Songs.

Ce réseau, constitué surtout de femmes, je l'ai tissé au fil des années. Il me semble que les actions de

1. Les BBC Proms sont une série de concerts se déroulant chaque année durant l'été à Londres.

chacune d'entre elles donnent de l'élan pour aller vers un monde meilleur. Cependant, cette courte liste démontre qu'il y a mille manières de se mettre au service de l'océan. Chaque effort individuel compte. Chaque effort individuel est un geste d'espoir. Tous ensemble, ces efforts pourraient faire la différence.

# Bibliographie

## *1. Corneille de feu*


Berta, A., 2015, *Whales, Dolphins and Porpoises: A Natural History and Species Guide*, Sussex, UK, Ivy Press

Boness, D. J., James, H., 1979, 'Reproductive behaviour of the grey seal (*Halichoerus grypus*) on Sable Island, Nova Scotia', Journal of Zoology, 188:477–500

Frederiksen, M., Wanless, S., Harris, M. P., Rothery, P., Wilson, L. J., 2004, 'The role of industrial fisheries and oceanographic change in the decline of North Sea black-legged kittiwakes', Journal of Applied Ecology, 41:1129–39

Griffith, S., 1990, A History of Quakers in Pembrokeshire, Dyfed, UK, Gomer Press

Heubeck, M. A., Mellor, R. M., Harvey, P. V., Mainwood, A. R., Riddington, R., 1999, 'Estimating the population size and rate of decline of Kittiwakes, *Rissa tridactyla*, breeding in Shetland', Bird Study, 46:1, 48-61

Howell, D. W., 2019, *An Historical Atlas of Pembrokeshire: Volume 5*, Haverfordwest, UK, Pembrokeshire County History Trust

Johnstone, I., Mucklow, C., Cross, T., Lock, L., Carter, I., 2011, 'The return of the Red-billed Chough to Cornwall: the first ten years and prospects for the future', *British Birds*, 104:416

RSPB, 'Cornish Choughs', https://www.rspb.org.uk/birds-and-wildlife/wildlife-guides/bird-a-z/chough/cornish-choughs/, accessed 27/05/21

Rus Hoelzel, A., 2002, *Marine Mammal Biology: An Evolutionary Approach*, Oxford, UK, Blackwell Publishing

Sandvik, H., Reiertsen, T. K., Erikstad, K. E., Anker-Nilssen, T., Barrett, R. T., Lorentsen, S.-H. Systad, G. H. Myksvoll, M. S., 2014, 'The decline of Norwegian kittiwake populations: modelling the role of ocean warming', *Climate Research*, 60:91–102

Whale and Dolphin Conservation, 'By-catch', https://uk.whales.org/our–4-goals/prevent-deaths-in-nets/goodbye-by-catch-what-you-need-to-know/, accessed 30/05/21

Notes et ressources

Pour plus d'informations sur l'île de Ramsey et ses craves : https://www.rspb.org.uk/reserves-and-events/reserves-a-z/ramsey-island/

## 2. *Grand cachalot*

Berta, A., 2015, *Whales, Dolphins and Porpoises: A Natural History and Species Guide*, Sussex, UK, Ivy Press

Carson, R., 1950, *The Sea Around Us*, USA, Oxford University Press, 2018

Carson, R., 1962, *Silent Spring*, Boston, Houghton Mifflin, 2002

Carson, R., 1941, *Under the Sea Wind*, London, Penguin Classics, 2007

Davies, R. W., Rangeley, R., 2010, 'Banking on cod: exploring economic incentives for recovering Grand Banks and North Sea cod fisheries', *Marine Policy*, 34:92–8

Dwyer, A., 2012, 'Atlantic borderland: natives, fishers, planters and merchants in Notre Dame Bay, 1713-1802', doctoral dissertation, Memorial University of Newfoundland

Estes, J. A., Demaster, D. P., Doak, D. F., Williams, T. M., Brownell, R. L., 2006, *Whales, Whaling, and Ocean Ecosystems*, California, University of California Press

Feyrer, L. J., 2021, 'Northern bottlenose whales in Canada: the story of exploitation, conservation and recovery', doctoral thesis, Dalhousie University

Feyrer, L. J., Zhao, S. T., Whitehead, H., Matthews, C. J., 2020, 'Prolonged maternal investment in northern bottlenose whales alters our understanding of beaked whale reproductive life history', *PLOS One*, 15: e0235114

Hersh, T. A., 2021, 'Dialects over space and time: cultural identity and evolution in sperm whale codas', doctoral thesis, Dalhousie University

Hoelzel, R. A., 2002, *Marine Mammal Biology: An Evolutionary Approach*, Oxford, UK, Blackwell Publishing

Hooker, S. K., Fahlman, A., Moore, M. J., Aguilar De Soto, N., Bernaldo de Quirós, Y., Brubakk, A. O., Costa, D. P., Costidis, A. M., Dennison, S., Falke, K. J., Fernandez, A., 2012, 'Deadly diving ? Physiological and behavioural management of decompression stress in diving mammals', *Proceedings of the Royal Society Biological Sciences*, 279:1041–50

Myers, R. A., Hutchings, J. A., Barrowman, N. J., 1997, 'Why do fish stocks collapse? The example of cod in Atlantic Canada', *Ecological Applications*, 7:91–106

Nakashima, B. S., Wheeler, J. P., 2002, 'Capelin (*Mallotus villosus*) spawning behaviour in Newfoundland waters – The interaction between beach and demersal spawning, *ICES Journal of Marine Science*, 59:909–16

Panneton, W. M., 2013, 'The mammalian diving response: an enigmatic reflex to preserve life?', *Physiology*, 28:284–97

Pinet, P. R., 2013, *Invitation to Oceanography*, sixth edition, Burlington, Massachusetts, Jones and Bartlett Learning

Smith, G., 1983, 'The International Whaling Commission : an analysis of the past and reflections on the future', *Natural Resources Lawyer*, 16:543

Watwood, S. L., Miller, P. J., Johnson, M., Madsen, P. T., Tyack, P. L., 2006, 'Deep-diving foraging behaviour of sperm whales (*Physeter macrocephalus*)', *Journal of Animal Ecology*, 75:814–25

Ressources

Project Ceti, https://www.projectceti.org/

*Mission blue*, un documentaire réalisé en 2014 par Robert Nixon et Fisher Stevens.

Mission Blue : The Sylvia Earle Alliance, https://mission-blue.org/

### *3. Humaine*

Berta, A., 2015, *Whales, Dolphins and Porpoises: A Natural History and Species Guide*, Sussex, UK, Ivy Press

Hoelzel, R. A., 2002, *Marine Mammal Biology: An Evolutionary Approach*, Oxford, UK, Blackwell Publishing

Sini, M. I., Canning, S. J., Stockin, K. A., Pierce, G. J., 2005, 'Bottlenose dolphins around Aberdeen Harbour, north-east

Scotland: A short study of habitat utilization and the potential effects of boat traffic', *Journal of the Marine Biological Association of the United Kingdom*, 85:1547–54

Stockin, K. A., Weir, C. R., Pierce, G. J., 2006, 'Examining the importance of Aberdeenshire (UK) coastal waters for North Sea bottlenose dolphins (*Tursiops truncatus*)', *Journal of the Marine Biological Association of the United Kingdom*, 86:201–7

## *4. Grand albatros*

ACAP, 2012, 'Wandering albatross', http://acap.aq/en/acap-species/304-wandering-albatross/file, accessed 10/01/22

Berrow, S. D., Huin, N., Humpidge. R., Murray, A. W. A., Prince, P. A., 1999, 'Wing and primary growth of the Wandering Albatross', *The Condor*, 101:360–8

Cherel, Y., Xavier, J. C., de Grissac, S., Trouvé, C., Weimerskirch, H., 2017, 'Feeding ecology, isotopic niche, and ingestion of fishery-related items of the wandering albatross, *Diomedea exulans*, at Kerguelen and Crozet Islands', *Marine Ecology Progress Series*, 565:197–215

Coleridge, S. T., 1798, *The Rime of the Ancient Mariner*, New York, USA, Dover Publications, 1992

Croxall, J. P., Rothery, P., Pickering, S. P., Prince, P. A., 1990, 'Reproductive performance, recruitment and survival of wandering albatrosses, *Diomedea exulans*, at Bird Island, South Georgia', *The Journal of Animal Ecology*, 775–96

Croxall J. P., Prince P. A., 1990, 'Recoveries of wandering albatrosses, *Diomedea exulans*, ringed at South Georgia 1958–1986', Ringing & Migration, 11:43–51

De Roy, T., Fitter J., Jones, M., 2008, *Albatross: Their World, Their Ways*, Cardiff, UK, Firefly Press

Frankish, C. K., 2021, 'Movement ecology and fisheries by-catch risk of albatross and large petrel species from Bird Island, South Georgia', doctoral dissertation, University of Cambridge

Froy, H., Lewis, S., Catry, P., Bishop, C. M., Forster, I. P., Fukuda, A., Higuchi, H., Phalan, B., Xavier, J. C., Nussey, D. H., Phillips, R. A., 2015, 'Age-related variation in foraging behaviour in the wandering albatross at South Georgia: no evidence for senescence', *PLOS One*, 10(1):e0116415

Jones, M. G. W., Dilley, B. J., Hagens, Q. A., Louw, H., Mertz, E. M., Visser, P., Ryan, P. G., 2017, 'Wandering albatross *Diomedea exulans* breeding phenology at Marion Island', *Polar Biology*, 40:1139–48

Jones, M. G. W., Dilley, B. J., Hagens, Q. A., Louw, H., Mertz, E. M., Visser, P., Ryan, P. G., 2014, 'The effect of parental age, experience and historical reproductive success on wandering albatross (*Diomedea exulans*) chick growth and survival, *Polar Biology*, 37:1633–44

Nevitt, G. A., Losekoot, M., Weimerskirch, H., 2008, 'Evidence for olfactory search in wandering albatross, *Diomedea exulans', Proceedings of the National Academy of Sciences*, 105(12): 4576–81

Pickering, S. P. C., Berrow, S. D., 2001, 'Courtship behaviour of the wandering albatross, *Diomedea exulans*, at Bird Island, South Georgia', *Marine Ornithology*, 29:29–37

Prince, P. A., Wood, A. G., Barton, T., Croxall, J. P., 1992, 'Satellite tracking of wandering albatrosses (*Diomedea exulans*) in the South Atlantic', *Antarctic Science*, 4:31–6

Prince, P. A., Weimerskirch, H., Huin, N., Rodwell, S., 1997, 'Molt, maturation of plumage and ageing in the Wandering Albatross', *The Condor*, 99:58–72

Rackete, C., Poncet, S., Good, S. D., Phillips, R. A., Passfield, K., Trathan, P., 2021, 'Variation among colonies in breeding success and population trajectories of wandering albatrosses, *Diomedea exulans*, at South Georgia', *Polar Biology*, 44:221–7

Richardson, P. L., Wakefield, E. D., Phillips, R. A., 2018, 'Flight speed and performance of the wandering albatross with respect to wind', *Movement Ecology*, 6:1–5

Stone, D. W., Gunn, C., Nord, A., Phillips, R. A., McCafferty, D. J., 2021, 'Plumage development and environmental factors influence surface temperature gradients and heat loss in wandering albatross chicks', *Journal of Thermal Biology*, 97:102777

Thomson, C., 2019, *Sea People: In Search of the Ancient Navigators of the Pacific*, London, UK, William Collins

Weimerskirch, H., Barbraud, C., Lys, P., 2000, 'Sex differences in parental investment and chick growth in wandering albatrosses : fitness consequences', *Ecology*, 81:309–18

Weimerskirch, H., Åkesson, S., Pinaud, D., 2006, 'Postnatal dispersal of wandering albatrosses *Diomeda exulans*: implications for the conservation of the species', *Journal of Avian Biology*, 37:23-8

Weimerskirch, H., Cherel, Y., Delord, K., Jaeger, A., Patrick, S. C., Riotte-Lambert, L., 2014, 'Lifetime foraging patterns of the wandering albatross: life on the move !' *Journal of Experimental Marine Biology and Ecology*, 450:68–78

## 5. *Baleine à bosse*

Baker, C. S., Flórez-González, L., Abernethy, B., Rosenbaum, H. C., Slade, R. W., Capella, J., Bannister, J. L., 1998, 'Mitochondrial DNA variation and maternal gene flow among humpback whales of the Southern Hemisphere', *Marine Mammal Science*, 14:721–37

Berta, A., 2015, *Whales, Dolphins and Porpoises: A Natural History and Species Guide*, Sussex, UK, Ivy Press

Brewer, P. G., Hester, K., 2009, 'Ocean acidification and the increasing transparency of the ocean to low-frequency sound', *Oceanography*, 22:86–93

Carson, R., 1950, *The Sea Around Us*, USA, Oxford University Press, 2018

Clapham, P. J., 1996, 'The social and reproductive biology of Humpback Whales: an ecological perspective', *Mammal Review*, 26:27–49

Falkowski, P., Scholes, R. J., Boyle, E., Canadell, J., Canfield, D., Elser, J., Gruber, N., Hibbard, K., Högberg, P., Linder, S., Mackenzie, F. T., 2000, 'The global carbon cycle: a test of our knowledge of earth as a system', *Science*, 290:291–6

Forward, R. B., 1988, 'Diel vertical migration: zooplankton photobiology and behaviour', *Oceanography and Marine Biology: An Annual Review*, 26:361-93

Fournet, M. E. H., Matthews, L. P., Gabriele, C. M., Haver, S., Mellinger, D. K., Klinck, H., 2018, 'Humpback whales *Megaptera novaeangliae* alter calling behavior in response to natural sounds and vessel noise', *Marine Ecology Progress Series*, 607:251–68

Gazioğlu, C., Müftüoğlu, A. E., Demir, V., Aksu, A., Okutan, V., 2015, 'Connection between ocean acidification and sound propagation', *International Journal of Environment and Geoinformatics*, 2:16–26

Heenehan, H., Stanistreet, J. E., Corkeron, P. J., Bouveret, L., Chalifour, J., Davis, G. E., Henriquez, A., Kiszka, J. J., Kline, L., Reed, C., Shamir-Reynoso, O., 2019, 'Caribbean Sea soundscapes: monitoring humpback whales, biological sounds, geological events, and anthropogenic impacts of vessel noise', *Frontiers in Marine Science*, 6:347

Helweg, D., Jenkins, P., Cato, D., McCauley, R., Garrigue, C., 1998, 'Geographic variation in South Pacific humpback whale songs', *Behaviour*, 135:1–27

Hoelzel, R. A., 2002, *Marine Mammal Biology: An Evolutionary Approach*, Oxford, UK, Blackwell Publishing

Ilyina, T., Zeebe, R., Brewer, P., 2009, 'Changes in underwater sound propagation caused by ocean acidification', IOP Conference Series, *Earth and Environmental Science*, Vol. 6, No. 46, IOP Publishing

Medwin, H., Clay, C. S., Stanton, T. K., 1999, 'Fundamentals of acoustical oceanography', *Journal of the Acoustical Society of America*, 105, 2065-6

Munk, W., Wunsch, C., 1979, 'Ocean acoustic tomography: a scheme for large-scale monitoring', *Deep Sea Research*, Part A, Oceanographic Research Papers, 26:123–61

CDC, 2019, 'Noise and hearing loss prevention', https://www.cdc.gov/nceh/hearing_loss/what_noises_cause_hearing_loss.html accessed 1/3/22

Parsons, E. C., Wright, A. J., Gore, M. A., 2008, 'The nature of humpback whale (*Megaptera novaeangliae*) song', *Journal of Marine Animals and Their Ecology*, 1:22-31

Rossi, T., Connell, S. D., Nagelkerken, I., 2016, 'Silent oceans: ocean acidification impoverishes natural soundscapes by altering sound production of the world's noisiest marine invertebrate', *Proceedings of the Royal Society Biological Sciences*, 283:2015.3046

Stevens, A., 2014, 'A photo-ID study of the Risso's dolphin (*Grampus griseus*) in Welsh coastal waters and the use of Maxent modelling to examine the environmental determinants of spatial and temporal distribution in the Irish Sea', MSc thesis, Bangor University

Strutt, J. W., Baron Rayleigh, 1896, *The Theory of Sound*, London, UK, Macmillan

Thomas, P. O., Reeves, R. R., Brownell Jr, R. L., 2016, 'Status of the world's baleen whales', *Marine Mammal Science*, 32:682–734

Ressources

*Songs of the Humpback Whale*, un album de chants de baleines, produit par Roger Payne, 1970

Plus d'informations sur *Song of the whale*, Marine Conservation Research et leurs projets sont disponibles à http://www.marineconservationresearch.co.uk

Sperm Whale Project en Dominique, http://www.thespermwhaleproject.org/

## *6. Puffin des Anglais*

Foster, J. J., Smolka, J., Nilsson, D.-E., Dacke, M., 2018, 'How animals follow the stars', *Proceedings of the Royal Society Biological Sciences*, 285, 1871:2017.2322

Grant, R. G., 2018, *Sentinels of the Sea: A Miscellany of Lighthouses Past*, London, UK, Thames and Hudson

Matthews, G. V. T., 1964, 'Individual experience as a factor in the navigation of Manx shearwaters', *The Auk*, 81:132–46

Popova, M., 2019, *Figuring*, New York, USA, Pantheon Books

Sauer, E. G., 1958, 'Celestial navigation by birds', *Scientific American*, 199:42–7

Thompson, C., 2019, *Sea People: In Search of the Ancient Navigators of the Pacific*, London, UK, William Collins

## *7. Balane*

Barnes, H., Barnes, M., 1960, 'Recent spread and present distribution of the barnacle *Elminius modestus* Darwin in north-west Europe', *Proceedings of the Zoological Society of London*, Vol. 135, No. 1, 137-45

Den Hartog, C., 1953, 'Immigration, dissemination and ecology of *Elminius modestus* Darwin in the North Sea, especially along the Dutch coast', *Beaufortia*, 1:4

De Roy, T., Fitter J., Jones, M., 2008, *Albatross: Their World, Their Ways*, Cardiff, UK, Firefly Press

Foster, B. A., 1971, 'Desiccation as a factor in the intertidal zonation of barnacles', *Marine Biology*, 8:12-29

## *Pour la mer*

Ressources

Mission Blue : The Sylvia Earle Alliance, https://missionblue.org/

Laura Feyrer, https://feyrer.weebly.com/

Shane Gero, https://www.shanegero.com/

Pelican House, https://www.pelicanhousesc.com/

Arianna Liconti et OutBe, @ari_liconti https://www.outbe.earth/

Emilie Ehrhardt et Urban Eden, @wild.and.about @urban_eden_film

Jackie Morris, https://www.jackiemorris.co.uk/

## Remerciements

Je remercie tout d'abord sincèrement Jessica Wollard. Cette histoire n'était au début qu'un ensemble de notes et de dessins dans mes carnets de terrain ; en les découvrant, tu m'as encouragée à les transformer en un livre. Sans toi, *Move Like Water* n'aurait jamais vu le jour. Merci de ta confiance et de tes encouragements, dès le premier jour où j'ai passé la porte de ton bureau, prise de vertige, à peine rentrée à terre après un voyage en mer. Merci à Nicola Davies de m'avoir toujours soutenue, d'avoir défendu mes idées et mis à ma portée celles qui me semblaient irréalisables. Laura Barber, je n'aurais pas pu rêver une plus grande perspicacité de la part d'une éditrice. Merci d'avoir pris ce risque et accepté de voyager en mer avec moi au long de ces pages. J'ai toujours pensé que cette histoire était entre de bonnes mains, et cela m'a permis d'aller beaucoup plus loin dans mon exploration que je ne l'avais imaginé.

Merci à Ffion Rees, pour mon premier emploi en mer, pour ton soutien fidèle. À Gabriel Clarke, pour l'occasion de traverser la mer Noire, et ton aide lorsque j'ai acheté *Brave*. Je n'oublierai jamais ce que tu m'as dit – « Je sais que tu en sais plus que tu ne le penses ». Même si nos chemins se sont séparés, nos deux vies s'organisent autour de la mer, comme nous nous l'étions promis. À mon vieux marin – tu ne liras jamais ces pages, mais tu as eu une profonde influence sur ma vie, et je ne traverserai jamais la mer du Nord sans penser à toi. Ce fut un honneur de partager ce dernier voyage avec toi. Merci à Dominic et Barbara Bridgman, pour les premières leçons. J'espère vous rejoindre un jour à bord de la *Lyhner*. Au professeur Hal Whitehead, à la docteure Laura Feyrer, aux docteurs Mauricio Cantor et Verity Thomson, l'équipage en compagnie duquel j'ai navigué à bord du *Balaena*. Merci pour ces moments incroyables avec les baleines. Ce voyage a été un point de bascule dans ma vie, un catalyseur pour beaucoup d'autres projets. Je me sens extrêmement chanceuse d'avoir pu en faire partie. Merci à *Song of the Whale*, Marine Conservation Research, Richard McLanaghan, Anna Moscrop, Olivier Boisseau, Niall MacAllister et Judith Matz. J'espère avoir décrit *Song of the Whale* avec exactitude, et salué le travail pionnier que vous accomplissez pour la mer depuis bientôt cinquante ans. Je n'oublierai jamais quel privilège c'était d'avoir participé, modestement, à cet héritage. À la docteure Clare Embling, qui a été ma mentore à l'université. Docteur Shane Gero, merci de m'avoir toujours donné de ton temps si généreusement et encouragée à poursuivre mes carnets de terrain ; merci de la créativité, de l'ouverture d'esprit avec lesquelles tu mènes tes travaux. À la docteure Taylor Hersh, pour la merveilleuse thèse que tu as rédigée et le temps passé à échanger sur les grands cachalots.

Merci à Justine Willeford, Arianna Liconti, Emilie Ehrhardt et Alys Perry. Vous serez toujours une source d'inspiration pour moi, je suis émerveillée par le talent que vous mettez au service de la mer. Emilie, Alys et Alicia Leaman, merci d'avoir pris de mes nouvelles. L'écriture de ce livre m'a entraînée vers des zones profondes et, bien que leur exploration ait valu la peine, elle n'a pas toujours été facile. Merci pour les appels à l'heure du dîner, les verres, les messages de soutien, les colis. Même si nous sommes dispersées, il m'a toujours semblé que vous étiez tout près. Merci à Dawn Brown et Isobel Pullin. J'espère que vous serez fières de ce livre.

À ma famille. À ma mère, Jackie Morris : je crois que ces pages disent déjà pourquoi. À mon père, Tim Stowe : merci d'avoir déménagé à Ramsey – si tu n'avais pas fait ce choix, je n'aurais peut-être jamais pu grandir dans le Pembrokeshire. Merci pour les livres et les poèmes que tu as partagés avec moi. J'en ai toujours savouré les mots. À ma grand-mère : je porte ton médaillon tous les jours.

À Sue, et à la famille Singer, d'avoir si bien pris soin de *Larry*, de nous avoir laissés figurer dans le prochain chapitre de son histoire.

Enfin, à Henry Carey-Morgan. Ça doit avoir un lien avec les pies. Merci de me laisser faire partie de ton histoire, comme tu fais partie de la mienne. Merci d'avoir cru en ce livre avant qu'il n'en soit un, de m'avoir soutenue tout au long de l'écriture. Chaque jour est une aventure.

# Table

Pour en savoir plus sur les Éditions Plon
(catalogue, auteurs, vidéos, actualités...),
vous pouvez consulter
**www.plon.fr**
**www.lisez.com**

et nous suivre sur les réseaux sociaux

Editions Plon

@EditionsPlon

@editionsplon

Pour plus d'information :

www.lisez.com

Imprimé sur du papier issu de forêts gérées durablement.

CET OUVRAGE A ÉTÉ ACHEVÉ D'IMPRIMER SUR ROTO-PAGE
PAR L'IMPRIMERIE FLOCH À MAYENNE EN MARS 2025

N° d'éditeur : P32042/01
N° d'impression : 106701
*Imprimé en France*